« MERCI DE NOUS AVOIR CHOISIS »

K.C. Irving, Arthur Irving
et l'histoire d'Irving Oil

DONALD J. SAVOIE

NIMBUS
PUBLISHING
— NIMBUS.CA —

Nimbus Publishing Limited
3660, rue Strawberry Hill, Halifax (N.-É.) B3K 5A9
(902) 455-4286
nimbus.ca

Imprimé et relié au Canada

NB1560

Révision : Barry Norris et Céline Basque
Lecture d'épreuves : Angela Mombourquette
Traduction : Réjean Ouellette, avec la collaboration de Rochelle Blanchard
Conception graphique : John van der Woude, JVDW Designs

Photos reproduites avec l'aimable autorisation de la famille d'Arthur Irving.

Catalogage avant publication de Bibliothèque et Archives Canada

Titre : «Merci de nous avoir choisis» : K.C. Irving, Arthur Irving et l'histoire d'Irving Oil / Donald J. Savoie.
Autres titres : Thanks for the business.
Noms : Savoie, Donald J., 1947- auteur.
Description : Traduction de : «Thanks for the business». | Comprend des références bibliographiques.
Identifiants : Canadiana 20200279149 | ISBN 9781771089197 (couverture rigide)
Vedettes-matière : RVM : Irving, K. C. (Kenneth Colin), 1899-1992. | RVM : Irving, Arthur. | RVM : Hommes d'affaires—Nouveau-Brunswick—Biographies. | RVM : Irving Oil Limited—Histoire.
Classification : LCC HC112.5.I78 P5814 2020 | CDD 338.092/27151—dc23

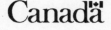  

Pour ses activités d'édition, Nimbus Publishing reconnaît l'aide financière du gouvernement du Canada, du Conseil des arts du Canada, et celle du gouvernement de la Nouvelle-Écosse. Nous sommes heureux de collaborer avec le gouvernement de la Nouvelle-Écosse au développement et à la promotion de nos industries de la création dans l'intérêt de tous les habitants de la Nouvelle-Écosse.

*À Sandra Irving, une dame d'une grande
profondeur et au cœur généreux*

APERÇU

PRÉFACE

Ce livre raconte l'histoire d'Irving Oil, de son fondateur K.C. Irving, et d'Arthur Irving en particulier qui, avec la participation de ses deux frères pendant les premières années, a fait de l'entreprise ce qu'elle est aujourd'hui. Arthur Irving a tout appris sur la gestion d'entreprise auprès de son père, l'entrepreneur canadien le plus prospère du dernier siècle. Je souligne que K.C. Irving était, comme moi, originaire de Bouctouche, une petite localité côtière du Nouveau-Brunswick. Je me souviens que, quand j'étais enfant, nous nous arrêtions en passant à la station-service Irving Oil à Bouctouche, la première construction de ce qui deviendrait une entreprise internationale. L'histoire d'Irving Oil est celle d'une réussite remarquable en raison, notamment, de l'endroit où l'entreprise a vu le jour et à partir duquel elle a grandi. C'est cet aspect de l'histoire qui m'a toujours fasciné et qui est au cœur du présent livre.

Les lecteurs qui connaissent mes travaux consacrés au développement économique savent que les entrepreneurs sont mes héros économiques. Ce sont les entrepreneurs qui font progresser les économies. Ma plus grande admiration va aux entrepreneurs talentueux de ma région, le Canada atlantique, qui sont obligés de lutter contre la force de gravité s'ils veulent construire un empire commercial qui s'étende à d'autres régions du Canada et dans le monde. Je leur dois d'écrire leur histoire, comme je l'ai déjà fait pour Harrison McCain et comme je le fais maintenant pour Arthur Irving.

Je souhaite peindre un portrait le plus fidèle possible d'Arthur Irving et d'Irving Oil. Je tiens toutefois à avertir les lecteurs qu'ils y verront peut-être un parti pris. Non seulement Arthur est mon ami mais, en outre, il est impossible pour de nombreux Canadiens et Canadiennes de l'Atlantique de ne pas tirer une grande fierté de ce que K.C. et Arthur Irving ont réussi à bâtir. C'est vrai en particulier pour les Acadiens, notamment ceux qui, comme moi, sont originaires de la région de Bouctouche, où K.C. Irving est né et a démarré son entreprise.

J'ai dit à Arthur que je songeais à écrire sur lui, sur son père et sur Irving Oil. Je n'ai jamais senti que l'idée l'enthousiasmait. Ceux qui ne le connaissent pas seront peut-être surpris d'apprendre qu'Arthur est un homme très modeste. Il est sans prétention et n'aime pas les gens prétentieux. De plus, le fait d'être un Irving au Nouveau-Brunswick n'est pas sans poser des défis. Les Irving, à commencer par le patriarche, K.C., aiment vaquer à leurs occupations sans faire de bruit et cherchent à attirer le moins possible l'attention sur eux. Je crois qu'Arthur ne voit pas l'intérêt que quelqu'un raconte son histoire dans un livre. Tout ce qu'on a besoin de savoir sur son histoire, dirait-il sans doute, se résume à la plus grande raffinerie de pétrole au Canada, à la multitude de stations-service qui parsèment le paysage du Canada atlantique, du Québec, de la Nouvelle-Angleterre et maintenant de l'Irlande, aux milliers d'employés d'Irving Oil et à ses contributions appréciables à une multitude de projets communautaires. J'ai décidé d'écrire son histoire parce qu'elle fournit des enseignements précieux pour les personnes qui aspirent à créer leur propre entreprise, pour nos écoles de commerce, pour les politiques publiques et particulièrement pour ma région. Dans une entrevue accordée à la CBC, le réseau anglais de la Société Radio-Canada, Arthur Irving a expliqué l'importance de la réussite en affaires pour ses employés, sa province et sa région. « C'est en obtenant du succès qu'on peut en faire profiter autrui. »

J'ai souvent entendu Arthur Irving dire : « Merci de nous avoir choisis. »

Il me l'a dit à maintes occasions ainsi qu'à d'autres personnes lorsqu'elles lui mentionnaient qu'elles s'étaient arrêtées à l'une de ses stations-service pour prendre de l'essence. « Merci de nous avoir choisis » est également un titre tout indiqué pour cet ouvrage. Arthur accorde beaucoup d'importance à l'individu, au client et à l'employé. On n'est jamais assuré de garder les clients; il faut gagner leur fidélité une personne à la fois. Voilà l'une des nombreuses leçons qu'il a apprises de son père.

Je me rappelle une fois où Sandra Irving m'a téléphoné il y a plusieurs années pour discuter d'une initiative menée par la Société royale du Canada, alors que je m'étais arrêté pour faire le plein d'essence dans une petite localité du Nord du Nouveau-Brunswick. Je lui ai dit qu'il était ironique qu'elle me téléphone au moment où je prenais de l'essence à une station-service Irving à Saint-Quentin. En quelques secondes, Arthur était au téléphone : « Salut, Donald. Merci de nous avoir choisis. Je connais le gérant, un vrai bon gars. Fais-lui mes salutations s'il te plaît. Pourrais-tu me faire savoir si les toilettes sont propres et en bon état? » Les toilettes étaient propres et le gérant était en effet un bon gars. Arthur est toujours animé par un même objectif, un trait de caractère commun à tous les entrepreneurs qui brillent par leur succès. De plus, comme son père, il prête une grande attention à tous les détails, ce que nous verrons amplement dans ce livre.

J'ai reçu l'aide de nombreuses personnes pour rédiger ce livre. Je tiens à remercier en particulier Sandra Irving, une amie qui m'est très chère. Au cours des années, elle m'a fortement encouragé à écrire un livre sur son époux et ses contributions au milieu des affaires et à notre région. Bien qu'il n'ait jamais manifesté le moindre enthousiasme pour un livre portant sur ses contributions ou sur Irving Oil, j'ai eu de nombreuses discussions avec Arthur Irving sur ces deux sujets. Il a répondu à toutes les questions que je lui ai soumises. Je n'ai jamais senti qu'il cherchait à orienter la discussion dans une certaine direction. Je ne lui ai posé aucune question sur sa famille ou ses relations avec les membres des autres familles Irving. C'était ma décision, non la sienne. Je ne voulais pas m'écarter du propos de l'ouvrage, c'est-à-dire les activités commerciales, le développement et la croissance d'Irving Oil et les contributions que l'entreprise a apportées à ma région. Par ailleurs, j'ai grandement bénéficié d'entrevues que j'ai réalisées avec des partenaires d'affaires et des amis d'Arthur Irving. Je dois mes remerciements à toutes ces personnes, dont la liste est présentée en annexe. Je désire aussi remercier spécialement des amis de Bouctouche qui ont réussi à dénicher une photo de la première station-service Irving construite à Bouctouche au milieu des années 1920. Cette photo est celle de la couverture du livre.

Lorsque le bruit a couru que je travaillais à la rédaction de cet ouvrage, j'ai été approché par des éditeurs qui m'ont demandé si j'accepterais de publier chez eux. J'ai décidé de le publier chez Nimbus Publishing. Nimbus a connu une croissance remarquable au cours des dernières années et s'est forgé une solide crédibilité. Une autre raison a motivé ma décision. Deux entrepreneures dynamiques de ma région, Terrilee Bulger et Heather Bryan, ont guidé la croissance de Nimbus. Le message important qu'il faut retenir, c'est que l'ouvrage porte sur Arthur Irving, un citoyen des Maritimes et l'un des hommes d'affaires canadiens les plus éminents, qu'il a été écrit par un auteur des Maritimes et qu'il a été publié par une entreprise dirigée par deux jeunes femmes énergiques de la région des Maritimes. Tout a été fait ici.

Plusieurs amis et collègues ont lu le manuscrit de cet ouvrage en partie ou dans sa totalité. Tous m'ont fait des suggestions importantes. Je suis particulièrement reconnaissant à Wade MacLauchlan, qui a lu le manuscrit avec attention et m'a fait de nombreuses suggestions visant à l'améliorer. Samuel LeBlanc, un collègue de l'Université de Moncton, a aussi lu le manuscrit et proposé un certain nombre de modifications.

Encore une fois, je remercie tout spécialement mon épouse, Linda, qui doit composer avec mon appétit insatiable pour le travail. Ginette Benoit, pour sa part, a dû composer avec mon écriture moins que lisible pour produire le manuscrit. J'aimerais aussi remercier Réjean Ouellette, Rochelle Blanchard et Céline Basque pour leur excellent travail de traduction et de révision linguistique.

Donald J. Savoie
Université de Moncton

• X •

INTRODUCTION

CE N'EST PAS LE PREMIER LIVRE QU'ON ÉCRIT AU SUJET DES IRVING AU Nouveau-Brunswick et ce ne sera pas le dernier. On compte maintenant plusieurs livres et d'innombrables articles qui portent sur les Irving, leur influence sur les médias, la vie de K.C. Irving et son époque, la façon dont des générations d'Irving ont contribué au milieu des affaires et leurs conflits familiaux[1]. Il y a aussi des films documentaires consacrés aux Irving et à leurs entreprises, produits par le réseau anglais de Radio-Canada et l'Office national du film du Canada. Et pourtant, les Irving sont largement reconnus à ce jour pour faire preuve d'une grande discrétion. Comme l'a écrit un observateur aguerri du Nouveau-Brunswick : « Qu'on les admire ou qu'on les haïsse, on se doit de les respecter [...] on ne peut pas faire autrement que d'être fasciné par eux[2]. »

J'ai un point de vue différent. Ce livre n'est pas une biographie d'Arthur Irving. J'estime être mal outillé pour rédiger une biographie étant donné que ce n'est pas mon domaine de recherche. Il emprunte cependant des passages à des biographies portant sur les Irving, notamment à *K.C.: The Biography of K.C. Irving* de Douglas How et Ralph Costello. Ce livre ne cherche pas non plus à régler de vieux comptes au nom de qui que ce soit. Les lecteurs intéressés à une telle démarche devront se tourner vers d'autres sources. Il raconte plutôt l'histoire d'une entreprise au succès remarquable qui a été fondée par K.C. Irving et qui a atteint son plein potentiel sous la direction d'Arthur Irving. Je veux savoir comment K.C. Irving a lancé sa société pétrolière et gazière et comment Arthur a réussi à assurer sa croissance et à en faire la plus grande raffinerie au Canada, qui est de plus en plus présente aux États-Unis et en Europe.

La rédaction de cet ouvrage m'a ramené à l'époque de mon enfance. J'ai grandi dans un petit hameau situé à quelques kilomètres de Bouctouche, qui apparaissait alors comme un grand centre métropolitain aux yeux d'un garçon de sept ans. Je me souviens que mon père s'arrêtait pour faire le plein d'essence à la station-service Irving de Bouctouche. C'était la toute première station-service Irving, qui fut construite en 1924. Je me souviens également d'être entré dans le magasin général J.D. Irving, à Bouctouche, qui avait la taille du West Edmonton Mall pour un petit garçon de Saint-Maurice. Je me rappelle très bien que les commis envoyaient et recevaient de l'argent dans des contenants semblables à des bouteilles qui filaient à toute vitesse au-dessus de nos têtes dans des tubes. Ma mère m'expliqua que les tubes se rendaient quelque part au sous-sol, où quelqu'un les attendait pour compter l'argent. Du haut de mes sept ans, j'étais très impressionné. Je demandai à ma mère si nous pouvions aller au sous-sol voir où les tubes aboutissaient et qui comptait l'argent et ce qu'on faisait avec celui-ci. Elle m'opposa un refus catégorique. J'ai vu K.C. Irving à Bouctouche à quelques reprises, surtout pendant les mois d'été, alors qu'il s'arrêtait pour prendre de l'essence à la station-service Irving. J'ai le souvenir d'un gentleman de grande taille, d'allure distinguée, au sourire facile.

Mon père et mon frère étaient tous deux des entrepreneurs exigeants qui travaillaient fort et qui ont réussi. Mon père éprouvait un grand respect pour K.C. Irving, nous disant qu'il était un homme dur en affaires et intelligent et nous rappelant souvent qu'il venait de Bouctouche. Les entrepreneurs savent qu'il faut être fort et intelligent pour réussir en affaires. Mon frère a déjà vendu à K.C. Irving un immeuble situé à Moncton. Il était fier de ses transactions avec K.C. et m'a confié qu'il avait appris de lui des leçons importantes sur la façon de négocier une transaction commerciale.

Je suis devenu un bon ami d'Arthur Irving, de son épouse, Sandra, et de leur fille, Sarah. Nous avons eu de nombreuses conversations au cours des 15 dernières années. Nous sommes allés en vacances ensemble et je me suis exercé au tir avec Arthur. Que le lecteur se rassure, les tétras étaient bien en sécurité avec moi! J'avais d'ailleurs l'impression que, dès qu'ils nous apercevaient, ils volaient tous dans ma direction, sachant qu'ils y seraient bien plus en sécurité que s'ils volaient vers Arthur.

J'ai décidé d'écrire ce livre parce qu'il existe ici une histoire de réussite extraordinaire qui mérite d'être racontée, une histoire qui a connu d'humbles débuts. L'image de la vieille station-service Irving située stratégiquement à une intersection à l'entrée de Bouctouche m'est restée en mémoire tout au long des années. À partir de ce modeste commerce, K.C. et Arthur Irving ont érigé une entreprise de plusieurs milliards de dollars qui comprend la plus importante raffinerie au Canada, qui possède une raffinerie en Irlande et qui compte des magasins partout au Canada atlantique, au Québec, en Nouvelle-Angleterre et en Irlande. Je désirais mieux comprendre la réussite de cette entreprise et faire connaître son histoire aux gens du Canada atlantique pour leur montrer qu'il est possible de réussir en affaires dans la région et pour fournir aux étudiants et aux étudiantes en administration et aux personnes qui souhaitent se lancer en affaires les ingrédients d'une entreprise florissante.

Qu'en est-il de ma relation d'amitié avec Arthur Irving? J'ai décidé d'en informer le lecteur dès le départ. J'admets aussi que, à l'instar de la grande majorité des gens qui ont des liens étroits avec Bouctouche, j'ai applaudi les contributions des Irving au fil des ans. À Bouctouche du moins, K.C. Irving sera toujours connu comme le plus célèbre fils de l'endroit.

Dans son livre sur les Irving, Harvey Sawler a rapporté une entrevue qu'il a eue avec moi. Il a écrit : « Si vous voulez énerver Savoie, vous n'avez qu'à mentionner quelqu'un qui s'en prend aux Irving en les accusant de diriger une entreprise monstrueuse et omniprésente qui dévore tout, qui domine tout et qui étouffe et élimine les entrepreneurs. "C'est de la pure foutaise", dit Savoie. Cette attitude, qu'il appelle "une excuse pour échouer", est celle qu'adoptent des personnes pour dénigrer les Irving et d'autres [...] afin d'expliquer bon nombre d'échecs qu'elles ont elles-mêmes subis pour toutes sortes de raisons : pour ne pas avoir travaillé assez fort, ne pas avoir disposé de capitaux suffisants, ne pas avoir négocié efficacement, pour avoir manqué d'ambition, d'aptitude ou de vision ou ne pas avoir pris soin de leur clientèle[3]. » C'est ce que j'ai déclaré à Sawler il y a près de 14 ans et je n'ai pas changé d'opinion depuis.

Les citoyens du Canada atlantique, en particulier les Acadiens de Bouctouche, une communauté à laquelle je suis fier d'appartenir, ont des liens étroits avec K.C. Irving. Celui-ci n'a jamais eu la réputation d'être un bigot ou un anti-français, ce qui, il y a 60 ans, était le trait de caractère le plus important pour nous. Les liens entre les Acadiens et K.C. Irving étaient très forts et ils le sont demeurés avec ses fils. K.C. a expliqué pourquoi : « à l'exception de mon père et peut-être de George Weeks et d'un ou deux autres, tout ce que j'ai appris, ce sont les Français qui me l'ont enseigné [...] Comme le veut le dicton, si on traite bien un chien quand les temps sont durs, il s'en souviendra quand tout va bien et, en ce sens, le chien est différent de bien des gens qui ne s'en souviennent pas. Alors, je suppose que j'ai un peu de chien en moi, car je n'ai jamais oublié ce que les francophones ont fait pour moi[4]. »

Jusque dans les années 1960 et parfois plus tard, certaines grandes entreprises du Nouveau-Brunswick avaient pour politique de ne pas embaucher d'Acadiens. Il était de notoriété publique, par exemple, que Lounsbury, une grande entreprise de Moncton qui était propriétaire de concessionnaires automobiles et de magasins de meubles dans la province, n'employait pas beaucoup d'Acadiens, ni même de catholiques. Les choses ont changé, cependant, lorsque Larry Nelson a pris la direction de l'entreprise en 1994.

K.C., en revanche, était reconnu pour embaucher des Acadiens et leur donner les mêmes chances qu'à n'importe quel Néo-Brunswickois de langue anglaise, ce qui était énormément significatif pour les Acadiens à l'époque. Je ne veux pas laisser entendre pour autant qu'il réduisait les critères de sélection de la société Irving pour les Acadiens. Une connaissance de Bouctouche qui a communiqué avec K.C. Irving pour obtenir un emploi lui a dit : « K.C., ne me dis pas que tu n'as pas beaucoup de travail à offrir. Ça ne me prend pas grand-chose pour me tenir occupé[5]. » Il n'a pas été embauché.

K.C. Irving et ses descendants, en particulier J.K. Irving et sa famille, ont aussi apporté beaucoup à Bouctouche. Une de leurs entreprises, Kent Homes, fournit des emplois stables dans la localité depuis 1958. De plus, les Irving ont aménagé une marina et un arboretum, érigé un monument statuaire et construit un complexe réunissant un centre sportif et l'hôtel de ville, un marché agricole et un éco-centre qui comprend une passerelle d'une longueur de deux kilomètres, ce qui a valu à Bouctouche d'être sélectionnée comme « seule finaliste canadienne » au prix de la destination lors du concours organisé en 2008 par le Conseil mondial du voyage et du tourisme[6]. De nos jours, Bouctouche est une collectivité fière, autonome et prospère, et K.C. Irving y est pour beaucoup.

Je reconnais qu'il y a eu une époque où les rapports entre K.C. Irving et les Acadiens étaient tendus – lorsqu'il a déclaré publiquement sa forte opposition à la décision de Louis J. Robichaud de réformer les politiques fiscales du Nouveau-Brunswick dans le cadre de la mise en œuvre de son programme Chances égales pour tous. Mais la situation est revenue à la normale après que le programme eut été complètement mis en œuvre et que Robichaud eut quitté la politique active. Je le sais parce que je connais les deux versions de l'histoire.

Louis J. Robichaud et moi sommes devenus de bons amis. J'ai d'ailleurs organisé une conférence en son honneur à Bouctouche en 1999. Peu avant son décès, Robichaud m'a demandé d'organiser ses funérailles. Je l'ai fait et j'ai invité l'un des fils de K.C. Irving à être porteur honoraire. Je peux dire que la veuve de Robichaud et ses trois enfants ont appuyé ma décision sans réserve. Je peux aussi signaler que Louis J. Robichaud m'a confié qu'il avait toujours voué un profond respect à K.C. Irving pour son sens des affaires.

En juillet 2019, j'ai accordé une entrevue à un journaliste de la CBC au sujet d'un projet d'aéroport dans l'Ouest du Cap-Breton, près des terrains de golf Cabot Links et Cabot Cliffs. J'ai appuyé le projet d'aéroport en faisant valoir qu'il favoriserait le tourisme, que le rôle du secteur privé est de créer des possibilités économiques et que le rôle du secteur public est d'encourager le développement économique au moyen de projets d'infrastructure et d'autres mesures.

Le journaliste m'a demandé, avec raison, si j'étais un consultant rémunéré par Cabot Links ou Cabot Cliffs. Je lui ai répondu : « Je ne suis pas présentement, n'ai jamais été et ne serai jamais un consultant rémunéré par cette entreprise. » J'ai ajouté : « Je suis un golfeur et je suis allé y jouer au golf à deux reprises. J'ai payé mes droits d'entrée, l'hôtel et tous mes repas. Si on m'offrait une rémunération, l'hébergement gratuit à l'hôtel ou l'accès gratuit au terrain, je refuserais. » Le journaliste a dit : « Eh bien, voilà qui est clair. »

Je précise que je n'ai jamais été un consultant payé par Irving Oil ou toute autre entreprise Irving. On ne m'a jamais offert de rémunération pour du travail accompli pour le compte d'Irving Oil ou d'une autre entreprise Irving. Arthur Irving ou Irving Oil ne m'ont jamais offert d'honoraires pour la rédaction du présent livre, pas plus qu'ils n'ont offert de payer la moindre de mes dépenses pendant que j'y travaillais. Si on m'avait fait une telle offre, je l'aurais déclinée. Je fais toutefois remarquer que j'ai effectué de nombreux voyages avec les Irving. Je souligne également qu'ils ont apporté de généreuses contributions à mon université, depuis K.C. Irving dans les années 1960 jusqu'à la plus récente campagne de financement menée par mon université. Je m'empresse d'ajouter cependant que ces fonds ne serviront aucunement à financer le travail que j'accomplis ou les recherches que j'effectue à l'université.

J'ai dû faire face à un problème similaire il y a plusieurs années, lorsque j'ai écrit *Harrison McCain: Single-Minded Purpose*, qui a été finaliste au National Business Book Award en 2014. Là aussi, j'ai précisé dès la préface du livre que Harrison McCain était un bon ami à moi et que je n'avais aucunement l'intention d'écrire sur la querelle au sein de la famille McCain. Je n'ai reçu aucun financement, sous quelque forme que ce soit, de la part de la famille McCain pour la rédaction du livre. Je fais aussi observer que la famille McCain a contribué à la campagne de financement de mon université, comme elle l'a fait pour d'autres universités du Canada atlantique.

Les lecteurs ont compris qu'en écrivant un livre sur Harrison McCain j'avais voulu écrire l'histoire d'une entreprise très fructueuse et d'un développement économique réussi, une entreprise qui est née dans ma région et qui s'est hissée au rang des plus grandes entreprises internationales sur le marché des aliments congelés. Je tiens à souligner que le Nouveau-Brunswick est une petite province dont la population est de trois quarts d'un million d'habitants seulement. Beaucoup de citoyens du Nouveau-Brunswick se connaissent personnellement et nous formons une population tissée serré. De plus, il est facile d'entrer en contact avec les personnes qui se démarquent au Nouveau-Brunswick dans le domaine des affaires ou de la politique et les milieux gouvernementaux ou universitaires.

K.C., ARTHUR ET IRVING OIL

Il existe de nombreuses entreprises Irving et de nombreuses histoires des Irving. Ce livre porte sur K.C. Irving, Arthur Irving et Irving

Oil et s'intéresse particulièrement à ces deux derniers. Il cherche à jeter un regard sur le développement économique au Canada atlantique, sur les défis que pose la croissance d'une entreprise dans la région et sur la façon dont se prennent les décisions d'affaires. Je veux également apporter des éléments de réponse à la fameuse question : est-ce qu'on naît entrepreneur ou est-ce qu'on apprend à le devenir? L'œuvre de K.C., d'Arthur Irving et d'Irving Oil devrait offrir de nouvelles perspectives qui aideront à y répondre.

De plus en plus d'études cherchent à déterminer si l'esprit d'entreprise est inné ou acquis. Nous faisons des progrès, mais nous n'avons toujours pas de réponse définitive. Je doute que quelqu'un arrive un jour à une réponse définitive. Le mieux qu'on puisse faire, c'est de s'inspirer des enseignements tirés de l'expérience d'entrepreneurs. Je soutiens que K.C. Irving est l'entrepreneur le plus prospère dans l'histoire du Canada et que le succès que lui et son fils Arthur ont obtenu chez Irving Oil devrait aider à mieux comprendre le travail qu'accomplissent les entrepreneurs et la façon dont ils et elles s'y prennent pour atteindre la prospérité.

Un grand nombre de spécialistes du milieu des affaires affirment maintenant que l'entrepreneuriat est à la fois inné et acquis. Greg Davies, un haut dirigeant de la banque Barclays, estime qu'« il y a certainement des éléments de l'esprit d'entreprise qui peuvent s'enseigner ». Mais il ajoute : « il y a une part étonnamment grande du succès entrepreneurial qu'on peut attribuer à la génétique ou au développement de la personnalité dans la petite enfance »[7]. À première vue, le succès d'Arthur Irving dans le monde des affaires semble attribuable à la fois à la génétique et aux leçons apprises de son père, de son grand-père et de son arrière-grand-père.

K.C. a bâti son entreprise à Saint John, au Nouveau-Brunswick. C'est une chose que de bâtir un empire commercial dans le centre industriel du Canada, mais c'en est une autre de le bâtir au Canada atlantique : il faut lutter contre la force de gravité afin de rivaliser avec de grandes firmes de l'extérieur, et contrer des politiques économiques nationales qui favorisent les régions les plus peuplées. K.C. a créé Irving Oil en 1924 et a donc dû diriger l'entreprise à travers la Grande Crise dès ses premières années d'existence. Il a ainsi mis à l'épreuve et fait mentir le vieil adage selon lequel lorsqu'on lance une entreprise, tout est dans le choix du moment[8].

K.C. Irving a dit à maintes reprises que sa principale motivation n'était pas de faire de l'argent. D'autres entrepreneurs très prospères, tels Sam Walton et Harrison McCain, ont dit la même chose. K.C. Irving était un bâtisseur dans l'âme qui aimait « voir les roues tourner », faire que les choses fonctionnent et créer des activités économiques dans le Canada atlantique, qu'il chérissait.

Lors d'entrevues, y compris les quelques-unes qu'il a accordées au début de sa carrière d'entrepreneur, il a maintes fois montré du doigt les politiques nationales pour expliquer les difficultés économiques des Provinces maritimes. Ainsi, il a déclaré en entrevue en 1964 : « Au fil des années, le gouvernement fédéral, peu importe le parti, a été à l'origine de politiques qui ont fait que le Nouveau-Brunswick est devenu une région oubliée du Canada[9]. » J'ai publié des articles et des livres dans lesquels j'ai présenté le même argument. Je n'ai jamais entendu quelqu'un remettre en question les motifs pour lesquels j'ai défendu ce point de vue. On ne peut toutefois pas en dire autant dans le cas des Irving. Si je soulève ce point, c'est parce que K.C. Irving et ses trois fils ont créé des milliers et des milliers d'emplois dans les Maritimes et établi les sièges sociaux de leurs entreprises dans notre région, alors que je n'ai pas créé plus de six emplois grâce à des subventions et à des contrats de recherche.

L'histoire est importante en toutes choses, et le développement économique ne fait pas exception. Cette histoire commence à Dumfries, en Écosse. On ne saurait écrire l'histoire d'Arthur Irving ou d'Irving Oil sans remonter dans le temps, jusqu'à l'arrivée de George Irving dans l'Est du Nouveau-Brunswick, dans les années 1820. Les Irving ont déménagé à l'intérieur de la province, mais eux-mêmes et leurs sièges sociaux sont toujours demeurés au Nouveau-Brunswick, même lorsqu'il aurait sans doute été plus avantageux du point de vue économique d'aller s'établir ailleurs. Ils sont passés de Mill Branch à Beersville, à Coal Branch, à Bouctouche, à Saint John sans jamais quitter le Nouveau-Brunswick. Par ailleurs, l'esprit d'entreprise d'Arthur Irving et son sens des affaires lui viennent de son père, K.C., de son grand-père J.D. Irving, et de son arrière-grand-père Herbert Irving. Bref, les compétences en affaires d'Arthur Irving sont profondément inscrites dans son ADN.

Il est également impossible de parler d'Arthur Irving sans d'abord parler de son père. Ils étaient très proches l'un de l'autre. D'ailleurs, c'est Arthur qui a été invité à représenter son père, lors d'une cérémonie où l'on rendait honneur à K.C. pour l'ensemble de ses contributions au développement économique du Canada atlantique. Celui-ci n'était pas en mesure d'assister à la cérémonie du 20 novembre 1991 afin d'y recevoir le Prix de reconnaissance pour services exceptionnels de l'Atlantic Canada Plus Association.

Arthur Irving, qui n'est pas du genre à prononcer des discours solennels minutieusement préparés, s'est exprimé du fond du cœur, sans notes, comme il le fait toujours. Il préfère le style saccadé, pragmatique, tout en changeant souvent de rythme au milieu d'une phrase pour faire valoir un argument. Il a évoqué ce que c'était d'être le fils de K.C. et de travailler avec K.C. Il a parlé avec passion, expliquant que tous les jours il y avait quelque chose d'excitant, tous les jours il y avait quelque chose de nouveau quand il travaillait aux côtés de son père. Il a expliqué que son père était « un battant, un compétitif, un gagnant. Chaque jour, une nouvelle partie se jouait. Le score était de trois à deux. Nous avions deux et l'adversaire, trois. Il ne restait plus que 10 secondes à jouer – et nous devions gagner. Il tirait une grande satisfaction de ses succès. » Il a terminé son allocution par ces mots d'une profonde sincérité : « Il a été un bon père, un bon ami[10]. » Tel père, tel fils. Arthur Irving aime se frotter à la concurrence, il aime gagner et il s'efforce de voir de la nouveauté tous les jours.

Irving Oil a tous les ingrédients d'une étude de cas au sujet d'une entreprise qui a commencé modestement dans une localité éloignée, dans une région à faible croissance, pour ensuite devenir une entreprise internationale. Nous allons retracer l'évolution d'Irving Oil depuis sa première station-service à Bouctouche, en passant par la construction puis l'agrandissement d'une raffinerie de pétrole maintenant la plus grande au Canada, jusqu'à l'achat d'une raffinerie et de 200 stations-service en Irlande. Arthur Irving a joué un rôle clé dans la croissance d'Irving Oil à des moments cruciaux et il continue de le faire.

Il existe une approche particulière aux Irving quant à la façon de faire croître et de gérer des entreprises, que des observateurs ont appelée « l'école de commerce Irving »[11]. Un observateur insiste pour dire que l'école de commerce Irving permet d'en apprendre davantage que ce qu'on pourrait apprendre en un semestre dans l'une des meilleures écoles de commerce. Pourquoi même fréquenter une école de commerce quand « on a chez soi sa propre école, qui offre un programme d'études imbattable[12] »? Nous devons acquérir une compréhension du programme d'études Irving et de ses principales exigences. J'espère que les étudiants en commerce et les aspirants entrepreneurs pourront avoir accès à une partie de ce programme en lisant ce livre.

Arthur Irving, comme son père, éprouve un profond attachement pour sa collectivité, sa région et le Canada. Il a beaucoup redonné à sa communauté, bien plus qu'on ne le sait généralement. Il est un Irving, et les Irving ont toujours eu tendance à cacher leur lumière sous le boisseau, à commencer par K.C. Irving.

De plus, il déborde de joie de vivre et d'une énergie remarquable. Lors d'une rencontre en février 2019, j'ai vu qu'il s'était blessé au pied et je lui ai demandé ce qui lui était arrivé. Il a expliqué qu'il se l'était fracturé en skiant. Sachant qu'il avait 88 ans, j'ai dit : « C'est fini le ski pour toi. » Il a dit : « Oui, pour cette année. »

Toutes les personnes que j'ai consultées pour la rédaction de cet ouvrage ont fait allusion à l'énergie extraordinaire qui anime Arthur. Je peux en témoigner. Je me suis rendu à Boston en compagnie d'Arthur le 18 juillet 2019. Nous étions censés partir de Saint John à 7 h 30 pour qu'il puisse s'occuper de certaines affaires et assister à une série de réunions à Boston. Il était aussi prévu que nous irions voir un match des Red Sox en après-midi au Fenway Park, mais il lui fallait être de retour à Richibucto, au Nouveau-Brunswick, à 18 h le même jour. Il a repoussé le départ en matinée parce qu'il voulait assister aux funérailles d'un employé d'Irving Oil célébrées ce matin-là à Saint John. Nous sommes arrivés à Boston à 11 h 30. Nous sommes allés au Fenway Park mais, comme c'est toujours le cas quand il y a un match des Red Sox, il y avait beaucoup de circulation. Il a proposé de faire le dernier bout de chemin à pied. Nous avons marché près d'un kilomètre. Nous avons vu les Red Sox jouer contre les Blue Jays de Toronto pendant six manches, puis nous sommes retournés à l'avion à toute vitesse et sommes arrivés à Moncton comme prévu à 17 h 30 ce soir-là. On nous a rapidement transférés à bord d'un hélicoptère et nous sommes partis pour Richibucto, où nous sommes arrivés à 18 h pour une cérémonie marquant le don par Irving Oil d'un terrain à la population du comté de Kent en vue de l'aménagement d'un parc municipal. Il a pris la parole au cours de l'événement et nous sommes restés jusqu'à la fin, à 20 h. Lorsque nous sommes remontés dans l'hélicoptère, il a dit : « Hé, nous ne sommes pas loin de Beersville; allons voir la pierre qui a été érigée à l'endroit où le premier Irving venu en Amérique du Nord a construit sa maison. » Quelqu'un parmi le groupe, qui parlait pour les autres, a dit : « Non, Arthur, je suis trop fatigué. » Il a répondu : « Dans ce cas, allons à la maison Bonar Law, la maison du seul premier ministre de Grande-Bretagne né à l'extérieur du Royaume-Uni. » À nouveau, le même individu a répondu : « Non, Arthur, je suis beaucoup trop fatigué. » Arthur a dit : « O.K., mais volons en longeant la côte plutôt qu'en ligne droite pour pouvoir voir les villages le long du littoral », y compris Bouctouche. Tôt le lendemain, j'ai reçu un courriel m'informant qu'Arthur était parti en Gaspésie, où il avait des affaires à régler. Je rappelle au lecteur qu'Arthur

Irving a eu 89 ans le 14 juillet 2019. Sa joie de vivre s'étend à tout ce qu'il fait, et les affaires ne font certainement pas exception.

Irving Oil célébrera son centenaire en 2024. L'entreprise a prospéré pendant la Grande Crise, les années de guerre, un embargo sur le pétrole de l'OPEP, quelques crises pétrolières, la Grande Récession et l'avènement de nouveaux enjeux liés à la pandémie COVID-19. Les années à venir s'annoncent elles aussi difficiles, et nous tenterons de cerner les défis auxquels le secteur pétrolier et gazier devra faire face.

Le désir des Irving de cacher leur lumière sous le boisseau ne rend pas la tâche facile à ceux qui souhaitent étudier les pratiques commerciales d'une entreprise Irving. K.C. Irving ne voyait pas l'intérêt de montrer ses cartes avant de les avoir jouées, ni même après. Cela n'est toutefois pas particulier aux Irving. Toutes les entreprises privées tiennent à ne pas dévoiler leur jeu. Plus exactement, toutes les entreprises privées ont tendance à mener leurs affaires en privé, tandis que les entreprises publiques n'ont pas le choix d'assurer une certaine transparence dans la gestion de leurs affaires. Une journaliste qui a obtenu une entrevue avec Harrison McCain a commencé l'entretien en disant : « Je suis venue pour parler des affaires de votre entreprise... » Il a répondu : « Mes affaires, ce ne sont pas de vos affaires. » Bref, les entreprises privées familiales, grandes ou petites, ne sont pas tenues de parler de leurs pratiques commerciales, de la façon dont elles prennent leurs décisions ni de leur succès ou de leur absence de succès.

J.D. Irving a accepté, au nom de son défunt grand-père, un prix d'excellence qui lui était décerné à Halifax en 2008 pour l'ensemble de ses réalisations. En acceptant le prix, il a évoqué le conseil que K.C. Irving lui aurait donné avant qu'il ne se dirige vers l'estrade. « Il se serait penché vers moi, m'aurait doucement tapé sur le bras et dit : "Jimmy, ne parle pas trop longtemps." C'est comme ça qu'il était[13]. »

Le lecteur se demande peut-être pourquoi j'ai voulu écrire un livre au sujet d'Arthur Irving et d'Irving Oil. Il est certain que mon amitié avec Arthur et Sandra est un élément important à considérer. D'autres facteurs importants sont le fait que K.C. était originaire de la même petite ville que moi, qu'il a tant fait pour Bouctouche et qu'il a gagné le respect de nombreuses entreprises locales et donné envie à des entrepreneurs locaux de se lancer en affaires.

Il existe une autre raison importante. J'ai passé une grande partie de ma carrière à promouvoir le développement économique dans ma région. Je rappelle que, à la demande du premier ministre Brian Mulroney, j'ai rédigé le rapport qui a mené à la création de l'Agence de promotion économique du Canada atlantique (APECA). De plus, j'ai contribué à la littérature sur le développement économique régional, le plus souvent en présentant le point de vue du Canada atlantique.

Comme je l'ai indiqué, je reconnais que le secteur privé, notamment les entrepreneurs locaux, doivent être le moteur du développement économique dans ma région. Je ne vois pas qui, mieux que K.C. et Arthur Irving, pourrait servir de modèle à ceux et celles qui veulent lancer et faire croître une entreprise. Si ce livre peut motiver des aspirants entrepreneurs de ma région, offrir des leçons aux gens d'affaires locaux et démontrer qu'il est possible de bâtir une entreprise internationale très florissante à partir d'une petite station-service située au coin d'une rue d'une petite localité isolée du Nouveau-Brunswick, j'aurai atteint l'objectif principal que je visais en l'écrivant. J'ai le sentiment que K.C. et Arthur Irving seraient tous deux d'accord, comme d'autres membres de la famille Irving. J'espère que de plus en plus de gens des Maritimes voudront célébrer la réussite en affaires et les entrepreneurs locaux ne serait-ce que parce que notre avenir économique est indissociable du succès de nos chefs d'entreprise locaux, de nos entrepreneurs et de ceux et celles qui aspirent à le devenir. Bref, les entrepreneurs sont les personnes qui dirigeront les efforts de promotion du développement économique dans ma région.

Je tiens aussi à rappeler aux citoyens du Canada atlantique que ni K.C., ni Arthur Irving n'ont jugé nécessaire de quitter leur région pour remporter une série de succès économiques remarquables. Ils sont restés fidèles à leurs racines néo-brunswickoises et n'ont pas suivi l'exemple de contemporains de K.C. qui étaient originaires de la région et qui ont eux aussi connu un succès économique remarquable. Lord Beaverbrook a fait ses millions d'abord à Montréal puis à Londres. James Dunn a aussi quitté la région et élu domicile à Montréal et à Londres pour générer ses millions. Izaak Killam, quant à lui, s'est tourné vers Montréal et Toronto pour atteindre la réussite économique. Pas K.C. et Arthur Irving. Ils sont demeurés au Nouveau-Brunswick contre vents et marées. C'est pour cette raison plus que toute autre que j'ai dédicacé à K.C. Irving mon ouvrage *Se débrouiller par ses propres moyens : le développement économique dans les Maritimes*, paru en 2017.

On ne saurait surestimer l'importance des sièges sociaux pour l'économie locale, un point sur lequel j'insisterai à maintes reprises dans le présent livre. Mis à part Irving Oil, J.D. Irving, Cooke Aquaculture et une poignée d'autres, bien peu de grandes entreprises internationales ont leur siège social au Nouveau-Brunswick. Cela a-t-il de l'importance? Oui, et pour de nombreuses raisons. Les sièges sociaux emploient des professionnels hautement qualifiés et bien rémunérés. Ils font aussi appel aux services de consultants hautement spécialisés dans presque tous les aspects de la gestion. Les décisions importantes en matière d'investissement et de fonctionnement se prennent dans les sièges sociaux. Ceux-ci choisissent les avocats, les institutions financières, les vérificateurs et les spécialistes en TI dont il faut retenir les services. Non seulement les principaux membres du personnel des sièges sociaux sont bien instruits, mais ce sont aussi des personnes très dynamiques et déterminées qui se montrent souvent disposées à aider leur communauté[14]. Les sièges sociaux se tournent invariablement vers les organismes caritatifs locaux lorsqu'ils accordent leur soutien à des causes philanthropiques. Les sièges sociaux ont aussi des partis pris. Par exemple, c'est le siège social qui décide de l'endroit où seront concentrées les activités de R-D de l'entreprise, la plupart du temps dans la même ville que lui. C'est le siège social qui choisit les activités régionales qu'il faut privilégier et celles qu'il y a lieu de réduire ou d'éliminer. Les sièges sociaux ne disparaissent pas à moins que l'entreprise elle-même ne disparaisse. Il importe aussi de souligner que les activités régionales ont tendance à favoriser le statu quo, les sièges sociaux étant souvent les seuls à guider les changements d'importance. En effet, seuls les membres de la haute direction des sièges sociaux ont le mandat de définir les changements et de les mettre en œuvre.

Souvent, au lieu d'applaudir les personnes qui s'élèvent au-dessus du lot et qui obtiennent du succès, trop de gens éprouvent du ressentiment envers elles et critiquent leurs accomplissements. L'envie est un sentiment puissant. Le syndrome d'exposition élevée ou « du grand coquelicot » (tall poppy syndrome) est particulièrement visible dans les régions moins favorisées, comme les Provinces maritimes. Il n'est certainement pas limité aux Provinces maritimes ou au Canada. Mais on l'observe dans les deux cas, comme des études le démontrent[15]. Plutôt que de se regarder dans le miroir pour expliquer leur manque de succès, il s'avère beaucoup plus facile pour certaines entreprises et même certains individus de pointer du doigt les gens d'affaires qui réussissent très bien et de s'en prendre à eux. Il y a fort à parier qu'il n'y aurait pas de raffinerie de pétrole à Saint John si K.C., Arthur Irving et Irving Oil n'y avaient pas construit et fait grandir considérablement leur raffinerie, et que toutes les stations-service des Maritimes seraient exploitées sous les bannières Esso, Shell ou Petro Canada.

Je fais remarquer à maintes reprises dans le présent livre que les Irving sont reconnus pour éviter la publicité, pour cacher leur lumière sous le boisseau et pour ne pas se vanter de leur réussite économique. Ils n'ont jamais appliqué le précepte de la bible qui dit : « Que votre lumière luise ainsi devant les hommes, afin qu'ils voient vos bonnes œuvres. » De nombreux résidents du Nouveau-Brunswick reconnaissent cependant les contributions des Irving à leur province. Comme je l'ai mentionné plus tôt, je me suis rendu à Richibucto en compagnie d'Arthur, de Sandra et de Sarah Irving en juillet 2019 pour assister à l'inauguration d'un nouveau parc communautaire. Irving Oil a fait don du terrain, qui se trouve à quelques mètres de l'endroit où George Irving foula le sol du Nouveau Monde avec sa femme et ses deux enfants près de 200 ans auparavant.

J'y ai vu un Acadien âgé dans les 70 ans qui se tenait fièrement debout, le dos droit comme une planche. Je ne peux que supposer qu'il avait été pêcheur ou travailleur de la construction. Il mesurait six pieds, avait le teint hâlé, des yeux bruns perçants et de larges mains rugueuses qui avaient fait plus que leur part de travail manuel. Il s'est avancé vers Arthur, a tendu la main et lui a dit avec un fort accent acadien : « Monsieur Irving, je veux vous remercier pour tout ce que vous et votre père avez fait pour le Nouveau-Brunswick. » C'était tout. L'homme a dit ce qu'il avait à dire, il a fait demi-tour et est parti. Il n'avait pas besoin d'en dire davantage. J'ai vu en lui une véritable sincérité telle qu'on en voit rarement de nos jours. En quittant le parc, je me suis dit que la voix de cet homme devait être entendue au-delà de Richibucto. Je mentionne également qu'Arthur Irving a reçu une ovation après avoir pris la parole, ce qui témoigne encore une fois du profond respect que les Acadiens et les Irving ressentent les uns pour les autres.

Je souhaite voir les Canadiens et les Canadiennes de la région de l'Atlantique se réjouir des réussites, en particulier des réussites économiques. Lorsque les entreprises locales obtiennent du succès, qu'elles établissent leur siège social dans la région, qu'elles voient des débouchés économiques que personne d'autre ne voit et qu'elles réussissent à en tirer profit, tout le monde au Canada atlantique en ressort gagnant. Par conséquent, le titre du livre, *Merci de nous avoir choisis*, a un double sens. Comme on l'a vu, c'est ce qu'Arthur Irving répond chaque fois que quelqu'un lui dit qu'il s'est arrêté à l'une de ses stations-service pour faire le plein. Il y a une autre raison pour laquelle j'ai choisi ce titre. Alors que ma carrière consacrée à l'étude du gouvernement, de l'administration publique et du développement économique tire à sa fin, j'ai retenu un certain nombre d'enseignements au cours de mes recherches.

Premièrement, les politiques nationales du Canada ont eu des résultats catastrophiques pour le développement économique au Canada
atlantique, j'en suis certain. Les Canadiens de l'Atlantique ont dû se
faire à l'idée que les « politiques nationales » sont des mots de code
pour désigner les intérêts économiques de l'Ontario et du Québec.
Tant K.C. qu'Arthur Irving ont fait valoir ce point de vue à plusieurs
occasions, de même que d'autres citoyens des provinces de l'Atlantique
et de l'Ouest. Le pouvoir politique d'Ottawa est concentré en Ontario
et au Québec, qui comptent beaucoup d'électeurs, et son centre d'influence bureaucratique se trouve dans la région d'Ottawa-Gatineau.
En ce qui concerne les provinces de l'Atlantique, le gouvernement
fédéral a tenté de remédier à son incapacité à prendre en considération
la situation économique régionale dans l'élaboration de ses politiques,
en leur versant de l'argent pour se déculpabiliser. Nous avons assisté
à l'adoption d'un véritable méli-mélo de programmes régionaux, de
l'ARDA jusqu'à l'APECA, en passant par le FODER, le MEER, le MEIR
et ainsi de suite. Sans insister davantage, disons qu'Ottawa a créé un
problème de dépendance au Canada atlantique[16].

Deuxièmement, pour que le Canada atlantique exploite pleinement
son potentiel, le milieu des affaires devra montrer la voie. Les politiques
gouvernementales peuvent établir un programme de développement
économique en adoptant des mesures fiscales, en veillant à ce que les
compétences de la main-d'œuvre correspondent aux besoins réels des
employeurs, en abolissant les obstacles au commerce interprovincial
et en reconnaissant que ce qui fonctionne bien dans une région ne
fonctionne pas toujours bien dans une autre région.

J'ai appris que c'est le milieu des affaires, avec sa propension à l'action, qui fera avancer notre région, comme il l'a fait dans le passé. J'ai
appris aussi que les bureaucraties gouvernementales sont capables de
donner l'apparence du changement alors que rien ne change. Par contre,
les entreprises doivent apprendre à soutenir la concurrence, accroître
leurs parts de marché et s'assurer que leurs revenus sont supérieurs à

leurs dépenses, sinon elles ne survivront pas. Les bureaucraties gouvernementales, elles, ne meurent pas et feront des pieds et des mains pour éviter les risques. Les entreprises florissantes apprennent à gérer les risques, sinon elles ne tardent pas à tirer de l'arrière. Ce sont des entreprises sans gaspillage, en mesure de déplacer des ressources humaines pour s'adapter à l'évolution de la situation. Les bureaucraties gouvernementales, en revanche, augmentent leur personnel pour répondre à de nouvelles demandes.

J'ai été témoin récemment d'une croissance économique importante dans certaines régions du Canada atlantique. Dans tous les cas, ce sont les entrepreneurs locaux qui ont pris l'initiative : K.C., J.K., Jack et Arthur Irving, John Bragg, Harrison et Wallace McCain, Normand Caissie, Jean-Claude Savoie, David Sobey, John Risley, Glenn Cooke, Robyn Tingley, Regis Duffy, Jim Casey et j'en passe. Les gens de la région de l'Atlantique doivent saluer la réussite économique de ces entrepreneurs parce que leur succès mène directement au succès économique du Canada atlantique. Alors, à ces personnes, aux futures générations d'entrepreneurs de ma région et à Arthur Irving, « merci de nous avoir choisis ».

AU SUJET DU LIVRE

J'AI EU LA CHANCE DE DISCUTER DE DÉVELOPPEMENT ÉCONOMIQUE ET DU monde des affaires avec Arthur Irving à maintes reprises au cours des 15 dernières années. Je me rappelle bon nombre de ces conversations et j'ai décidé ces derniers mois de les prendre en note. Je m'appuie sur ces entretiens ainsi que d'autres que j'ai eus avec diverses personnes, tant des membres de la famille et des cadres chez Irving Oil que des chefs de file de la communauté et des employés de première ligne. Je fournis en annexe une liste des personnes interviewées.

Je souligne également que les chercheurs ont maintenant accès à une abondante documentation consacrée aux Irving en dépit de la réticence de ceux-ci à parler publiquement de leurs entreprises et de leurs contributions à des collectivités, à des universités et à des hôpitaux. J'ai consulté les divers livres qui portent sur eux et de nombreux articles et documents d'archives.

Exception faite des circonstances entourant la naissance d'Irving Oil et du rôle que K.C. Irving a joué dans sa croissance, je concentre mon attention sur les 15 dernières années chez Irving Oil et le rôle qu'y a joué Arthur Irving durant cette période. Il s'agit des années où j'ai appris à connaître Arthur Irving et où j'ai eu de nombreuses discussions avec lui. Puisque je ne connaissais Arthur Irving, sa famille et Irving Oil que de réputation avant 2005, je ne couvre pas cette période de façon aussi détaillée que je ne le fais pour celle qui suit 2005.

LES GRANDES LIGNES

L'OUVRAGE RETRACE LA PRÉSENCE DES IRVING AU NOUVEAU-BRUNSWICK depuis leurs origines en Écosse. On peut voir les signes évidents d'une disposition pour l'entrepreneuriat chez le premier Irving arrivé dans l'Est du Nouveau-Brunswick. Il fallait du courage et un solide esprit d'entreprise à George Irving pour rassembler sa famille et effectuer le long périple de l'Écosse jusqu'au Nouveau-Brunswick en 1822. Ce fut toutefois la deuxième génération de la famille Irving au Nouveau-Brunswick qui commença à manifester un penchant marqué pour l'entrepreneuriat, et la tradition se poursuit à ce jour.

La Société Histoire Canada a dressé une liste de 10 magnats des affaires qui ont contribué à orienter le développement économique du Canada, parmi lesquels figuraient John Molson, Hart Massey, sir John Craig Eaton, Harvey Reginald MacMillan et K.C. Irving. Elle a présenté K.C. Irving en l'appelant « le bâtisseur d'empire », et c'était tout un bâtisseur. La publication souligne que, contrairement à de nombreux entrepreneurs canadiens, K.C. Irving est resté dans sa région natale[17]. Il importe de remonter jusqu'au début pour voir la façon dont Irving

Oil a vu le jour et les difficultés que K.C. Irving a rencontrées pour faire croître son entreprise de la petite station-service située dans une localité rurale du Nouveau-Brunswick à ce qu'elle est maintenant devenue.

Tel père, tel fils, comme l'affirme Arthur Irving. Nous verrons que celui-ci ressemble à son père à bien des égards : comme lui, il prête attention à tous les détails des affaires quotidiennes, il traite les autres avec courtoisie peu importe leur rang dans la société, il est sans prétention et il possède une solide éthique du travail.

À l'instar de son père, Arthur prend également un profond plaisir à expliquer comment les choses fonctionnent et comment « les roues tournent ». Il m'a déjà expliqué avec grand enthousiasme comment il avait réussi à pomper de l'eau à son camp de Red Pine sans électricité, ni carburant ou d'autre source d'énergie que de l'eau s'écoulant d'un point élevé vers un point moins élevé. Il a fabriqué ce qui s'appelle un bélier hydraulique, un mécanisme inventé en Angleterre il y a 250 ans. Il a adoré m'expliquer non seulement ce que c'était, mais aussi comment cela fonctionnait. Bien que je ne sois pas très habile en mécanique, j'ai écouté toutes ses explications. J'étais plus impressionné par l'enthousiasme avec lequel Arthur expliquait le fonctionnement du bélier hydraulique, que d'apprendre comment il fonctionnait[18].

Arthur, à l'image de K.C. Irving, n'est pas du genre à se vanter. Il a déclaré au *National Post* : « Nous ne sommes pas intéressés à faire étalage de ce que nous avons ou n'avons pas. Nous faisons simplement ce que nous devons faire, ce qui nous a procuré et nous procure encore beaucoup de plaisir[19]. » Arthur est profondément engagé envers sa région et il déborde d'énergie; sur ce point, il ressemble beaucoup à son père. La santé économique du Canada atlantique vient au sommet de ses priorités et il l'évoque souvent dans nos conversations.

Toutes les grandes entreprises sont parties de quelque part, modestement pour la grande majorité d'entre elles. Steve Jobs et Steve Wozniak, par exemple, ont lancé Apple à partir d'un garage. Jeff Bezos a aussi démarré son entreprise Amazon dans son garage, tout comme William

Hewlett et David Packard. Phil Knight ne disposait même pas d'un garage pour lancer Nike. Il l'a fait à partir du coffre de sa voiture. Irving Oil n'est pas tellement différente. L'entreprise est partie d'un simple réservoir à essence situé devant un magasin général d'une petite localité isolée du Canada. Dès lors, la société n'a pas cessé de croître. Arthur Irving a travaillé aux côtés de son père pour faire grandir l'entreprise. Il y est entré en 1951 et en est devenu le PDG en 1972.

Je trace un portrait de la croissance qu'a connue Irving Oil depuis sa première station-service à Bouctouche jusqu'à son installation à Saint John, au Nouveau-Brunswick, et à la construction de ce qui deviendra la plus grande raffinerie de pétrole au Canada. L'essor d'Irving Oil a ouvert de nouveaux marchés partout au Canada atlantique, au Québec et en Nouvelle-Angleterre. De plus, Irving Oil a récemment étendu ses activités en Europe en établissant un bureau commercial à Londres, en produisant un mélange d'essence à Amsterdam et en faisant l'acquisition d'une raffinerie et d'un réseau de distribution de 200 stations-service en Irlande.

La société s'est heurtée à bien des embûches sur son parcours vers la réussite. Ce livre explore les difficultés qui ont surgi et la manière dont l'entreprise les a surmontées. Beaucoup de lecteurs seront peut-être étonnés d'apprendre que K.C. Irving a traversé des moments très difficiles, surtout dans les années 1930.

Le livre se penche aussi sur « l'école de commerce Irving » et son programme d'études qui est encore en place chez Irving Oil. Celui-ci a eu une influence sur le parcours d'un grand nombre d'entrepreneurs prospères et bien en vue, dont Harrison et Wallace McCain. J'examine le rôle qu'Arthur Irving a joué pour stimuler la croissance d'Irving Oil. Peu de gens connaissent bien Arthur ou, d'ailleurs, les autres membres de la famille Irving. J'ai dit à un collègue que j'écrivais un livre au sujet d'Irving Oil et d'Arthur Irving. Sa réponse a été révélatrice : « Je sais que tu viens de Bouctouche, mais tu sais qu'on a écrit beaucoup de commentaires négatifs au sujet des Irving. Es-tu certain de vouloir t'engager dans ce débat? » J'ai répliqué : « Oui, bien sûr que j'en suis certain. » Mon adjointe, Céline Basque, a bien résumé la situation au moment où j'entreprenais la rédaction de ce livre : « Inutile d'écrire quoi que ce soit de négatif à propos des Irving. Quelqu'un l'a déjà fait. » Elle a raison[20].

J'ai demandé à Frank McKenna ce qu'il pensait de certains sentiments anti-Irving qu'on observe dans notre province. Sa réponse correspond tout à fait à ma vision des choses. Fidèle à lui-même, McKenna est allé au cœur de la question : « La grande majorité des gens du Nouveau-Brunswick ont une haute estime et un profond respect pour ce que les Irving ont fait et continuent de faire. Nous parlons ici d'une petite minorité qui fait beaucoup de bruit, mais qui est loin de représenter le point de vue des Néo-Brunwickois. » McKenna en sait sûrement quelque chose; il a été l'un des premiers ministres du Nouveau-Brunswick qui ont obtenu le plus de succès dans l'histoire de la province. Une chose est incontestable : aucun autre premier ministre n'a fait davantage pour le développement économique du Nouveau-Brunswick que McKenna. Je reviendrai sur ce point dans le dernier chapitre.

J'ai décidé d'écrire ce livre parce que je crois que notre région doit, plus que jamais, célébrer les réussites économiques et entrepreneuriales, en particulier dans le secteur de la production de biens. K.C. et ses fils plus que quiconque nous ont montré que la réussite économique est possible dans ce secteur et dans notre région. En somme, le temps est venu de mettre l'accent sur le côté entrepreneurial des Irving, et c'est ce que je fais en examinant comment K.C. et Arthur Irving ont réussi à assurer la croissance d'Irving Oil.

Notes

1 Voir, entre autres, Douglas How et Ralph Costello, *K.C.: The Biography of K.C. Irving, Toronto*, Key Porter, 1993. Voir aussi Jacques Poitras, *Irving vs. Irving: Canada's Feuding Billionaires and the Stories They Won't Tell*, Toronto, Viking Canada, 2014.

2 Francis P. McGuire, « Foreword », dans Harvey Sawler, *Twenty-First-Century Irvings*, Halifax, Nimbus, 2007, p. vi (traduction libre).

3 Cité dans ibid., « Introduction », p. xiv-xv (traduction libre).

4 Cité dans How et Costello, *K.C.*, p. 281-282 (traduction libre).

5 J.K. Irving m'a rapporté ces faits le 3 juillet 2009 à Saint-Joseph (N.-B.) (traduction libre).

6 « Historical Bouctouche Wins a Tourism Boost », *Globe and Mail*, 7 février 2008, theglobeandmail.com/news/national/historic-bouctouche-wins-a-tourism-boost/article667277/.

7 Greg Davies cité dans Freddie Dawson, « Are Entrepreneurs Born Or Made », *Forbes*, 25 décembre 2014, forbes.com/sites/freddiedawson/2014/12/25/are-entrepreneurs-born-or-made/#1aafa6047e4b (traduction libre).

8 John Oechsle, « When Launching A Business, Timing is Everything », Forbes, 5 décembre 2014, forbes.com/sites/groupthink/2014/12/05/when-launching-a-business-timing-is-everything/#608a7e635820.

9 K.C. Irving, cité dans Ralph Allen, « K.C. Irving: The Unknown Giant », *Maclean's*, 18 avril 1964 (traduction libre).

10 Cité dans How et Costello, *K.C.*, p. 381-382 (traduction libre).

11 Voir, par exemple, Sawler, *Twenty-First-Century Irvings*, chapitre 8.

12 *Ibid.*, p. 70 (traduction libre).

13 Cité dans Dean Jobb, « Rich 100: Inside Irving », *Canadian Business*, 22 décembre 2008, canadianbusiness.com/lifestyle/rich-100-inside-irving/ (traduction libre).

14 Voir, par exemple, Michael Bloom et Michael Grant, « La valeur des sièges sociaux : analyse du rôle, de la valeur et de l'avantage des sièges sociaux dans les chaînes de valeur mondiales » dans Aaron Sydor (réd.), Les chaînes de valeur mondiales : impacts et implications, Ottawa, Ministre des Travaux publics et Services gouvernementaux Canada, 2011.

15 Voir, par exemple, Sarah Dobson, « Many 'tall poppies' cut down at work », Canadian HR Reporter, 1er octobre 2018, hrreporter.com/article/38033-many-tall-poppies-cut-down-at-work/.

16 Je suis loin d'être le seul à faire valoir ce point de vue. Voir, par exemple, Thomas Courchene, *Equalization Payments: Past, Present and Future*, Toronto, Conseil économique de l'Ontario, 1984.

17 Joseph E. Martin, « Titans: From brewers, to rail barons, to oil-and-gas giants, these tycoons changed Canada », *Canada's History*, 13 septembre 2017, canadahistory.ca/explore/business–industry/titans.

18 Le bélier hydraulique a été inventé par John Whitehurst en Angleterre en 1772.

19 Claudia Cattaneo, « Playing the Piper », *National Post*, business.financialpost.com/playing-the-piper-in-an-exclusive-interview-arthur-irving-the-spotlight-shy-head-of-irving-oil-makes-the-case-for-energy-east-a-project-he-believes-isnt-just-good-for-his-company-but, s.d. (traduction libre).

20 Voir, entre autres, David MacDonald, « The Wrong Way to Make Millions », *Maclean's*, 15 août 1953, archive.macleans.ca/article/1953/8/15/the-wrong-way-to-make-millions; Bruce Livesey, « Are the Irvings Canada's biggest corporate welfare bums? », *Canada's National Observer*, 30 mars 2017, nationalobserver.com/2017/03/30/news/are-irvings-canadas-biggest-corporate-welfare-bums; Russell Hunt, *K.C. Irving: The Art of the Industrialist*, Toronto, McClelland and Stewart, 1973.

CHAPITRE 1

DE L'ÉCOSSE À
BOUCTOUCHE

G EORGE IRVING PARTIT DE DUMFRIES, EN ÉCOSSE, EN 1822 À DES-
tination du Nouveau Monde. Dumfries était une ville relativement prospère au début du 19ᵉ siècle. Sa population était
passée de 5 000 habitants au début des années 1790 à 13 000 en 1821,
une augmentation attribuable en grande partie à l'expansion rapide de
l'industrie textile linière, en particulier la fabrication de linge de table[1].
La ville jouissait d'une stabilité politique grâce à la mise en œuvre en 1811
d'une loi sur la police et à la création d'une commission d'amélioration
financée par une hausse des impôts locaux. D'autres localités écossaises,
en particulier dans les Highlands, éprouvaient certainement beaucoup
plus de difficultés économiques que Dumfries. De nombreux habitants des
Highlands devaient quitter leur village pour trouver du travail et nourrir
leur famille. La situation des résidents de Dumfries était loin d'être aussi
désespérée, mais certains sentaient le besoin de chercher de nouvelles
possibilités économiques ailleurs, et George Irving était l'un d'entre eux.

Dumfriesshire est un comté qui occupe une place importante dans l'histoire de l'Écosse. Dans sa quête pour devenir le roi des Écossais, Robert Ier Bruce organisa une rencontre avec son ennemi juré, Red Comyn, dans une église de Dumfries. L'histoire ne dit pas ce qui se passa à l'intérieur, mais on sait que Robert Ier Bruce ressortit vivant de l'église, mais pas Comyn[2]. Bonnie Prince Charlie, le « Jeune Prétendant » et petit-fils de Jacques II d'Angleterre, établit brièvement ses quartiers généraux à Dumfries dans sa lutte infructueuse pour ramener la couronne britannique dans la maison des Stuarts[3]. Adam Smith, le père de l'économie moderne, est né à Kirkcaldy, à moins de 200 kilomètres de Dumfriesshire. Robert Burns, le poète et célèbre auteur qui a écrit *Auld Lang Syne*, élut domicile à Dumfries, où l'on trouve encore sa demeure. La Bank of Scotland, l'une des plus vieilles banques commerciales, ouvrit sa première succursale à Dumfries en 1774.

À la lumière de ce qui précède, on constate que George Irving laissa derrière lui une collectivité relativement stable et prospère pour s'établir en Amérique du Nord. Il ne fut sûrement pas facile pour lui de décider d'abandonner une telle collectivité et de partir pour les colonies et l'inconnu, loin des amis et de la famille élargie. Lui et sa femme, Jane (Stitt), se joignirent à un flux constant d'Écossais qui partirent pour l'Angleterre, l'Amérique du Nord, l'Australie et la Nouvelle-Zélande dans les années 1820 et 1830. L'accroissement naturel de la population en Écosse connut une diminution variant entre 10 et 47 % au cours de chaque décennie du 19e siècle. Malgré sa prospérité relative, Dumfries ne fut pas épargnée par la dépression post-napoléonienne, qui se fit sentir dans toute l'Écosse. La recherche de nouvelles possibilités économiques dans le Nouveau Monde était lancée. Comme ceux des Lowlands, la plupart des émigrants de Dumfriesshire étaient de petits agriculteurs, des artisans et des mains-d'œuvre[4].

George et Jane Irving avaient très peu d'argent, ce qui influença la sélection de leur destination. Le prix de la traversée vers les colonies maritimes loyales à la Couronne britannique au Nouveau-Brunswick et en Nouvelle-Écosse était plus abordable que celui de la traversée vers les États-Unis et l'Australie. Ces colonies étaient aussi facilement accessibles pour les émigrants écossais, qui s'y étaient déjà établis en grand nombre. En raison du commerce florissant du bois d'œuvre entre le Nouveau-Brunswick et la Grande-Bretagne, des voiliers revenaient vers l'ouest sans cargaison, fournissant de l'espace pour des passagers, et accostaient dans les ports situés le long du littoral de la colonie pour y chercher du bois d'œuvre.

Dans toute la Grande-Bretagne, on distribuait des brochures qui faisaient la promotion des colonies nord-américaines. Une de ces brochures, par exemple, disait que le Nouveau-Brunswick offrait un climat « exceptionnellement salutaire et bénéfique aux Britanniques » et que les sols y étaient composés d'« une riche terre végétale en surface, d'une profondeur variable, très fertile et propice à tous les types de cultures »[5]. Le gouvernement britannique encourageait activement lui aussi les Écossais à émigrer dans les colonies nord-américaines, afin de remédier au chômage élevé dans le pays et d'accroître l'autosuffisance économique des colonies d'Amérique du Nord et leur capacité à assurer elles-mêmes leur défense contre les menaces militaires des Américains.

George et Jane Irving étaient de fervents presbytériens qui craignaient Dieu. John Calvin et John Knox avaient donné forme à l'Église presbytérienne en appliquant les enseignements de l'Église selon une approche intellectuelle, austère et dénuée d'émotion[6]. L'Église presbytérienne de Calvin et Knox faisait la promotion d'une solide éthique du travail, de la discipline et de la frugalité, ce qui, selon ce que certains ont avancé, donna naissance au capitalisme ou, tout au moins, de la vigueur[7]. Calvin insistait pour dire que la pauvreté n'était pas une vertu et que les capitalistes ne s'enrichissaient pas au détriment des travailleurs. Bref, le travail acharné et le succès matériel étaient un bienfait moral selon les enseignements presbytériens.

L'économiste de Harvard John Kenneth Galbraith, d'origine canadienne, a soutenu dans *The Scotch* que certaines personnes veulent avoir de l'argent pour le pouvoir qu'il procure, d'autres pour ce qu'il leur permet d'acheter, mais que les Écossais veulent avoir de l'argent pour le plaisir d'en avoir[8]. Bref, les presbytériens saluent la réussite en affaires, ce qui contraste fortement avec les catholiques, qui se faisaient souvent dire dans les sermons du dimanche qu'« il est plus facile pour un chameau de passer par le chas d'une aiguille que pour un riche d'entrer au royaume des Cieux ». Je me rappelle avoir entendu ces paroles dans des sermons, le dimanche, à notre église locale, à quelques kilomètres seulement de l'église presbytérienne St. John's à Bouctouche.

George et Jane Irving et leurs deux enfants débarquèrent à Richibucto, au bord du détroit de Northumberland. À l'époque, Richibucto était un port en plein essor d'où l'on exportait du bois d'œuvre en Grande-Bretagne, ce qui en faisait le troisième port en importance au Nouveau-Brunswick[9]. Certains Écossais arrêtèrent leur choix sur la région de Richibucto parce que c'était un centre important et bien établi dans les secteurs de la construction navale, du bois de sciage et du transport maritime de pièces de bois du sommet et parce que des Écossais s'étaient déjà établis dans la région.

Les conditions de vie dans les colonies étaient très difficiles, cependant, et ne ressemblaient guère à ce que les brochures avaient fait miroiter. George Irving fut obligé de s'installer dans les terres, loin du port, parce que le secteur avait déjà largement été concédé à des colons arrivés plus tôt[10]. Il dut remonter une quarantaine de kilomètres en amont de la rivière où sa famille et lui avaient débarqué, pour voir la terre que la Couronne lui avait accordée. Il fut sans doute déçu.

Mill Branch demeure une localité isolée à la limite nord du comté de Kent. Elle n'a jamais offert et n'offre toujours pas un grand potentiel économique. Les terres, restées intouchées en grande partie, ressemblent probablement à ce qu'elles étaient lorsque George et Jane y arrivèrent. La population y est encore clairsemée et ne compte qu'une vingtaine de maisons le long d'un chemin de sept kilomètres. On y trouve une église centenaire qui est restée fidèle à la religion presbytérienne. C'est dans le cimetière situé en face de l'église que sont inhumés George et Jane Irving, ainsi que bon nombre de leurs descendants.

George écrivit aux fonctionnaires en poste dans la colonie du Nouveau-Brunswick pour demander une concession de 100 acres de terres publiques. Un archiviste des Archives provinciales indique que sa demande faisait partie d'une requête commune adressée par un groupe typique de colons écossais[11]. Il paya un montant de deux shillings et six pence par acre, ce qui équivaut à 1 440 $ (CA) en dollars de 2019. Au verso de l'évaluation foncière, un fonctionnaire écrivit « *poor squatter* » (squatteur pauvre)[12]. À l'instar de nombreux nouveaux arrivants dans la colonie, les Irving étaient pauvres et devaient lutter simplement pour survivre. Toutefois, comme d'autres Écossais arrivés dans le Nouveau Monde, George Irving possédait une solide éthique du travail et savait comment faire face aux rudesses du climat[13].

La vie de pionnier à Mill Branch se révéla particulièrement exigeante pour George et Jane Irving. Ils arrivèrent les mains vides sur leur parcelle de terre de 100 acres avec leurs deux enfants et eurent huit autres enfants pendant qu'ils s'employaient à refaire leur vie dans le Nouveau Monde. George ne réussit à réunir qu'une somme modeste comme premier paiement des frais d'arpentage et des droits d'enregistrement de leur lot à Mill Branch. Ils mirent encore neuf ans pour rassembler les fonds nécessaires au paiement final et obtenir leur titre de propriété[14]. Ils parvinrent néanmoins à défricher la terre et à construire une maison près de la rivière Richibucto. George construisit également une grange et put subvenir aux besoins de leurs 10 enfants, ce qui n'est certes pas un mince accomplissement dans la colonie néo-brunswickoise des années 1820 et 1830. L'un de ses enfants, l'arrière-grand-père d'Arthur, construirait plus tard une autre maison à quelques centaines de mètres de la rivière.

LE PREMIER ENTREPRENEUR
CHEZ LES IRVING

L'ESPRIT D'ENTREPRISE QUI CARACTÉRISE LES IRVING VIT LE JOUR sous l'impulsion de Herbert Irving, le fils aîné de George. Herbert épargna suffisamment d'argent pour obtenir sa première concession de 60 acres de terre à l'âge de 25 ans à Coal Branch, non loin de Mill Branch ou de l'endroit où ses parents s'étaient établis. Il cultiva cette parcelle puis, rapidement, il agrandit son entreprise en faisant l'acquisition de 110 acres à proximité, pour acquérir encore 375 acres quelques années plus tard dans la localité voisine de Chockpish. Il importa des taureaux primés, fut le premier dans la région à adopter des pratiques agricoles novatrices, cultivait diverses variétés de pommes, utilisait des engrais et employait même des travailleurs agricoles pour l'aider à faire grandir son entreprise[15]. En bref, il devint l'un des agriculteurs les plus prospères de la région.

Sa ferme produisait du beurre, du fromage, de l'avoine, des pommes de terre, du porc et j'en passe. Il remporta des prix en argent lors de foires et d'expositions agricoles. De plus, il fut nommé inspecteur des chemins et juge de paix. En 1860, il avait accumulé un avoir net de 3 440 $, une somme considérable à l'époque, ce qui lui permit de devenir le banquier local de nombreux résidents du comté de Kent. Les banques étaient alors situées dans les villes lointaines de Moncton et de Saint John, et elles ne pouvaient pas ou ne voulaient pas prêter de l'argent aux résidents du comté. Il n'était pas nécessaire à l'époque que les prêteurs locaux obtiennent l'autorisation du gouvernement pour prêter de l'argent. Herbert Irving accordait des prêts sous forme d'hypothèques à des habitants du comté de Kent qui avaient des noms tels que Mills, Melanson, McKie, Belliveau et Collette. De plus, il achetait et vendait des propriétés à Richibucto, à Acadieville, à Harcourt et plus tard dans tout le comté de Kent. Il élargit ses secteurs d'activité en octobre 1883 lorsqu'il fit l'acquisition d'une scierie à vapeur située sur le front de mer à Bouctouche. Il se construisit l'une des plus belles résidences de la région et fut en mesure d'envoyer certains de ses sept enfants au collège. En somme, c'était un chef de file respecté dans son milieu et il était même le créancier de l'hypothèque sur l'église presbytérienne locale.

Herbert Irving laissa la scierie et la propriété familiale ainsi que ses dettes, billets à ordre et titres à son fils J.D. Irving, jetant ainsi les bases du succès entrepreneurial des futures générations d'Irving. De plus, il était animé d'un grand esprit communautaire. Il effaça l'hypothèque de l'église presbytérienne locale, laissa des fonds pour venir en aide aux pauvres de la paroisse et d'autres fonds pour appuyer l'école du dimanche[16].

J.D. IRVING

J.D. IRVING ÉTAIT VU COMME UN HOMME DU MONDE À BOUCTOUCHE. Plutôt que de dépenser l'héritage de son père, il le fit fructifier en faisant croître considérablement les entreprises qui lui avaient été léguées et en créant de nouvelles entreprises. Il devint rapidement l'homme d'affaires le plus important de la ville et un dirigeant communautaire très en vue, de sorte qu'il était bien connu dans tout le comté de Kent. Il exploitait avec succès une scierie, une minoterie, un entrepôt frigorifique, une entreprise de bois d'œuvre, trois fermes et un magasin général à Bouctouche. Le magasin général était situé au cœur de la collectivité, là où les résidents allaient acheter tout ce dont ils avaient besoin, de la nourriture aux vêtements, et entendre les derniers potins de la ville. Avec l'aide de son fils Kenneth, il devint également le distributeur local d'Imperial Oil et vendait de l'essence aux propriétaires d'automobile de la région.

Tandis que la valeur de l'avoir net de son père s'établissait à 3 440 $ en 1860, celle de l'avoir net de J.D. Irving au moment de sa mort, en 1933, s'élevait à 88 307 $, un montant important à l'époque étant donné que le Canada était alors au milieu de la Grande Crise[17]. Il fut l'un des premiers à Bouctouche à se procurer une automobile, ce qui accrut sa notoriété parmi la population. La voiture, une Pierce-Arrow, pouvait atteindre une vitesse de 32 kilomètres à l'heure. C'était un symbole de statut social que possédaient certaines des premières vedettes de Hollywood et le président des États-Unis, William Howard Taft. Mais elle avait un autre avantage auquel J.D. Irving accordait de l'importance : c'était une voiture solide qui pouvait se rendre là où d'autres voitures en étaient incapables. Elle était particulièrement bien adaptée aux chemins cahoteux et souvent inexistants des régions rurales[18].

J.D. Irving était aussi un agriculteur très prospère. Comme son père, il était innovateur et introduisit plusieurs nouvelles techniques dans les pratiques agricoles. Dans son édition de 1912, le *Maritime Farmer* le qualifia de modèle à suivre. Comme son père, il remporta plusieurs prix lors de foires agricoles. Et comme son père là aussi, il était un philanthrope. Au lendemain de la grande explosion de 1917 à Halifax, par exemple, il rassembla des fenêtres et des vitres et mit sur pied une équipe parmi ses hommes qui alla les livrer à Halifax, sans en tirer personnellement un avantage financier.

Sa scierie employait 75 hommes. Quand des terrains boisés étaient mis en vente dans le comté de Kent, il en faisait l'acquisition si le prix était raisonnable. Lorsqu'il voyait une occasion d'affaires, il la saisissait, peu importe si elle se présentait ou non dans le domaine de l'agriculture ou de la foresterie. Il possédait des bateaux remorqueurs, il construisit un entrepôt sur pilotis au bord de la rivière à Bouctouche et continua d'acheter des terres. Le site Web actuel de J.D. Irving présente l'historique de l'entreprise et rapporte fièrement que J.D. Irving « était un innovateur doublé d'un investisseur spécialisé dans les nouvelles méthodes, les nouveaux équipements et les moyens d'améliorer la productivité et le service – tradition que nous perpétuons aujourd'hui ». Il ajoute que son fils K.C. était « un créateur d'entreprises motivé et dynamique »[19].

J.D. Irving fréquentait l'église presbytérienne locale, située à faible distance de marche de sa résidence. Il devint le pilier de l'église, qu'on appelait bientôt familièrement l'« église des Irving » ou, comme le disaient certains Acadiens, « l'église des Arvins ». J.D. Irving suivait de près la situation de son église, assistait régulièrement aux offices religieux et était toujours disposé à lui venir en aide. Son petit-fils Arthur Irving se souvient bien de la maison de son grand-père et de l'église située à proximité. Comme c'était la coutume à l'époque, J.D. laissa à sa femme le soin d'élever les enfants. Il eut un garçon et une fille avec sa première épouse, qui mourut à un jeune âge, et deux filles et un garçon, Kenneth, avec sa seconde épouse, Mary Elizabeth Gifford.

J.D. Irving avait une passion : le travail et les affaires. Il pratiquait fièrement la philosophie presbytérienne et ne reculait jamais devant le dur labeur. K.C. Irving a formulé le commentaire suivant au sujet de son père : « Il savait ce que c'était de travailler fort. Il connaissait la quantité de travail qu'un homme devrait accomplir et il savait comment réparer une pièce d'équipement. Et s'il ne le savait pas, il l'apprenait très rapidement. Je suppose que je lui ressemble un peu à bien des égards. J'ai toujours aimé la machinerie et ce genre de choses. J'aime voir les roues tourner[20]. » K.C. et Arthur Irving ont hérité de la même passion : le travail et les affaires. J'ai questionné Arthur au sujet de sa passion pour les deux. Sa réponse : « Je ne pourrais pas imaginer la vie sans passion. »

J.D. Irving devint un chef d'entreprise très respecté. Il apprit à tenir une conversation en français pour pouvoir communiquer avec certains de ses employés et de ses clients. Il veillait de près sur les affaires de toutes ses entreprises et se révéla un négociateur coriace, surtout lorsqu'il était question de salaires. De plus, il devint un dirigeant communautaire respecté. Il fut très actif en politique, devenant le libéral le plus important de Bouctouche, le parti de sir Wilfrid Laurier à Ottawa et de Walter E. Foster et Peter J. Veniot au Nouveau-Brunswick[21]. Sa maison servit souvent de lieu où les libéraux locaux se rencontraient pour élaborer leurs stratégies politiques et décider qui serait candidat sous la bannière libérale dans les circonscriptions locales. Il devint l'éminence grise du Parti libéral dans la région. Bref, J.D. Irving était le citoyen le plus en vue de Bouctouche et était largement connu dans tout le comté de Kent comme un homme d'affaires et un dirigeant communautaire respecté.

Il existe un lien entre J.D. Irving et ma famille. Un membre de ma famille, Dosithé (Dos) Savoie, avait perdu son père en très bas âge et était non scolarisé. J.D. le prit sous son aile, lui donna du travail et l'éleva comme un de ses propres fils. Dos se rappelait la fois où J.D. lui avait dit de prendre l'un de ses chevaux, d'aller faire une promenade de quelques milles et d'emmener avec lui l'élue de son cœur[22]. Il apprit également de J.D. Irving la façon de faire des affaires. On parlait souvent dans ma famille de Dos Savoie, qui devint un homme d'affaires prospère de Moncton, où une rue a été baptisée en son honneur. Il exploitait une grande ferme florissante près de Moncton et récoltait du bois à pâte qu'il vendait à des acheteurs canadiens et européens. K.C. Irving et lui sont restés amis durant toute leur vie. Arthur se souvient bien de Dos, surtout de sa grosse voix tonitruante qui disait aux travailleurs où déposer le bois à pâte lorsqu'ils chargeaient la cargaison à bord de navires dans le port de Bouctouche.

K.C.

J.D. Irving a toujours gardé un œil attentif sur son fils Kenneth, qu'on appelait communément K.C. même à cette époque. Dès son tout jeune âge, K.C. manifestait un solide esprit d'entreprise. Il cherchait des moyens de faire de l'argent en travaillant dans le magasin familial, en vendant des légumes frais de son potager et même en vendant le plomb qui scellait les boîtes de thé au marchand de bric-à-brac local[23]. À 10 ans, il avait épargné assez d'argent pour s'acheter une voiture Ford usagée au prix de 8 $ à l'insu de son père. Quand celui-ci apprit la nouvelle, il dit à Kenneth en des termes non équivoques qu'il devait la revendre. Après des négociations ardues, Kenneth la revendit pour 11 $, réalisant un profit de 38 %[24].

K.C. ressemblait à son père par son éthique du travail, son désir de voir les roues tourner et sa volonté de savoir comment réparer une pièce d'équipement. On ne saurait dire si son père était au courant, mais K.C. démonta la voiture de son père et la remonta alors qu'il n'avait que huit ans, démontrant ainsi à un jeune âge des aptitudes marquées pour la mécanique[25].

La mère de K.C., Mary Elizabeth Gifford, eut elle aussi une profonde influence sur lui. Elle martela sans cesse à K.C. que « tout ce qui mérite d'être fait, mérite d'être bien fait ». C'était un dicton que K.C. allait répéter maintes et maintes fois, tellement qu'il devint un credo familial. J'ai moi-même souvent entendu Arthur Irving le dire. K.C. racontait que sa mère lui avait dit de ne jamais toucher à l'alcool. « Je n'ai jamais voulu y toucher et je ne l'ai jamais fait. » Elle s'opposait également à l'usage du tabac et inculqua à son fils que le moindre gaspillage était un péché. K.C. entretenait une relation très étroite avec sa mère, expliquant : « Elle exigeait le respect et respectait les autres, et elle ne se préoccupait pas de ce que les gens pensaient. Elle m'a vraiment beaucoup aidé[26]. »

K.C. montra très tôt des signes qu'il était destiné à l'entrepreneuriat. Son cousin Leigh Stevenson raconte que lorsque K.C. avait six ans, il trouva une idée pour gagner de l'argent. Avec l'aide d'un ou deux amis, il offrait de faire le ménage dans des caves et des soubassements. En retour, ils pouvaient garder et revendre tout ce qu'ils réussissaient à récupérer, comme des bouteilles, par exemple. De plus, K.C. aidait à battre le grain, il travaillait à la ferme et vendait des concombres et des carottes pour trois ou quatre sous. Il vendait aussi des journaux et apprit de sa mère dès son plus jeune âge la nécessité de faire preuve de frugalité[27].

Lors du déclenchement de la Première Guerre mondiale, Kenneth décida qu'il voulait servir dans l'armée. Bien que n'ayant pas l'âge requis – il n'avait que 16 ans –, il se rendit à Moncton pour s'enrôler dans l'armée. Son père s'opposa à son projet et l'envoya étudier à l'Université Dalhousie. Cependant, une fois rendu à Halifax, Kenneth s'engagea dans le Corps-école d'officiers et tenta à nouveau de s'enrôler dans des régiments locaux. Encore une fois, son père mit fin à cette ambition. Cette fois, il envoya Kenneth à l'Université Acadia, loin d'Halifax et des régiments militaires.

Kenneth, qui n'était pas du genre à abandonner, réussit à s'enrôler dans le Royal Flying Corps au printemps de 1918. Ses parents finirent par accepter qu'ils ne pouvaient plus le retenir. Il fut rapidement envoyé en Angleterre pour y recevoir sa formation de pilote. Avec l'aide de son cousin Leigh Stevenson, il apprit à piloter un avion-école Camel biplace. Il aimait l'armée et la discipline, et appréciait la possibilité d'apprendre la navigation et le fonctionnement des moteurs des avions. Toutefois, la guerre prit fin avant qu'il n'ait pu terminer sa formation de pilote et participer à une intervention militaire. Leigh Stevenson et K.C. Irving demeurèrent amis durant toute leur vie.

À son retour à Bouctouche, K.C. n'avait aucune envie de retourner à l'université. Pendant qu'il était en Grande-Bretagne, il avait rencontré des soldats de contrées lointaines, ce qui avait aiguisé son désir de voir le monde. Peu après son retour à Bouctouche, il repartit pour aller visiter l'Australie et la Nouvelle-Zélande en passant par Vancouver. Il atteignit Vancouver, faisant des arrêts en cours de route pour profiter d'occasions de travailler à court terme. Toutefois, il ne se rendit jamais en Australie. Après quelques faux départs, Kenneth sauta dans le train et rentra à Bouctouche.

K.C. ASSUME LA DIRECTION

LORSQU'IL REVINT DE VANCOUVER À L'ÂGE DE 22 ANS, K.C. NE PERDIT PAS de temps à réfléchir à son avenir. Ce n'était pas dans sa nature de simplement rester inactif pendant un moment, et on peut supposer que son père ne l'aurait pas toléré. Il y avait amplement de travail qui attendait K.C. à la scierie, à la ferme et au magasin général. Il retroussa ses manches et décida de rester aider son père au magasin général.

Le magasin dut bientôt affronter la concurrence d'Eaton, un grand magasin à rayons situé à Moncton. Eaton avait un catalogue de vente par correspondance qui se révéla dévastateur pour les commerces des petites villes. C'était un cas classique de destruction créatrice selon la théorie de Joseph Schumpeter : l'innovation crée de nouveaux produits et procédés qui remplacent ceux devenus désuets[28].

Nombreux étaient les gens à Bouctouche, y compris le demi-frère de K.C., qui croyaient que le magasin général de la famille ne pourrait jamais rivaliser avec le catalogue Eaton. K.C. n'était pas du même avis et introduisit de nouveaux produits et de nouvelles techniques de vente pour faire directement concurrence à Eaton. K.C. fit creuser un trou devant le magasin pour y installer un réservoir à essence de 250 gallons. Le réservoir allait permettre à J.D. et à K.C. Irving de vendre de l'essence à un nombre croissant de propriétaires d'automobile, ce qu'Eaton et son catalogue de vente par correspondance ne pouvaient pas faire. K.C. expliqua à son père qu'il avait pris cette décision parce qu'il voulait s'assurer qu'ils ne seraient pas obligés de fermer leurs portes[29].

K.C. avait de nombreuses raisons de vouloir s'assurer que le magasin ne fermerait pas boutique. La fierté familiale en était une. Il envisageait une carrière dans les affaires, et la perte du magasin familial n'était pas la façon de commencer. Mais il avait une autre raison importante. Harriet MacNarin, une jeune femme énergique et dotée d'une volonté de fer, avait quitté son petit village de Galloway, à 20 kilomètres au nord, pour s'établir à Bouctouche et travailler au magasin général de J.D. Irving. K.C. l'embaucha plus tard pour faire la tenue de ses livres et, plus tard encore, il l'épousa.

K.C. commença à vendre des automobiles Ford, de loin la marque la plus populaire au Canada dans les années 1920. Il vendit des automobiles d'abord pour le compte du concessionnaire Ford de Richibucto, la petite localité côtière qui avait accueilli ses arrière-grands-parents près d'un siècle auparavant. K.C. se révéla un vendeur d'automobiles particulièrement adroit, tellement que le concessionnaire de Richibucto persuada Ford d'accorder à K.C. une concession dans la moitié sud du comté de Kent pour qu'il y vende ses voitures.

Bien que le secteur de la vente au détail d'automobiles prenait son envol à l'époque, il progressait lentement au Nouveau-Brunswick, surtout dans les régions rurales, où les routes n'étaient guère plus que de vieux chemins forestiers. Le père de K.C. n'était pas convaincu qu'il était possible d'établir un commerce fructueux en vendant des voitures dans les environs de Bouctouche. Il ne pensait pas que les agriculteurs avaient les moyens de s'acheter des automobiles, pas même la très économique Ford modèle T. Néanmoins, K.C. était déterminé à ce que les affaires marchent. Il a expliqué comment s'y prendre : « Si vous pensiez qu'un fermier était sérieux, la première chose à faire était de l'amener à dire qu'il voulait avoir une voiture. Ensuite, il disait qu'il n'avait pas d'argent. Vous lui demandiez quand il allait recevoir de l'argent ou combien d'argent il avait. Puis vous tâchiez d'en venir à une entente. Vous lui faisiez plein de propositions. Vous acceptiez toutes sortes de choses en échange – des chevaux, des voitures à chevaux, des harnais, du bétail. Ensuite, il fallait aussi les revendre. En vous déplaçant comme ça dans les alentours, vous aviez une bonne idée de la façon de vendre ces articles. J'ai même accepté un chargement de produits alimentaires[30]. » La vente de voitures à Bouctouche dif-férait beaucoup de ce qu'elle était à Toronto ou dans d'autres régions urbaines. Il fallait s'adapter aux conditions locales pour réussir et c'est précisément ce que fit K.C.

Comme les autres concessionnaires Ford, K.C. avait besoin de capitaux pour monter une salle d'exposition et établir un garage. Il bénéficiait toutefois d'un avantage : il put exercer ses activités à partir du magasin général de son père[31]. Bientôt, le succès de K.C. souleva l'ire des autres concessionnaires Ford du Sud du Nouveau-Brunswick. Le concessionnaire de Moncton pressa Ford de régler le cas de K.C. Irving en l'amenant à se retirer de la région ou en trouvant des façons de limiter ses ventes d'automobiles dans le secteur de Bouctouche et du Sud du comté de Kent. K.C. bousculait le concessionnaire Ford de Moncton, qui perdait des ventes dans sa propre cour, les localités voisines de Moncton. Ford offrit à K.C. le territoire d'Halifax ou celui de Saint John. K.C. choisit Saint John.

K.C. rencontra les mêmes difficultés lorsqu'il décida de se lancer dans la vente d'essence et d'huile. Il vit que les voitures qu'il vendait avaient besoin de l'une et de l'autre et il se dit qu'il valait mieux que ce soit lui leur fournisseur. Il s'adressa à Imperial Oil, principale société pétrolière et gazière dans la région, pour lui demander s'il pouvait être son agent dans la région de Bouctouche. La compagnie accepta dans un premier temps.

K.C. récolta autant de succès dans la vente d'essence et d'huile que dans la vente de voitures. C'était un touche-à-tout qui était habile en mécanique et qui pouvait démonter et remonter une voiture. Ses activités de vente d'essence et d'huile prirent de l'expansion lorsqu'il installa un réservoir de 350 gallons dans la boîte de son camion afin d'offrir ses services aux clients des localités éloignées. Il accepta même des bogheis en échange, ce qui l'aida à vendre encore plus de Ford modèle T. Il savait qu'en vendant plus de voitures il vendrait aussi plus d'essence. Avant longtemps, K.C. dominait largement les ventes tant de voitures que d'essence et d'huile dans le comté de Kent[32].

Les plaintes ne tardèrent pas à affluer de la part d'agents des environs, qui affirmaient qu'il serait plus avantageux pour eux de traiter directement avec Imperial Oil ou avec d'autres firmes que de faire affaire avec K.C. Irving. Tandis que Ford proposa à K.C. de choisir entre le territoire d'Halifax et celui de Saint John, Imperial Oil mit simplement fin à son association avec lui. De plus, Imperial Oil conclut qu'elle ferait de meilleures affaires en contournant K.C. et en vendant directement aux clients. Elle allait maintenant avoir un représentant à temps plein sur place dans le comté de Kent pour traiter avec les clients plutôt qu'un agent à temps partiel. En outre, la société envoya un message à K.C. sur son propre territoire en annonçant qu'elle allait installer un réservoir de 10 000 gallons à Bouctouche pour servir directement la clientèle. De l'avis général, même à Bouctouche, K.C. ne pourrait pas rivaliser avec Imperial Oil compte tenu de la taille de celle-ci et de sa domination sur le marché de l'essence et de l'huile. On faisait le pari que, bientôt, K.C. plierait bagage et se retirerait de la vente d'essence et d'huile[33].

K.C. n'était pas prêt cependant à jeter l'éponge. Il résolut de faire face à Imperial Oil. Il décida de risquer les capitaux limités dont il disposait en achetant un wagon-citerne rempli d'essence d'une firme de Tulsa, en Oklahoma. Il érigea aussi un réservoir de stockage rudi-mentaire près de Bouctouche pour y entreposer l'essence. Il croyait être en mesure de battre Imperial Oil en offrant un meilleur niveau de service à la clientèle sur son propre terrain, dans le comté de Kent.

La décision de K.C. d'acheter un wagon rempli d'essence fut motivée par son seul sens des affaires. Il ne fait pas de doute qu'elle était très risquée. Il estima non seulement que l'automobile et les hydrocar-bures étaient voués à un bel avenir, mais aussi qu'il arriverait à faire mieux qu'une grande entreprise américaine fortement capitalisée en fournissant aux clients un niveau de service nettement supérieur. K.C. fit appel à son père pour obtenir une aide financière, qu'il reçut. Il demanda également l'appui d'un chef d'entreprise local de premier plan, Tom Nowlan. Celui-ci habitait une grande maison en brique rouge qui se dresse encore aux abords de Bouctouche. Il eut du succès en affaires, surtout en pratiquant la contrebande d'alcool au temps de la prohibition. À eux deux, Nowlan et J.D. Irving investirent 10 000 $, une somme énorme à l'époque, dans l'entreprise de vente d'essence et d'huile de K.C.

Selon l'histoire qui a circulé dans les environs de Bouctouche et que j'ai entendu raconter maintes fois par mon père et d'autres, Nowlan se montra soudain craintif et alla voir le père de K.C. pour l'informer qu'il souhaitait se retirer de l'affaire. On m'a dit que Nowlan déclara à J.D. Irving : « Je ne crois pas que K.C. ait l'étoffe d'un homme d'affaires solide » et demanda qu'on lui rachète ses parts. Je me rappelle bien que mon père disait que ce devait être la pire décision d'affaires de l'histoire. Si cette histoire est vraie, on peut comprendre que ce fut une décision d'affaires extrêmement mauvaise, surtout lorsqu'on habite à Bouctouche.

Je fais remarquer que j'ignore complètement si l'histoire est vraie; il se peut qu'elle relève du folklore local et que les résidents de Bouctouche aient voulu faire ressortir le sens des affaires de K.C. comparativement à d'autres chefs d'entreprise. Ce qu'on sait avec certitude, c'est que Tom Nowlan vendit bel et bien ses parts à K.C. et à son père, J.D. Irving[34]. J'ai demandé à Arthur Irving s'il savait si l'histoire était vraie. Il ne le sait pas. Vraie ou fausse, Arthur rapporte que K.C. et Tom Nowlan sont demeurés de bons amis longtemps après que Nowlan eut vendu ses parts. Arthur se rappelle d'ailleurs avoir rendu visite à Tom Nowlan avec son père après qu'il fut parti de Bouctouche pour s'établir à Riverview, au Nouveau-Brunswick.

À l'âge de 25 ans, K.C. Irving construisit son premier garage, situé en diagonale du magasin général de son père. Il embaucha Éphrem Cormier, un Acadien, pour construire le garage, mais travailla lui aussi sur le chantier à enfoncer des clous jusqu'à ce que le garage soit terminé. Il continua de vendre des voitures Ford, de réparer des automobiles et de vendre de l'essence et de l'huile à son nouvel établissement. Il mettait la main à la pâte, était toujours présent sur place, une pratique qu'il n'abandonnerait jamais pendant qu'il bâtissait ses diverses entreprises.

Arthur Irving m'a raconté qu'il n'était pas rare que quelqu'un qui cherchait de l'essence vienne cogner à la porte de K.C. au milieu de la nuit. Chaque fois, K.C. se levait pour servir le client sans poser de questions. Certains de ces clients étaient des contrebandiers qui trans-portaient de l'alcool de Saint-Pierre-et-Miquelon vers la côte nord-est des États-Unis, de Boston à Atlantic City. Saint-Pierre-et-Miquelon offrait aux contrebandiers un net avantage géographique grâce à ses ports en eau profonde et à l'accès relativement facile au Cap-Breton et à l'Île-du-Prince-Édouard depuis l'archipel. De plus, le territoire de Saint-Pierre-et-Miquelon était soumis à la législation française, de sorte qu'il y était légal de produire, de transporter, d'entreposer et de consommer de l'alcool. De nombreux gangsters, dont Al Capone, y furent hébergés à l'Hôtel Robert[35].

Il était pratique pour les contrebandiers de faire un arrêt à Bouctouche au milieu de la nuit sur leur trajet entre le Cap-Breton ou l'Île-du-Prince-Édouard et les États-Unis. La contrebande offrait un moyen d'exercer un emploi bien rémunéré. À l'époque, les gens des Maritimes avaient le choix entre pratiquer la pêche pour un salaire de 35 $ par mois et faire la contrebande d'alcool pour le compte d'entrepreneurs américains qui leur versaient 100 $ pour chaque voyage réussi[36].

Rappelons que les marchands en gros de produits de la distillation de Saint-Pierre-et-Miquelon fonctionnaient à plein régime durant l'époque de la prohibition et expédiaient 300 000 caisses d'alcool par mois[37]. Arthur Irving rapporte que son père fournissait la même qualité de service à tous ses clients, y compris les contrebandiers d'alcool, dès son premier jour en affaires à Bouctouche. Le client était toujours roi peu importe sa condition sociale. C'était ainsi, concluait-il, qu'on pouvait l'emporter sur les grandes entreprises de l'extérieur. Cette leçon, K.C. l'a inculquée à ses fils. Près d'un siècle après que K.C. Irving eut lancé son entreprise pétrolière et gazière, Lisa Keenan, en présentant Arthur Irving à titre de récipiendaire du prix Paul Harris du Club Rotary de Saint John, a insisté sur le fait qu'Irving Oil fournit tous les jours la même qualité de service à tous ses clients, petits et grands[38].

VENDRE DE L'ESSENCE PRIMROSE

JE ME SOUVIENS BIEN DE LA PREMIÈRE STATION-SERVICE IRVING. LE garage de K.C. Irving se distinguait comme étant une grande entreprise commerciale aux yeux d'un garçon d'un petit hameau où, mis à part l'entreprise de construction de mon père, les seules entreprises qu'on pouvait voir dans tout le patelin étaient un contrebandier d'alcool et un petit dépanneur logé dans ce qui aurait dû être le salon d'une maison modeste. De vieilles photos du garage montrent cependant une image différente. Le garage, un bâtiment d'un seul étage, possédait deux pompes à essence en verre. Une grande fenêtre donnait sur un bureau improvisé où se trouvait la caisse enregistreuse. Il comprenait également un atelier de réparation. Je me rappelle encore que le garage était un endroit occupé autour duquel gravitaient des gens, surtout des hommes, venus acheter de l'essence et bavarder.

Au début, K.C. vendait de l'essence sous la bannière Primrose. Il y a deux versions de l'histoire de l'origine de la marque Primrose. L'une veut que K.C. ait emprunté le nom de la minoterie de son père, qui produisait de la farine de grande qualité sous la marque Primrose. Selon l'autre version, Imperial Oil possédait une marque qu'elle appelait Premier et Canadian Oil, une autre grande entreprise, possédait la marque White Rose. K.C. aurait combiné les deux pour créer Primrose. Arthur Irving m'indique que la bonne version, c'est que K.C. emprunta le nom de la minoterie de son père.

Les activités du garage ne se limitaient pas à la vente d'essence et d'huile. C'était pour K.C. un endroit idéal pour vendre des voitures Ford et mettre en évidence un immense aigle, emblème de la société Ford. Le garage devint un lieu où les gens de l'endroit se rassemblaient en soirée. Parfois, K.C. se joignait aux discussions. Un soir, un habitant de la ville qui avait trop bu se mit à se moquer de K.C. Il avait mal choisi sa cible. K.C. avait la réputation à l'école d'être prompt à se servir de ses poings, refusant souvent d'éviter la bagarre lorsqu'on le mettait au défi. K.C. aurait eu la partie facile avec l'homme à moitié saoul, mais il prit ses moqueries à la légère. Willie Duplessis se rappelle avoir dit à K.C. qu'il ne devrait pas endurer ce comportement. K.C. lui répondit que, s'il rendait ses coups à l'homme, il n'arriverait jamais à lui vendre une voiture[39].

K.C. avait une seule idée en tête : saisir les occasions d'affaires et de vente qui se présentaient. Rien ne pouvait le détourner de son objectif. Il devint un modèle à imiter pour les quelques Acadiens des environs de Bouctouche qui étaient prêts à se lancer en affaires dans les années 1950. Je me souviens de l'avoir vu les fins de semaine à sa station-service pendant les mois d'été, portant un chapeau de paille et gardant un œil sur l'entreprise. Un jeune Acadien de Saint-Antoine, un village situé non loin de Bouctouche, fut embauché pour vendre de l'essence à sa station-service. Il ambitionnait de devenir entrepreneur, un choix de carrière qu'on ne voyait pas souvent parmi les jeunes Acadiens de l'époque. Un jour, K.C. vint y acheter de l'essence et le jeune homme y vit l'occasion de l'impressionner et de lui demander conseil sur la façon de réussir comme entrepreneur. Il décida de lui fournir le service complet et plus encore. Il mit de l'essence avec précaution, lava non seulement le pare-brise mais toutes les vitres de l'auto, nettoya les phares et passa même un chiffon sur les pare-chocs avant et arrière. Il y mit le plus grand soin. Pendant ce temps, K.C. était debout, les bras croisés, et observait sans dire un mot le jeune homme qui s'affairait avec attention. Il est bien connu au Nouveau-Brunswick, comme je l'ai noté, que K.C. traitait avec politesse tous ceux qu'il rencontrait, peu importe le rang qu'ils occupaient dans la société. Il attendit patiemment que le jeune homme ait terminé son travail. L'entrepreneur en herbe alla ensuite trouver K.C. pour prendre son argent et dit : « Mon but dans la vie, c'est de devenir un homme d'affaires. Auriez-vous un conseil à me donner? » K.C. répondit calmement : « Tu devras travailler beaucoup plus rapidement si tu veux réussir un jour. » Je suis heureux de rapporter que cet entrepreneur en herbe a bel et bien appris à travailler plus rapidement et qu'il est maintenant un homme d'affaires accompli qui produit et vend des matériaux de construction.

En 1957, mon père décida de rompre avec la tradition et de démarrer sa propre entreprise. Bien que ce ne soit pas le seul facteur, le rôle prépondérant joué par l'Église catholique dans la société acadienne jusqu'à la fin des années 1960 contribua à décourager les Acadiens de lancer de nouvelles entreprises. Dans le comté de Kent, le curé était roi et maître de la paroisse, il inspirait un profond respect et jouissait d'un pouvoir énorme. L'Église assumait la direction dans de nombreux domaines, de l'éducation aux soins de santé et même, jusqu'à un certain point, l'économie. Elle était omniprésente dans la plupart des activités, commerciales ou autres, et avait sur nous tous une emprise extraordinaire. On s'attendait des hommes acadiens qu'ils obtiennent un emploi dans la construction, les pêches ou la coupe de bois à pâte et que ceux qui avaient la chance de poursuivre leur éducation deviennent prêtres, avocats ou médecins. Quant aux activités commerciales, on les laissait aux Anglais. J'ignore si c'est parce que K.C. Irving était originaire de Bouctouche ou si c'est parce qu'il était l'homme d'affaires le plus important de son époque, mais mon père a toujours eu beaucoup de respect pour ses talents d'entrepreneur. On ne peut pas en être certain, mais je crois que K.C. Irving a été une source d'inspiration pour bon nombre de gens des Maritimes qui se sont lancés en affaires. Une chose est sûre : K.C. a donné un nouveau souffle à Bouctouche et, au fil du temps, il a créé des centaines d'emplois du secteur privé dans la collectivité.

Par ailleurs, K.C. Irving n'a jamais oublié ses racines bouctouchoises. Il a souvent affirmé que Bouctouche était l'endroit où il se sentait vraiment chez lui. La rue principale et la plus importante de la ville s'appelle le boulevard Irving. K.C. est souvent retourné à Bouctouche pour visiter de vieux amis, jusqu'à la fin. Il n'a jamais oublié ceux qui lui avaient rendu service. Arthur Irving m'a dit que K.C. s'était arrêté quelques fois en passant chez Zoël Dallaire, qui habitait non loin de Bouctouche, près de McIntosh Hill. Je me souviens de Zoël, un ermite qui vivait seul dans une petite maison délabrée de deux chambres à coucher après la colline. Je comprenais mal pourquoi K.C. rendrait visite à Zoël. Arthur m'a expliqué : « K.C. était resté pris dans une tempête de neige un hiver et Zoël était venu à sa rescousse. »

K.C. passait rarement à Bouctouche sans rendre visite à Mgr Désiré Allain, curé de Bouctouche et figure dominante de la scène politique dans les années 1950. Mgr Allain supervisa la construction de la nouvelle église paroissiale, qui fut terminée en 1955. K.C. apporta son soutien en faisant don de cloches pour le clocher de l'église Saint-Jean-Baptiste, sur l'une desquelles sont inscrits les noms de ses trois fils, J.K. Irving, Arthur Irving et John (Jack) Irving. Je souligne que le premier don important que fit K.C. Irving fut un montant de 500 000 $ accordé à l'Université de Moncton cinq ans après sa fondation. C'était aussi le premier don important que recevait mon université. Il connaissait bien et respectait le père Clément Cormier, fondateur de l'Université de Moncton. Arthur Irving m'a raconté qu'il avait accompagné son père lorsque celui-ci avait rencontré le père Cormier pour lui remettre le chèque destiné à la première campagne de financement de l'Université.

K.C. resta en contact avec des entrepreneurs du comté de Kent longtemps après avoir quitté Bouctouche. Il apprit qu'un homme d'affaires de premier plan de la région, E.P. Melanson, éprouvait des difficultés. Il lui téléphona pour lui offrir un mot d'encouragement et l'exhorta du mieux qu'il put à continuer de se battre. Melanson exploitait une grosse usine de transformation du homard à Cocagne, à quelques kilomètres au sud de Bouctouche, qui employait au-delà de 500 personnes au plus fort de la saison de pêche au homard. Melanson expliqua sa principale difficulté à K.C. : « Il y a des gars d'Ottawa qui m'appellent au sujet de l'impôt sur le revenu. Voulez-vous bien me dire de quoi ils parlent[40]? »

FORD FORCE LA MAIN À K.C.

LES JOURS DE K.C. À BOUCTOUCHE ÉTAIENT COMPTÉS. IRONIQUEMENT, c'est en raison de la réussite de son entreprise, et non à cause d'un manque de succès, qu'il lui devint impossible de rester. Imperial Oil l'avait laissé tomber et Ford, comme nous l'avons vu, donna suite aux plaintes de son agent de Moncton en proposant à K.C. un nouveau territoire de vente à Saint John.

K.C. Irving élut domicile à Saint John en 1925 pour faire croître son entreprise. La ville n'avait rien d'un centre urbain en pleine expansion à l'époque. John DeMont explique que « l'avenir semblait tout sauf prometteur pour Saint John dans les années 1920. Les usines de munitions et les chantiers maritimes avaient fermé leurs portes juste au moment où les soldats démobilisés revenaient en masse dans les foyers, en quête d'un emploi. Les ateliers d'usinage et les fonderies de la ville s'étaient tus. Le port perdait des activités commerciales aux mains de Toronto et de Montréal. Quand l'Amérique du Nord s'enfonça dans une nouvelle récession, d'autres entreprises de Saint John mirent la clé sous la porte et les files aux soupes populaires s'allongèrent. Partout, des Canadiens et des Canadiennes quittaient les régions rurales au profit des villes »[41] et le Nouveau-Brunswick n'y échappait pas. Peu d'entre eux, cependant, se dirigeaient vers Saint John, tandis que de nombreux résidents de Saint John choisissaient de partir ailleurs pour trouver du travail. On peut difficilement dire que c'était un endroit très propice où K.C. pourrait établir et faire croître ses entreprises.

K.C. Irving quitta la petite ville de Bouctouche, où il était à l'aise, bien connu et très apprécié. Douglas How et Ralph Costello écrivent que « les Irving étaient *la* famille en ville et J.D. Irving était son plus illustre citoyen » et qu'il était « reconnu comme étant le Parti libéral dans la ville ». La maison de J.D. bourdonnait toujours d'activité avec un flot constant de visiteurs, d'hommes d'affaires, de politiciens et d'aspirants politiciens qui lui téléphonaient pour venir lui parler d'affaires ou de politique. La table de la salle à manger pouvait accueillir jusqu'à 14 personnes, et toutes les places étaient occupées lors de nombreux dîners et soupers[42]. K.C. s'accommodait volontiers de tout cela.

J.D. Irving s'entendait bien avec les Acadiens, une caractéristique qu'il transmit à son fils. K.C. admirait son père et son sens commun, qu'il exerçait abondamment. Nous avons vu plus tôt que sa mère, Mary Elizabeth Gifford, eut également une profonde influence sur lui. Elle avait déménagé à Bouctouche pour tenir la maison de J.D. Irving après le décès de sa première épouse. Plus tard, elle travailla au magasin général. Selon les biographes de K.C., elle était une femme sérieuse et c'est d'elle que K.C. tenait son sérieux, sa ténacité, sa détermination et sa persévérance[43].

RETOUR EN ARRIÈRE

Bouctouche eut une influence marquante sur K.C. Irving. Leigh Stevenson a raconté que chaque fois que K.C. et lui se rencontraient, ils se mettaient à parler de leur sujet de conversation préféré, Bouctouche. K.C. disait souvent : « À Bouctouche, on apprenait par quel bout il faut prendre la brouette[44]. »

Lorsqu'il prit en main le magasin de son père, K.C. constata qu'il pouvait se mesurer aux grandes entreprises de l'extérieur et remporter la partie. Si d'autres étaient prêts à baisser les bras quand Eaton ouvrit un grand magasin à rayons à Moncton et se mit à distribuer des catalogues de vente par correspondance, K.C. introduisit de nouvelles marchandises, modernisa ses activités, vendit de l'essence et insista sur l'importance de fournir un service de première classe à la clientèle afin de faire concurrence à Eaton. Le magasin général continua de prospérer jusqu'à une période avancée des années 1960.

C'est à Bouctouche qu'il partit son commerce de voitures Ford et de produits Imperial Oil. Son succès fut tel que Ford et Imperial Oil furent obligées de lui faire quitter Bouctouche. Toutefois, au moment de son départ, K.C. avait construit son propre garage à Bouctouche, un autre à Shediac, non loin, et il avait été en mesure de mettre en place les éléments nécessaires pour remporter un vif succès à titre d'agent indépendant dans le secteur de la vente au détail d'essence et d'huile dans la région.

On ne tolérait pas facilement les bigots à Bouctouche. Des gens de diverses origines ethniques y avaient élu domicile, et c'est encore le cas de nos jours : Acadiens, Écossais, Irlandais, Anglais et Mi'kmaq. Les résidents de l'endroit, qui ne comptait pas plus de 600 habitants à l'époque, devaient bien s'entendre les uns avec les autres pour assurer la bonne marche de la collectivité, ce qu'ils faisaient et continuent de faire. La situation à Bouctouche était fort différente de celle observée dans d'autres collectivités du Nouveau-Brunswick en ce qui avait trait à la tolérance ethnique et religieuse. Le Ku Klux Klan (KKK) était présent dans certaines collectivités du Nouveau-Brunswick pendant les années 1920. Par exemple, nous savons maintenant que la province comptait 17 « klaverns » ou sections du Klan en 1926. Leurs membres craignaient que les immigrants et les catholiques ne mettent en péril la pureté de la « race anglo-saxonne »[45]. Les Irving, à commencer par J.D., avaient un grand respect pour les prêtres catholiques et ce qu'ils faisaient pour garder le village dans le droit chemin, et ils appréciaient les Acadiens[46]. C'est encore vrai de nos jours pour Arthur Irving et son frère J.K. Irving.

Bouctouche enseigna aussi à K.C. Irving qu'on ne doit jamais avoir la grosse tête. Pour Arthur, comme pour K.C., il n'est guère différent de parler avec un PDG à Toronto ou avec un pêcheur à Bouctouche. En fait, je pense souvent qu'Arthur Irving préfère nettement parler avec des pêcheurs. Gérard Maillet se souvient que K.C. Irving s'arrêtait pour échanger quelques mots avec des travailleurs de première ligne pendant qu'il se promenait dans l'usine de Kent Homes à Bouctouche. Il rapporte que « K.C. aimait vraiment parler avec nous, ça se voyait. Oh, il aimait Bouctouche, c'est certain. » Maillet ajoute que K.C. faisait de son mieux pour dire plus que quelques mots en français, ce qu'on voyait rarement chez les anglophones dans ce temps-là mais qui était très apprécié[47].

C'est également à Bouctouche que K.C. apprit que le client est roi. Il devint convaincu que c'était en mettant l'accent sur la clientèle et en lui fournissant un service de qualité qu'il réussirait le mieux à battre les grandes entreprises de l'extérieur. C'est une leçon qu'Arthur Irving continue d'appliquer.

K.C. connaissait peu Saint John avant de s'y établir. Il avait seulement visité la ville une fois en compagnie de son père. Il en ferait maintenant

son lieu de résidence et le siège social de ses entreprises. Il allait bientôt découvrir qu'il y avait de nombreuses différences entre Saint John
et Bouctouche, certaines importantes, d'autres non. Saint John était
une grande ville, la plus grande du Nouveau-Brunswick à l'époque, et
des entreprises beaucoup plus imposantes que celles qu'on trouvait
à Bouctouche y avaient pignon sur rue, des entreprises telles que le
fabricant de mélasse Crosby's et la brasserie Red Ball. En revanche,
Saint John n'offrait pas la même atmosphère chaleureuse et amicale que
Bouctouche. K.C. était originaire de l'arrière-pays du comté de Kent,
d'une petite localité qui soutenait mal la comparaison avec d'autres
localités du Nouveau-Brunswick, à plus forte raison avec Saint John.
K.C. allait devoir gagner le respect du milieu des affaires en employant
la bonne vieille méthode : travailler pour l'obtenir.

Notes

1   Bob Harris, « Cultural Change in Provincial Scottish Towns c. 1700-1820 », *The Historical Journal*, vol. 54, no 1 (2011), p. 105-141.

2   « Five churches of Scotland with dark and bloody pasts », *The Scotsman*, 29 avril 2016, scotsman.com/news-2-15012/five-churches-of-scotland-with-dark-and-bloody-pasts-1-4115249.

3   Frank McLynn, *Bonnie Prince Charlie: Charles Edward Stuart*, Londres, Random House, 2003.

4   John Gray Centre, « A brief history of emigration and immigration in Scotland », *Library Museum Archive Archaeology*, s.d., johngraycentre.org/about/archives/brief-history-emigration-immigration-scotland-research-guide-2/.

5   New Brunswick and Nova Scotia Land Company, *Practical information respecting New Brunswick, including details relative to its soil, climate, productions, and agriculture, published for the use of persons intending to settle upon the lands of the Company*, Londres, Arthur Taylor, 1834, p. 3-4 (traduction libre).

6   James Stevenson McEwen, « John Knox », *Encyclopedia Britannica*, 3 mai 2019, britannica.com/biography/John-Knox.

7   Ce point de vue a été avancé par Max Weber dans son ouvrage largement lu *The Protestant Ethic and the Spirit of Capitalism*, mais d'autres l'ont contesté, dont Joseph Schumpeter.

8   John Kenneth Galbraith, *The Scotch*, Toronto, McClelland and Stewart, 1964, p. 27.

9   « Historique », s.d., richibucto.org/historique.

10   « Timber Colony », *Royal Gazette*, 6 octobre 1841, p. 33.

11   Shane Fowler, « Early Irving in province deemed a "poor squatter" in historic documents », *CBC News*, 11 juin 2019, cbc.ca/news/canada/new-brunswick/george-irving-poor-squatter-new-brunswick-archives-1.5169310.

12   *Ibid.*

13   « Experience of Scots abroad 1830s-1939 », *BBC*, s.d., bbc.co.uk/bitesize/guides/z9pbkqt/revision/1.

14   Harvey Sawler, *Twenty-First-Century Irvings*, Halifax, Nimbus, 2007, p. 3.

15   *Ibid.*, p. 4.

16   *Ibid.*, p. 6-7.

17   *Ibid.*, p. 8.

18 Voir, par exemple, Nick Georgano, *Cars: Early and Vintage*, 1886-1930, Londres, Grange-Universal, 1985.

19 « À propos de nous – Historique », s.d., jdirving.com/BasicPage. aspx?id=1043&LangType=1036.

20 Cité dans Jacques Poitras, *Irving vs. Irving: Canada's Feuding Billionaires and the Stories They Won't Tell*, Toronto, Viking Canada, 2014, p. 8 (traduction libre).

21 Voir, par exemple, Hugh G. Thorburn, *Politics in New Brunswick*, Toronto, University of Toronto Press, 1961.

22 Douglas How et Ralph Costello, *K.C.: The Biography of K.C. Irving*, Toronto, Key Porter, 1993, p. 11.

23 John DeMont, *Citizens Irving: K.C. Irving and His Legacy*, Toronto, McClelland and Stewart, 1992, p. 15-16.

24 *Ibid.*, p. 16.

25 Susanna McLeod, « K.C. Irving's ride to the top », *The Kingston Whig Standard*, 17 janvier 2017, thewhig.com/2017/01/17/kc-irvings-ride-to-the-top/wcm/9924d73d-17dc-9745-5374-57f32ce907d3.

26 How et Costello, *K.C.*, p. 14 (traduction libre).

27 *Ibid.*, p. 15-16.

28 Voir, parmi de nombreux autres, J.A. Schumpeter, *Capitalism, Socialism and Democracy*, Londres, Allen and Unwin, 1976.

29 How et Costello, *K.C.*, p. 24.

30 K.C. Irving cité dans *ibid.*, p. 28 (traduction libre).

31 DeMont, *Citizens Irving*, p. 20.

32 *Ibid.*, p. 21.

33 *Ibid.*

34 *Ibid.*, p. 21-22.

35 J.P. Andrieux, *Rumrunners: The Smugglers from St. Pierre et Miquelon and the Burin Peninsula from Prohibition to Present Day*, St. John's, Flanker Press, 2009.

36 Voir, par exemple, C.M. Davis, *Prohibition in New Brunswick, 1917-1927*, thèse de maîtrise, Fredericton, Université du Nouveau-Brunswick, 1978.

37 B.J. Grant, *When Rum Was King: The Story of the Prohibition Era in New Brunswick*, Fredericton, Fiddlehead, 1984.

38 Remarque formulée par Lisa Keenan lors du gala 2019 du Club Rotary de Saint John, le 24 mai 2019. J'étais présent au gala et j'y ai pris des notes.

39 Cité dans DeMont, *Citizens Irving*, p. 22.

40 Donald J. Savoie, *Se débrouiller par ses propres moyens : le développement économique dans les Maritimes*, Halifax, Nimbus, 2017, p. 28

41 Cité dans DeMont, *Citizens Irving*, p. 25-26 (traduction libre).

42 How et Costello, *K.C.*, p. 11-13.

43 *Ibid.*, p. 14.

44 *Ibid.*, p. 15 (traduction libre).

45 Simon Delattre, « Quand le Ku Klux Klan sévissait au Nouveau-Brunswick », *L'Acadie Nouvelle*, 29 septembre 2018, p. 1-3.

46 How et Costello, *K.C.*, p. 13.

47 Consultations avec Gérard Maillet, ancien employé de Kent Homes, Moncton, le 30 mai 2019.

CHAPITRE 2

DE BOUCTOUCHE
À SAINT JOHN

K.C. Irving partit pour Saint John dans sa Ford modèle
T pour y faire ce qu'il faisait à Bouctouche : vendre des
voitures Ford et vendre de l'essence. Mais Saint John n'offrait pas un cadre aussi accueillant que Bouctouche. À Bouctouche,
K.C. était le fils du citoyen le plus important de la collectivité et il s'était
forgé, dès son jeune âge, une réputation d'entrepreneur prospère. À
Saint John, il était un inconnu, un campagnard de l'arrière-pays du
Nouveau-Brunswick. Bien que s'y connaissant déjà dans la vente de
voitures Ford et d'essence, il devait à bien des égards repartir à zéro.
Il sentit néanmoins le besoin de faire savoir à la ville qu'il était venu
pour y démarrer une entreprise. Il acheta une publicité dans le journal
local, écrite en lettres majuscules, qui disait : « Notre politique est de
fournir un service meilleur et plus satisfaisant et d'être honnêtes dans
nos relations avec les clients[1]. »

Il n'était pas facile de percer en affaires et de se faire un nom dans la ville. Fière de ses origines loyalistes, Saint John était, du moins dans le contexte du Nouveau-Brunswick, un grand centre urbain où les pratiques commerciales étaient beaucoup plus impersonnelles qu'à Bouctouche. Il n'est pas exagéré d'affirmer que K.C. était perçu comme un arriviste sorti de nulle part. On dit que Howard P. Robinson, l'homme d'affaires le plus important au Nouveau-Brunswick à son époque, déclara qu'il allait « forcer ce jeune Irving à s'en retourner à Bouctouche[2] ». Robinson dominait le milieu des affaires de Saint John un peu comme le père de K.C. dominait celui de Bouctouche. Il habitait au 197, avenue Mount Pleasant, au sommet de la colline, surplombant la ville. Robinson contrôlait la compagnie de téléphone, l'entreprise locale de production d'électricité et le journal local. Quand il parlait, le milieu des affaires de Saint John lui prêtait une oreille attentive; il était le modèle à suivre pour les entreprises locales et les aspirants entrepreneurs.

K.C. se renseigna autour de lui pour savoir comment entrer en relation avec les élites commerciales et communautaires de la ville. On lui suggéra de devenir membre du Riverside Country Club, un club de golf privé de Rothesay. Il s'acheta donc des bâtons de golf et y loua un casier pour ranger ses bâtons. Pas une seule fois il ne sortit les bâtons du casier. Ils brûlèrent avec le chalet en 1966. Le golf n'avait aucun intérêt pour lui; ce qui l'intéressait, c'était le monde des affaires et le travail.

Les gens d'affaires locaux ne savaient trop que penser du jeune entrepreneur de Bouctouche. Quoi qu'il en soit, celui-ci comprenait qu'il devait tout d'abord établir une solide relation d'affaires avec une banque et obtenir une marge de crédit. Peu importait au gérant de banque que K.C. alla consulter qu'il ait déjà fait ses preuves en affaires en vendant des voitures Ford et de l'essence à Bouctouche, et qu'il ait toujours remboursé ses dettes. Le gérant de banque demanda que son père se porte garant de tous les prêts et de la marge de crédit.

K.C. croisa par hasard A.J. MacQuarrie, le gérant de la succursale locale de la Banque de Nouvelle-Écosse et une vieille connaissance qui avait rendu visite à son père à Bouctouche à plusieurs occasions. MacQuarrie lui demanda : « Comment as-tu pu faire ça, Kenneth? Comment as-tu pu venir à Saint John et ne pas faire affaire avec moi[3]? » K.C. lui dit qu'il était prêt à lui accorder sa clientèle, pourvu qu'il puisse obtenir une marge de crédit de la banque sans que son père doive s'en porter garant. Le lendemain matin, K.C. avait une rencontre avec Horace Enman, un banquier très respecté qui serait plus tard président de la Banque de Nouvelle-Écosse. K.C. obtint sa marge de crédit sur la base de ses propres mérites et devint un client de la Banque de Nouvelle-Écosse[4].

Maintenant qu'il avait la Banque de Nouvelle-Écosse de son côté, K.C. se mit en quête de débouchés commerciaux dans le secteur de l'automobile et celui des hydrocarbures. Il fut prompt à faire son entrée sur le marché de la vente d'automobiles de Saint John. Il prit la relève de la concession Ford située au 300, rue Union, dont le propriétaire, un homme d'affaires local, voulait se retirer du secteur. Il y avait deux pompes à essence devant le commerce, ce qui faisait bien l'affaire de K.C. Il dépassa bientôt les attentes de Ford même s'il éprouva des difficultés à obtenir des voitures lorsque Ford passa du modèle T au modèle A. Il résolut le problème en s'approvisionnant auprès de concessionnaires rivaux qui représentaient d'autres marques. Ford appréciait les résultats obtenus par K.C. et lui offrit d'autres territoires ainsi que la concession de ses tracteurs dans les Maritimes[5].

La concurrence locale ne mit pas de temps à prêter attention aux activités de la concession Ford de K.C. L'un de ses concurrents fit paraître une annonce publicitaire affirmant que ses ventes étaient supérieures à celles de tous les vendeurs d'automobiles de Saint John et que les autres concessionnaires ne brassaient pas beaucoup d'affaires dans la ville, et il émit des commentaires négatifs au sujet de la concession Ford de K.C. Bill Moore, qui travaillait pour K.C. à sa concession Ford, réagit à l'annonce. Pendant que K.C. était en voyage d'affaires à l'extérieur de la province, Moore acheta dans le journal local une publicité qui indiquait le nombre de véhicules neufs vendus au cours de l'année précédente et le nombre inférieur d'unités vendues par le rival en question. Au bas de la publicité, il ajouta : « Les chiens aboient, la caravane passe[6]. » K.C. dit à Moore qu'il avait commis une erreur. Il expliqua que la publicité avait réveillé la concurrence et qu'eux-mêmes allaient maintenant devoir redoubler d'efforts. Il ajouta qu'il n'était jamais bon, en affaires, de se vanter, ce qui constitue une composante importante du programme d'études de l'école de commerce Irving. L'annonce publicitaire est toutefois entrée dans la légende dans la région de Saint John, et l'on a longtemps cru que c'était K.C. qui en avait eu l'idée[7]. Ce n'est pas le cas.

K.C. comprit rapidement que s'il y avait un secteur où il serait possible de faire de l'argent, ce serait la vente d'essence et d'huile. Il se préparait à soutenir la concurrence non seulement à Saint John, mais aussi dans d'autres collectivités du Nouveau-Brunswick et éventuellement partout dans les Provinces maritimes. La concurrence était vive, cependant, dans ce secteur durant les années 1920. De plus en plus d'exploitants indépendants étaient en mesure d'importer des produits des États-Unis à des prix économiques. Les grandes sociétés pétrolières étaient aussi en voie de s'installer dans la région en y ayant leurs propres représentants qui vendaient des produits de leur fabrication. Pour réussir, K.C. allait devoir se mesurer à un certain nombre d'exploitants indépendants comme lui, mais aussi à des géants de l'industrie pétrolière et gazière. L'un de ces géants ressortait du lot : l'entreprise qui dominait dans les Maritimes était Imperial Oil, qui appartenait à Standard Oil of New Jersey. On se rappellera que c'est Imperial Oil qui, à peine quelques années plus tôt, avait mis fin à son association avec K.C. Persuadée qu'elle ferait de meilleures affaires sans lui, Imperial Oil avait révoqué le mandat de K.C. et établi ses propres agents à travers la région afin de vendre directement aux clients.

K.C. avait du pain sur la planche. Les grandes entreprises rivales étaient bien pourvues de capitaux et fortement représentées sur le terrain et un certain nombre de petits exploitants indépendants furent achetés. Irving tenait bon. Au milieu des années 1920, non seulement il avait l'appui de la Banque de Nouvelle-Écosse, mais aussi il était propriétaire de quatre concessions Ford au Nouveau-Brunswick, toutes équipées de réservoirs pour vendre de l'essence. Il se présenta devant le conseil municipal de Saint John en octobre 1927 pour lui soumettre un projet d'installation de trois pompes de 500 gallons sur l'avenue Rothesay. De plus, il cherchait constamment de nouveaux endroits pour y construire une station-service. En quelques années après son arrivée à Saint John, il avait établi des stations-service dans plusieurs localités du Sud du Nouveau-Brunswick et il faisait des progrès dans le Nord de la province. K.C. laissa tomber la marque Primrose pour adopter la marque Irving Oil et il constitua la société Irving Oil Company en 1929.

K.C. conserva son approche pratique et terre-à-terre qu'il avait apprise à Bouctouche. Lorsqu'il vit que des véhicules faisaient la file devant les pompes à sa station-service, par exemple, il n'hésita pas à affecter un employé aux pompes. Quand ses employés avaient besoin d'un coup de main pour creuser des trous ou installer des réservoirs, il n'hésitait jamais à enfiler une salopette, à se retrousser les manches et à se mettre à creuser. Il était naturel pour lui de ne pas compter ses heures de travail.

Il jugeait utile de recruter des personnes notoires à titre de partenaires. Ainsi, il recruta Charles « Charlie » Gorman, qui avait remporté le championnat mondial de patinage de vitesse en 1926, pour qu'il exploite l'une de ses stations-service de Saint John. Cette décision s'avéra fructueuse. Gorman exploita par la suite trois stations-service dans la ville.

À la fin des années 1920, les activités de K.C. sur le marché de l'essence et de l'huile tournaient à plein régime. K.C. entreprit d'étendre les activités d'Irving Oil au-delà du Nouveau-Brunswick. Il décida également de construire un immeuble de cinq étages, le Golden Ball, en 1931, juste au moment où la Grande Crise commençait à sévir. Il nourrissait des projets ambitieux pour ce bâtiment polyvalent, qui devait comprendre une salle d'exposition pour la vente d'automobiles Ford, des aires de service pour la réparation des voitures, des pompes pour la vente d'essence et des espaces de travail pour lui et son personnel.

Il lui arrivait parfois de prendre des décisions improvisées mais néanmoins fondées sur son expérience. Contrairement aux agents qui représentaient de grandes entreprises au Nouveau-Brunswick, il n'avait pas besoin de consulter plusieurs niveaux de gestion au siège social lorsqu'il prenait une décision. Il était le siège social et il ne tardait pas à prendre une décision lorsqu'il se présentait une occasion. Pendant ce temps, ses rivaux le regardaient faire, convaincus qu'il agissait trop rapidement et qu'il n'y arriverait pas. Comment pourrait-il établir de nouvelles stations-service et construire un immeuble de cinq étages, se demandaient-ils, alors que la Grande Crise faisait des ravages dans l'économie canadienne et les économies locales? Un membre de la direction de l'entreprise McColl-Frontenac Oil prédit que K.C. Irving serait parti dans deux ans[8]. Lui et d'autres, comme Imperial Oil, sous-estimaient largement le sens aigu des affaires et la détermination de K.C. Ce n'était pas la première fois, et ce ne serait pas la dernière que la concurrence en fasse ainsi.

MISER SUR LE SECTEUR PÉTROLIER ET GAZIER

Quelques années après son arrivée à Saint John, K.C. prit une décision d'affaires stratégique. Il miserait sur Irving Oil plutôt que sur ses concessions d'automobiles Ford pour assurer l'essor de ses activités. Comme on l'a déjà vu, il n'envisageait qu'une croissance modeste dans la vente de voitures, même si ses concurrents le considéraient comme le meilleur vendeur de voitures de la région. Mike Lawson, le concessionnaire General Motors local, a dit que K.C. Irving était le meilleur vendeur de voitures qu'il ait jamais connu[9]. Peu importe, K.C. se retirerait progressivement de la vente de voitures parce qu'il estimait pouvoir obtenir de meilleurs résultats dans le secteur pétrolier et gazier et dans d'autres secteurs.

K.C. conçut un plan ambitieux pour vendre des hydrocarbures dans toutes les Maritimes et au Québec. Il ne cessa jamais de construire de nouvelles stations-service et d'acheter des entreprises existantes. Sa décision de faire équipe avec le champion mondial de patinage Charlie Gorman fut couronnée d'un grand succès et il demeura à la recherche d'athlètes de haut niveau pour qu'ils exploitent ses stations-service Irving. Il conclut un contrat avec Gordon « Doggie » et Clarence « Skeet » Kuhn, des joueurs de hockey bien connus de Moncton, qui commencèrent bientôt à vendre de l'essence Irving à Moncton et à Truro, en Nouvelle-Écosse.

K.C. faisait les choses différemment de ses rivaux. Il comprenait l'importance de l'image de marque et entreprit de construire un réseau de stations-service Irving identiques dans toutes les Provinces maritimes. Il s'occupait lui-même de trouver les emplacements les plus prometteurs. Arthur Irving se souvient d'avoir reçu, tard un vendredi soir, un coup de téléphone de son père disant qu'il venait de repérer un emplacement propice à l'établissement d'une station-service à Calais, dans le Maine. Il demanda à Arthur de passer prendre son frère Jack et de venir voir les lieux. C'est ce qu'ils firent, et ce qu'ils virent leur plut. Encore de nos jours, on trouve une station-service Irving à cet endroit.

K.C. fit appel à Samuel Roy, un Acadien de Bouctouche, pour construire sa station-service à Halifax. Roy était un architecte, mais il a expliqué que personne n'était jamais vraiment un architecte selon K.C. Irving[10]. K.C. avait ses propres idées sur la façon de construire ses stations-service et il surveillait attentivement les travaux de construction sous toutes leurs facettes. Roy eut des relations de travail très étroites avec K.C. durant toute sa carrière et détenait même des actions dans Irving Oil à une certaine époque. K.C. racheta ses actions plus tard, mais Roy obtint un bon rendement sur son investissement. Il est bien connu que K.C. Irving n'a jamais voulu qu'Irving Oil ou toute autre entreprise Irving ait recours à la participation financière du public. Il a expliqué : « Quand on émet des actions sur le marché, on doit se plier à certaines règles de sorte que ce n'est peut-être pas la façon la plus commode d'atteindre ses objectifs. On peut prendre un risque calculé quand on n'a de comptes à rendre qu'à soi-même[11]. » Nous reviendrons sur cette question plus loin.

K.C. construisit ses stations-service une à la fois et surveillait toujours les coûts de près. Sa première station-service à Halifax était un bâtiment en brique. Celles qui suivirent furent construites en bois afin de réduire les coûts. Il se dota des compétences internes nécessaires pour construire des stations-service, ce qui lui donnait un autre avantage par rapport aux grandes firmes de l'extérieur. Lorsqu'un concessionnaire d'Halifax lui expliqua qu'il n'avait pas les moyens d'installer des réservoirs à essence parce qu'il avait déjà dépensé beaucoup d'argent dans l'agrandissement de son entreprise, K.C. alla le trouver en salopette, accompagné d'un monteur de tuyaux, pour l'assister dans l'installation de ses réservoirs.

Répondant à la demande toujours croissante, K.C. n'arrêta jamais de trouver de nouveaux débouchés pour la vente d'essence Irving. Il installa des réservoirs partout dans les Maritimes, aidant souvent lui-même à creuser les trous. Il ouvrit des stations-service à Amherst et à Yarmouth, entre autres localités de la Nouvelle-Écosse. Il se rendit à l'Île-du-Prince-Édouard et prit le risque de s'associer avec des vendeurs que les grandes entreprises ne voulaient pas considérer. Cette initiative se révéla également fructueuse. Il acheta deux petites entreprises dans l'île et commença à y vendre de l'essence et de l'huile. Plus tard, il se dirigea vers les Îles de la Madeleine, où il obtint de nouveaux emplacements.

Il essaya d'entrer sur le marché Terre-Neuvien sans toutefois y parvenir, du moins au début. Les autorités locales, aux prises avec une grave crise économique, durent emprunter de l'argent auprès d'Imperial Oil qui, en retour, reçut du gouvernement le droit exclusif de vendre de l'essence et de l'huile dans l'île. Le gouvernement avait approché K.C. pour lui emprunter des fonds, mais Arthur rapporte que K.C. ne disposait pas à l'époque de ressources financières lui permettant de prêter à Terre-Neuve le montant souhaité. Imperial Oil, par contre, disposait de telles ressources et conclut une entente rigoureuse avec le gouvernement. Elle lui prêterait les fonds à condition d'avoir la mainmise sur le secteur de la vente d'essence et d'huile dans l'île de Terre-Neuve. Le gouvernement accepta et demanda à K.C. de retirer ses réservoirs et son matériel dès que possible, ce qui infligea un revers important à l'entreprise naissante.

Comme dans d'autres cas, cependant, K.C. ne renonça jamais à Terre-Neuve. Il se lia d'amitié avec le premier ministre Joey Smallwood et vit dans la construction de la route transcanadienne le signe qu'il était temps de prendre de l'expansion dans la province. Smallwood considérait qu'Irving Oil était une entreprise « locale » tandis qu'Imperial Oil était de l'extérieur. Non seulement il donna à Irving Oil l'accès au territoire Terre-Neuvien, mais de plus il facilita la vente de terrains à K.C. afin d'établir des stations-services sur l'île.

K.C. embaucha un jeune avocat et promoteur, J.C. Van Horne, pour qu'il cherche des endroits où construire des stations-service dans la province. Il embaucha également un jeune promoteur énergique, Harrison McCain, pour qu'il l'aide à faire grandir son entreprise. En moins de 10 ans, le diamant Irving trônait au-dessus de stations-service de Corner Brook à St. John's, en passant par Stephenville et plusieurs autres endroits. Il affronta directement Imperial Oil, qui détenait autrefois le monopole dans l'île. Irving rattrapa le temps perdu en ne ratant pas une occasion de forcer Imperial Oil à se retirer de l'île et en ayant sur le terrain des individus qui étaient capables de prendre des décisions et qui devaient seulement le consulter.

K.C. fit la même chose au Québec. Il élabora un ambitieux plan d'expansion vers le nord et l'est conçu pour la région de Trois-Rivières, laissant Montréal aux grandes entreprises. À un certain moment, il inaugurait une station-service toutes les trois semaines dans la province. Il y fit également l'acquisition de petites entreprises telles que les Pétroles du Québec pour les intégrer dans Irving Oil. Encore une fois, il dirigea d'une main ferme l'expansion au Québec, inspectant lui-même chacune des nouvelles constructions. Il s'assurait que les nouvelles stations-service étaient construites près des églises parois-siales et des bureaux de poste parce que ces endroits généreraient beaucoup de circulation[12].

K.C. comptait aussi vendre de l'essence et de l'huile aux gouver-nements. Il envoya donc l'un de ses dirigeants les plus chevronnés rencontrer le gouvernement du Nouveau-Brunswick. Jim Flemming, un homme d'affaires bien connu et très respecté de Saint John, rendit visite au premier ministre J.B.M. Baxter à son domicile. Il découvrit bientôt, toutefois, que les liens du père de K.C. avec le Parti libéral allaient revenir hanter Irving Oil. La conversation entre le premier ministre et Jim Flemming se déroula comme suit : « Irving... Irving... K.C. Irving? – Oui, Monsieur, répondit son visiteur, M. K.C. Irving, de Saint John. – K.C. Irving... M. K.C. Irving... N'est-ce pas le fils de J.D. Irving, de Bouctouche? – Je crois que oui, en effet. – Eh bien, J.D. Irving est le libéral qui s'est opposé à nous durant des années, dit Baxter. Non, nous ne brasserons pas d'affaires avec M. Irving, mais pas du tout[13]. »

K.C. Irving n'était peut-être pas un fervent libéral avant cette ren-contre, mais il l'était par la suite, du moins pendant un certain temps. Il décida de prêter main-forte au Parti libéral lors des élections provinciales suivantes. Comme en toutes choses, il ne fit pas dans la demi-mesure. Il s'engagea à fond derrière Allison Dysart, un avocat de Bouctouche et ami de la famille, et recueillit des fonds au Nouveau-Brunswick, à Montréal et à Toronto. Les libéraux de Dysart défirent facilement le gouvernement Baxter lors de l'élection de 1935, remportant 43 des 48 sièges dans la province. Avec le temps, K.C. diminuerait toutefois ses efforts pour soutenir le Parti libéral, comprenant qu'il était plus judicieux pour les affaires de contribuer à la caisse des deux grands partis politiques.

K.C. voyait toujours aux affaires quotidiennes dans leurs moindres détails, qu'il s'agisse de problèmes de construction ou de questions de mise en marché ou de personnel. Il fit preuve d'innovation dans le domaine de la commercialisation en tenant à ce que ses stations-service aient toutes la même apparence où qu'elles se trouvent[14]. Il fut le premier au Canada atlantique à doter ses stations-service de salles de toilettes séparées pour les femmes et les hommes et il affichait fièrement le même diamant Irving sur tous ses commerces.

Il comprenait l'importance de la mise en marché et de la visibilité pour la promotion des ventes. Bien qu'il fût propriétaire de quatre concessions Ford et même si cela ne correspondait pas du tout à sa personnalité, il s'acheta une Cadillac 16 cylindres entièrement équipée. Il la conduisit aux quatre coins des Maritimes, attirant les regards partout où il allait. Mike Lawson, le concurrent et concessionnaire GM susmentionné, a raconté : « Il a reçu encore plus de publicité grâce à cette automobile. C'est ce qui a amené les gens à parler de lui. » K.C. Irving envoya un autre message en achetant la voiture en 1931 et en construisant son immeuble Golden Ball : il démontrait son optimisme en dépit de la Grande Crise[15].

SURMONTER LA GRANDE CRISE

L'ENCYCLOPÉDIE CANADIENNE A RÉSUMÉ LES RÉPERCUSSIONS DE LA Grand Crise au Canada : « La crise économique des années 1930 est un choc économique et social aux répercussions mondiales. Peu de pays sont frappés aussi durement que le Canada. En effet, des millions de Canadiens se retrouvent sans emploi, sans abri et dans le besoin. La décennie est surnommée "les sales années 1930", en raison d'une sécheresse dévastatrice dans les Prairies, ainsi que de la dépendance du Canada aux exportations de matériel brut et de produits agricoles. [...] la crise résulte d'un recul généralisé des cours mondiaux des produits de base et d'une baisse soudaine de la demande économique et du crédit, ce qui entraîne un déclin rapide du commerce mondial et une augmentation du taux de chômage[16]. »

Certes, les Prairies traversèrent une période difficile, mais le Nouveau-Brunswick ne fut pas épargné. L'industrie du bois d'œuvre et l'industrie des pêches furent durement touchées, alors que des scieries fermèrent leurs portes dans toute la province. En 1932, environ 8 000 Néo-Brunswickois se retrouvèrent sans travail et beaucoup partirent pour le Québec, l'Ontario et la Nouvelle-Angleterre en quête d'un emploi[17]. Certaines images des sales années 1930 sont longtemps restées gravées dans la mémoire de nombreux Canadiens et Canadiennes : la sécheresse dans les Prairies, les longues files devant les soupes populaires et le « *Bennett buggy* », une automobile sans moteur transformée en voiture à cheval[18].

Le gouvernement du Nouveau-Brunswick n'avait pas les ressources financières ou la capacité administrative nécessaires pour lancer des programmes visant à lutter contre la crise économique. Quant au gouvernement fédéral, il resta sur la touche, du moins au début, faute de fondements constitutionnels qui lui auraient permis d'intervenir. Certains conseils de comté furent acculés à la faillite en raison des dépenses de secours. Le secteur public dans la province luttait pour survivre, faisant face du mieux qu'il le pouvait à la chute de la demande et des prix. Les banques se mirent à demander le remboursement des prêts.

Ernest Forbes, un historien bien connu du Nouveau-Brunswick, écrit que la province assista à un véritable effondrement de son secteur manufacturier dans les années 1920 et 1930. Le secteur fut durement frappé par la crise et par des politiques et des tarifs nationaux qui « ont créé et maintenu le secteur manufacturier au centre du Canada[19] ». De nombreuses entreprises du Nouveau-Brunswick fermèrent leurs portes ou firent faillite dans les années 1930. Ce fut le cas de plusieurs petits agents indépendants dans le secteur de la vente d'essence et d'huile. K.C. Irving ne fut pas l'un d'entre eux.

Je me souviens d'avoir dit à Arthur Irving que j'étais inquiet pour l'avenir économique de notre région. Sa réponse : « Tu ne devrais jamais t'inquiéter; tu devrais te sentir concerné. » Réfléchissant à la différence, je lui ai dit : « Ça doit être quelque chose que ton père disait », ce qu'il m'a confirmé. J'ai supposé que cela signifiait que si l'on s'inquiète d'une situation, on ne croit pas pouvoir y changer grand-chose, mais si on se sent concerné, on voit le problème et on veut agir pour y remédier.

K.C. Irving était peut-être inquiet à cause de la Grande Crise, mais il n'en montra rien. Bien entendu, il rencontra des difficultés. Horace Enman, le dirigeant de la Banque de Nouvelle-Écosse qui avait accepté d'accorder une marge de crédit à K.C., lui demanda de rembourser un prêt que la banque lui avait consenti et dont le montant s'élevait à près de deux millions de dollars[20]. Cette demande survenait à un moment où l'entreprise de bois d'œuvre de K.C. traversait une période très difficile. K.C. était incapable de vendre tout le bois d'œuvre qu'il sciait. Au lieu de le vendre à perte comme le faisaient ses concurrents, il attendit que le marché reprenne de la vigueur. Le marché finit par se rétablir, mais l'attente fut sans doute déconcertante pour K.C. Néanmoins, il remboursa son emprunt.

Il ne relâcha jamais ses efforts dans la vente d'essence et d'huile non plus. Il continuait d'acheter des terrains, parfois à un prix aussi bas que 50 $ pour un lot, d'installer des réservoirs et d'ouvrir de nouvelles stations-service, et ce, à une époque où les petits points de vente d'essence et d'huile des propriétaires exploitants faisaient faillite. K.C. constata que les gens conservaient leur véhicule plus longtemps, ce qui signifiait que les voitures avaient besoin de réparations et qu'elles consommaient davantage d'essence à cause de leur âge. Son flair pour les affaires lui dit que, s'il réussissait à surmonter la tempête qui déferlait sur l'économie canadienne, il en ressortirait grandi. En outre, K.C. voyait surgir de nouvelles occasions d'affaires avec la diminution du nombre de concurrents.

Les sales années 1930 ne ralentirent pas K.C., bien au contraire. Il a expliqué : « Il fallait se servir de sa tête et faire preuve d'ingéniosité. On ne pouvait pas rester assis à se sucer le pouce. On pouvait être deux fois plus occupé qu'auparavant parce qu'il fallait partir à la recherche de possibilités d'affaires[21]. » Il était constamment sur la route. On demanda un jour à K.C. pourquoi il travaillait tout le temps. Il dit qu'il avait déjà tout essayé, mais qu'il n'avait rien trouvé qu'il aimait autant. Il travaillait davantage que ses employés et ses concurrents. Arthur Irving m'a confié que son père n'avait aucune notion du temps et qu'il possédait une énergie incroyable. Il pouvait travailler davantage et plus longtemps que des gens qui avaient 30 ans de moins que lui. Harrison McCain a déjà fait remarquer que K.C. Irving était animé d'« une grande énergie, une énergie remarquable. Il n'était jamais fatigué[22]. » Arthur ressemble beaucoup à son père : il ne voit pas l'intérêt de ralentir et il ne ralentit jamais.

K.C. inculqua à ses employés un objectif fondamental dans l'exercice de leur travail : fournir le meilleur service possible aux clients. Il était convaincu que le meilleur moyen de survivre à la Grande Crise et de l'emporter sur les concurrents était de fournir un service de qualité supérieure à celui de n'importe quel d'entre eux. Il ne cessa jamais de marteler ce message à ses employés. Il eut du mal à joindre les deux bouts durant la crise économique, mais il ne baissa jamais les bras.

Hilus Webb, son comptable, croyait à l'époque que K.C. allait soit devenir un géant, soit s'y casser les dents. Webb a ajouté : « nous vendions principalement un service et nous devions nous assurer de le fournir ». Pendant que les employés d'Irving Oil ne ménageaient aucun effort pour fournir le meilleur service possible, K.C. demeurait à l'affût de nouveaux emplacements où construire des stations-service et accroître ses activités dans le secteur pétrolier et gazier. Il était doué pour trouver des slogans accrocheurs afin de définir la marque Irving, dont « *more miles, more smiles* » (« plein de milles, plein de sourires »)[23]. Il a toujours cherché à rester fidèle à l'engagement qu'il avait pris envers les clients potentiels dans une annonce publicitaire achetée lors de son arrivée à Saint John, c'est-à-dire que ses entreprises fourniraient toujours un service de meilleure qualité que la concurrence.

Par ailleurs, K.C. faisait tout pour réduire les coûts. Il négociait férocement l'achat de terrains. Il menait aussi des négociations ardues lorsqu'il construisait ses stations-service, veillant à ce que les coûts de construction d'Irving Oil soient conformes ou inférieurs au budget prévu. Il réduisit les salaires de 10 % durant la Grande Crise, mais se reprit souvent par la suite en accordant une prime de Noël.

K.C. fit mentir les pronostics. Non seulement il survécut à la Grande Crise, mais il réussit à faire croître certaines de ses entreprises. En 1934, il possédait 30 stations-service, avait une capacité d'entreposage de cinq millions de gallons d'essence et ses produits étaient offerts dans de nombreux points de vente. La même année, Irving Oil rapporta des revenus de 570 410 $ et un profit net de 174 538 $[24]. En 1936, il vendait de l'essence dans 100 stations-service et employait 212 personnes à Saint John et près de 500 autres ailleurs[25]. Il avait livré bataille contre de grandes entreprises dans les Maritimes qui disposaient de capitaux importants et de leurs propres sources d'hydrocarbures, et il n'avait pas perdu le combat; en fait, ses affaires avaient prospéré.

DES IDÉES EN ABONDANCE

K.C. n'était jamais à court d'idées d'entreprises et il avait la capacité instinctive de tracer des liens entre elles. Il n'a peut-être pas inventé l'intégration verticale, mais il est certainement passé maître dans ce domaine. De nombreuses entreprises prospères pratiquent l'intégration verticale et K.C. a réussi à bâtir un empire commercial vaste et prospère en employant cette stratégie. K.C. vendait des voitures; il constata qu'il serait avantageux de vendre de l'essence et de l'huile, et de développer la capacité de réparer les voitures et d'assurer leur entretien. Pour ce faire, il devait construire des stations-service, d'où sa décision de se lancer dans l'immobilier et le secteur de la construction. Puis, il vit rapidement la nécessité d'avoir une quincaillerie. Comme il vendait de l'essence et du mazout domestique qu'il fallait transporter, il décida aussi de se lancer dans l'industrie du camionnage et la construction navale. Cherchant à augmenter ses ventes d'essence et d'huile, il se rendit compte qu'il serait avantageux de posséder une entreprise de transport par autobus, parce que les autobus ont besoin des deux pour fonctionner. À mesure que ses ventes d'hydrocarbures augmentaient, il comprit qu'il gagnerait à être propriétaire d'une raffinerie. Il suivit le même raisonnement dans le secteur forestier[26].

Les mérites de l'intégration verticale ont fait l'objet de débats parmi les universitaires et dans les écoles de commerce. Certains observateurs soutiennent qu'une « intégration verticale adéquate » est importante pour la survie d'une entreprise ou susceptible de l'être. D'autres insistent cependant pour dire que l'intégration verticale, en particulier une intégration excessive, explique parfois la faillite d'entreprises[27]. Ils citent en exemple les problèmes rencontrés par les constructeurs d'automobiles américains dans les années 1980 et allèguent que l'intégration verticale est la raison pour laquelle ils ont perdu des parts de marché aux mains des constructeurs japonais et allemands.

Les avantages de l'intégration verticale sont évidents : elle réduit les frais d'approvisionnement et de commercialisation, elle assure un approvisionnement régulier et fiable de fournitures et favorise l'innovation parce que les cadres supérieurs participent directement à tous les aspects de l'exploitation. L'intégration verticale comporte aussi des inconvénients : elle requiert beaucoup de capitaux, elle n'assure pas que l'entreprise est concurrentielle dans tous ses secteurs d'activité, elle décourage la spécialisation et elle nuit à la flexibilité[28].

En tentant de déterminer quelle est la meilleure situation pour pratiquer l'intégration verticale, la firme McKinsey & Company a fait valoir elle aussi que l'intégration verticale est coûteuse à mettre en œuvre, qu'elle risque de faire obstacle à la capacité de l'entreprise à se rapprocher de la clientèle, et qu'elle peut nuire à la capacité du marché d'établir un équilibre entre l'offre et la demande, ce qui peut entraîner une augmentation des coûts des produits de l'entreprise[29]. Par ailleurs, McKinsey & Company voit aussi des avantages à l'intégration verticale.

La popularité de l'intégration verticale a fluctué au cours des années, comme c'est souvent le cas des idées en matière de gestion. Il y a plus d'un siècle, Ford était propriétaire de plantations de caoutchouc, de mines de charbon et de fer et de chemins de fer. De nos jours, les constructeurs d'automobiles confient à des tiers la production de plus de 50 % des pièces qui entrent dans la fabrication de leurs produits. Cependant, certains secteurs voient de plus en plus l'intégration verticale d'un bon œil, quoiqu'ils l'appellent le modèle d'affaires *full-stack*. Amazon est en voie d'acheter sa propre flotte de camions et d'avions. Starbucks vend son propre café par l'entremise de commerces appartenant à l'entreprise et Delta Airlines a fait l'acquisition d'une raffinerie pour alimenter ses avions en carburant[30].

Qu'en est-il de K.C. Irving? Il adopta l'intégration verticale pour deux raisons : les coûts et le fait que, étant situé à Saint John, au Nouveau-Brunswick, il en vint à la conclusion que les fournisseurs de l'extérieur exerçaient un trop grand pouvoir sur ses activités. Il ne fait pas de doute que les premières années, celles de la Grande Crise et celles qui menèrent à la Seconde Guerre mondiale, furent éprouvantes pour K.C. Son père mourut au milieu de la crise économique et K.C. dut prendre la direction des activités qui avaient cours à Bouctouche à une époque où les ressources de ses propres entreprises étaient mobilisées au maximum. En outre, il dut réunir les fonds pour racheter les actions que détenaient ses frères dans les entreprises de J.D. Il contracta de lourds emprunts auprès des banques et, comme il a été mentionné, de nombreuses entreprises du secteur des hydrocarbures prédirent que K.C., à l'instar de nombreux autres agents indépendants, n'allait pas survivre ou qu'il finirait par passer aux mains de grandes entreprises américaines comme Imperial Oil.

En somme, la décision de K.C. de pratiquer l'intégration verticale était davantage le résultat d'une nécessité que le fruit d'une théorie ou d'une stratégie mûrement réfléchie. K.C. décela une occasions à saisir, par exemple, dans le marché du transport de passagers par autobus étant donné que l'état des routes s'était amélioré et que bien des gens au Nouveau-Brunswick ne pouvaient pas se payer une automobile. L'ennui, c'est qu'il n'avait pas les moyens d'acheter des autobus construits dans le Centre du Canada ou aux États-Unis. Pour résoudre le problème, il décida de couper en deux des carrosseries Ford, d'augmenter l'espace pour ajouter des sièges puis d'installer le tout sur des châssis importés de marque British Leyland. Il avait maintenant des autobus qui lui permettaient de rivaliser sur le marché du transport de passagers. Pour d'autres, c'était un exemple classique d'intégration verticale parce que les autobus avaient besoin d'essence et d'huile pour fonctionner. Pour K.C., il s'agissait simplement de trouver une façon abordable de se lancer dans ce secteur d'activité.

Il était certainement plus coûteux de s'approvisionner auprès de fournisseurs étrangers et il n'était pas toujours facile d'obtenir des produits pour une entreprise qui exerçait ses activités à partir de Saint John. Comme les fournisseurs locaux étaient peu nombreux, il valait mieux, autant que possible, créer ses propres fournitures. Au début du moins, la nécessité de réduire les coûts tout en lançant et en exploitant des entreprises qui avaient accès à des ressources financières limitées incita K.C. à créer de nouvelles sociétés pour approvisionner celles qui existaient déjà. Puisqu'il avait refusé de recourir à la participation financière du public, il ne pouvait compter que sur ses propres capitaux et sur les banques ou d'autres institutions financières pour obtenir les fonds requis. En résumé, l'intégration verticale devint pour lui la meilleure façon de faire des affaires parce que, souvent, les entrepreneurs locaux n'étaient pas en mesure de fournir les produits et services dont il avait besoin pour exploiter ses entreprises ou les faire croître. En conséquence, en 1942, K.C. avait déjà mis sur pied des entreprises dans plusieurs secteurs, y compris la vente d'essence et d'huile, la construction, l'immobilier, l'industrie forestière, les transports, le commerce de détail de quincaillerie, le secteur de l'équipement commercial et la fabrication de divers produits en bois.

SE MESURER AUX GROS JOUEURS

K.C. Irving n'a jamais été du genre à reculer devant un combat lorsqu'on le mettait au défi, que ce soit à l'école élémentaire de Bouctouche ou au cours de sa carrière d'homme d'affaires. Pas plus d'ailleurs qu'il n'a cru au vieil adage qui veut qu'« on ne peut rien contre le système ». K.C. a livré bataille à l'entrepreneur Fred Manning, d'Halifax, et au conseil municipal de Saint John pour obtenir le droit d'exploiter des autobus dans la ville. Au début des années 1930, la concession du service de transport par autobus de la ville appartenait à la New Brunswick Power Company, elle-même propriété de la Federal Light & Traction Company, une société new-yorkaise. L'entreprise décida de se départir de ses actifs de Saint John, qui comprenaient un tramway, un réseau de distribution de gaz et des centrales électriques.

Manning était un riche entrepreneur et disposait de moyens financiers beaucoup plus considérables que K.C. Irving à l'époque. Manning était, en un mot, ce que K.C. Irving allait devenir plus tard : l'homme d'affaires le plus important de la région. K.C., tout comme Manning, convoitait le tramway et les circuits d'autobus. Manning réussit toutefois à convaincre le conseil de retenir sa proposition. La Ville ferait l'acquisition de la compagnie d'électricité et, en contrepartie, il obtiendrait une franchise de 40 ans sur l'exploitation d'autobus dans les rues de Saint John. Manning retint les services de l'avocat W.A. Ross, de Saint John, qui par un heureux hasard agissait aussi comme secrétaire au sein du conseil municipal. Compte tenu de l'influence que Ross était en mesure d'exercer sur le conseil, personne ne fut surpris lorsque la Ville décida d'aller de l'avant avec le projet de Manning. Celui-ci put alors négocier avec l'entreprise de New York et acheter certains de ses actifs, ce qui lui permit d'obtenir les circuits d'autobus dans la ville.

K.C. n'abandonna jamais la bataille. Il s'adressa aux tribunaux et exerça des pressions tant sur des membres du conseil que sur le gouvernement provincial. Il s'ensuivit une affaire judiciaire interminable et pénible pour les deux parties, mais K.C. garda le cap. Au bout de 12 ans, Fred Manning abandonna la lutte et K.C. Irving obtint une concession pour l'exploitation d'autobus à Saint John pour une durée de 13 ans. Il fallut que K.C. engage des ressources importantes et fasse preuve d'une grande ténacité pour s'attaquer à Fred Manning, dont les ressources et les relations d'influence étaient plus étendues. Le message fut clairement entendu dans toutes les Provinces maritimes : K.C. n'était pas près de disparaître et il ne reculait devant personne, pas même ceux de la trempe de Fred Manning[31].

La société des Chemins de fer nationaux du Canada, aussi appelée le Canadien National (CN), augmenta ses tarifs de fret au plus creux de la Grande Crise, ce qui fit particulièrement mal aux Maritimes, une région peu peuplée. K.C. fit savoir à la société d'État qu'à son avis c'était le pire moment pour augmenter les tarifs de fret, en particulier pour les Maritimes. Le CN balaya du revers de la main ses inquiétudes. Pire encore, le CN décida de ne pas augmenter les tarifs pour Imperial Oil, soulignant qu'il ne fallait pas comparer Irving Oil à Imperial Oil notamment parce que celle-ci avait une raffinerie et qu'Irving n'en avait pas. K.C. ne cessa de revenir à la charge, mais le CN persista dans son refus, lui disant à un certain moment que, puisque ses entreprises étaient situées dans les Provinces maritimes, il pouvait toujours se tourner vers les eaux côtières pour transporter ses produits par bateau.

C'est exactement ce que fit K.C. Il se rendit en Écosse en vue d'acheter un navire-citerne. Il en trouva un, l'*Elkhound*, d'une capacité de 95 000 gallons de carburant. Il fit aussi l'acquisition de camions et construisit de nouveaux terminaux à des endroits stratégiques. Quelques années plus tard, le CN avisa K.C. qu'il devait se débarrasser de son navire-citerne, sinon il menaçait de réduire les tarifs de fret à un point où ses concurrents auraient un avantage injuste sur lui. K.C. ne broncha pas. En réaction, le CN appliqua effectivement une réduction de tarifs de l'ordre de 28 à 45 % pour forcer K.C. à se conformer à ses désirs. Et encore une fois,

K.C. refusa d'abandonner la lutte; il acheta un deuxième navire-citerne et d'autres camions. Il était maintenant actif dans le secteur des transports, exploitant des pétroliers, des camions et des autobus[32].

Il se mesura aussi à un autre géant, Imperial Oil. L'entreprise ne savait pas quoi faire à l'égard de K.C. Irving. Rappelons que K.C. avait vendu de l'essence et de l'huile pour le compte d'Imperial Oil lorsqu'il avait fait ses premiers pas dans l'industrie. Imperial Oil l'avait écarté et remplacé par ses propres agents sur le terrain, ayant même un agent en poste à Bouctouche. Qu'importe, K.C. continua d'acheter de l'essence et de l'huile de la raffinerie Imperial Oil d'Halifax pour servir ses clients. Quand K.C. décida d'étendre ses activités dans toutes les régions des Maritimes et au Québec, Imperial Oil menaça de couper son approvisionnement pour l'empêcher de prendre de l'expansion à l'extérieur du Nouveau-Brunswick[33]. Là non plus, K.C. n'allait pas renoncer à ses projets, comme on le verra plus loin.

K.C. Irving fut l'un des rares exploitants indépendants qui survécurent à la Grande Crise. La plupart des indépendants, et même plusieurs exploitants importants tels que McColl-Frontenac, firent faillite. Non seulement K.C. survécut, mais ses entreprises prirent de l'expansion dans plusieurs autres secteurs. Par exemple, il élargit de beaucoup la portée des activités de l'entreprise forestière héritée de son père.

À la fin des années 1930, les propriétaires de Canada Veneers, de Saint John, demandèrent à K.C. de leur venir en aide. Ils se dirigeaient peu à peu vers la faillite. La banque envisageait de réclamer le remboursement d'un prêt et l'entreprise avait du mal à avoir accès à du bois de qualité, ce qui n'est pas une bonne combinaison de facteurs. K.C. accepta de garantir un prêt bancaire et fut en mesure de lui procurer des billes de bois de meilleure qualité. Plus tard, en 1938, K.C. devint propriétaire à part entière de Canada Veneers à un moment très fortuit. Harrison McCain a souvent dit qu'un homme ou une femme d'affaires prospère qui ne reconnaît pas avoir eu de la chance à un moment ou à un autre ne fait que mentir[34].

La chance sourit à K.C. lorsqu'il prit le contrôle de Canada Veneers. La demande de produits en bois lamellé monta en flèche avec la Seconde Guerre mondiale. En Angleterre, la société De Havilland mettait au point un nouvel aéronef, le Mosquito, fait en contreplaqué plutôt qu'en métal, qu'on surnommait la Merveille de bois. Le Mosquito était rapide et très polyvalent, il pouvait être utilisé comme bombardier tactique, comme bombardier de nuit de haute altitude, comme chasseur-bombardier et comme avion d'attaque maritime. Il vit le combat pour la première fois en janvier 1943[35]. Dans le but de fabriquer le Mosquito, le gouvernement britannique lança un appel en vue d'acheter tout le contreplaqué qu'il serait possible de produire.

K.C. répondit à l'appel, reconnaissant très bien qu'il s'agissait d'une occasion à saisir. Il décida de s'impliquer directement dans la gestion de l'usine. Il supervisait la transformation de l'usine, qui passa de 180 employés produisant 200 000 pieds carrés de contreplaqué par semaine à plus de 500 employés produisant au-delà de 4 000 000 de pieds carrés. L'usine fonctionnait jour et nuit et K.C. y était présent à toute heure, cherchant des moyens d'améliorer l'efficacité[36]. Il appréciait chaque instant, disant à un moment donné qu'il pourrait faire ce genre de travail toute la nuit sans jamais s'endormir[37].

K.C. Irving se tourna vers Bouctouche pour produire des péniches de débarquement dans le cadre de l'effort de guerre. Les embarcations devaient servir à transporter les forces alliées sur les plages d'Europe. Les employés à Bouctouche se mirent également à la tâche jour et nuit[38]. Arthur Irving se rappelle avoir visité les lieux avec son père et vu les travailleurs affairés à construire des péniches à toute heure. En raison des restrictions touchant les voitures automobiles privées au pays, l'entreprise de transport par autobus de K.C. connaissait aussi une forte croissance, tout comme ses activités de vente d'essence et d'huile. Au terme de la guerre, K.C. comptait pour environ un tiers du commerce d'hydrocarbures effectué dans la région[39].

Par ailleurs, des obstacles se dressèrent sur le parcours de K.C. pendant les années de guerre. L'intervention massive du gouvernement en matière de réglementation du commerce pour soutenir l'effort de guerre soulevait plus d'un défi. Avant la guerre, K.C. vendait du bois de pâte aux Allemands ainsi que des étais pour les mines de charbon, qui partaient assez régulièrement de Bouctouche. Le port de Bouctouche n'étant pas assez profond pour accueillir de gros navires allemands, le bois de pâte et les étais de mine étaient chargés sur des barges qui allaient les porter jusqu'aux navires allemands ancrés en eau profonde.

Un navire allemand était chargé à pleine capacité lorsque le Canada déclara la guerre à l'Allemagne, en septembre 1939. Aussitôt, le navire leva l'ancre et prit le large sans que K.C. ait reçu le paiement de la cargaison. Le Dr Kraemer, l'agent allemand qui avait acheté les étais de mine, entra en contact avec K.C. quelques semaines plus tard pour lui donner rendez-vous à Portland, au Maine, où il paya sa facture au complet[40]. À ce moment-là, les États-Unis n'avaient pas encore déclaré la guerre à l'Allemagne.

Certains observateurs ont allégué que des entrepreneurs du Nouveau-Brunswick, notamment K.C. Irving, profitèrent de l'effort de guerre et accumulèrent de « grosses » fortunes grâce aux profits qui en résultèrent[41]. L'effort de guerre fut sûrement très bénéfique pour K.C. Irving, surtout en raison de l'achat de Canada Veneers.

Mais il importe de mettre les choses en perspective. Le gouvernement britannique était à la recherche d'un produit en particulier pour construire ses appareils Mosquito et Canada Veneers lui apporta la solution. La capacité de production existait déjà à Saint John, prête à passer à l'action lorsque se fit entendre l'appel à l'effort de guerre.

Comparons cette situation à l'effort de guerre dirigé par Ottawa, qui constitue un cas de deux poids, deux mesures. Lorsque le secteur privé n'était pas en mesure de livrer ce que l'effort de guerre exigeait, Ottawa créa la capacité de production en établissant des sociétés d'État fédérales. Trente-deux sociétés d'État furent ainsi créées, toutes en

Ontario et au Québec. Ces sociétés d'État représentaient une source considérable de nouveaux investissements susceptibles de générer un bon nombre de nouvelles activités économiques. Et de fait, elles jetèrent les bases du développement futur du secteur manufacturier dans les années d'après-guerre[42]. Ainsi, les sociétés d'État créées en temps de guerre menèrent à l'essor de fabricants d'aéronefs, de producteurs de caoutchouc synthétique et d'une entreprise de haute technologie appelée Research Enterprises Limited.

Bien que de nombreuses sociétés d'État fondées pendant la guerre aient été démantelées par la suite, certaines poursuivirent leurs activités, dont Polysar et Les Arsenaux canadiens Limitée. Les sociétés d'État servirent très bien l'effort de guerre, mais à long terme elles contribuèrent aussi à renforcer sensiblement le secteur manufacturier du Centre du Canada et à enrichir de nombreux investisseurs. Et ce n'est pas tout. Le ministère des Munitions et des Approvisionnements réalisa des investissements massifs dans les industries canadiennes, mais en 1944 seulement 3,7 % de ces investissements avaient été effectués dans les Maritimes, principalement dans la réparation d'aéronefs et de navires. D'ailleurs, même les activités de construction navale relatives à l'effort de guerre furent en majeure partie réalisées ailleurs. Les historiens reconnaissent maintenant que « C.D. Howe et ses bureaucrates ont encouragé la concentration du secteur manufacturier dans le centre du pays[43] ». Pourtant, il aurait été plus logique du point de vue économique que certaines activités soient localisées dans les Provinces maritimes compte tenu de la géographie et de la présence de compétences entrepreneuriales et de bases industrielles à Saint John et à Halifax[44]. Pour une fois, la géographie aurait dû favoriser les Provinces maritimes; c'est le Centre du Canada, non Halifax ou Saint John, qui était éloigné du théâtre des hostilités.

Ottawa établit la capacité de production de guerre dans le Centre du Canada, parfois même en dépit des considérations militaires. Après une visite au Canada en 1940, la Mission technique de l'Amirauté britannique conclut que « les enjeux politiques pèsent lourdement » sur les décisions militaires. Ses membres soulignèrent les problèmes que posait la construction de navires dans des chantiers qui étaient coupés de l'océan Atlantique durant cinq mois et remirent en question la nécessité que les navires fassent la longue descente du fleuve Saint-Laurent. Les conseillers militaires américains en vinrent à la même conclusion. Les 10 premiers navires construits pour la Grande-Bretagne évitèrent de justesse d'être coincés dans le Saint-Laurent par le gel hivernal et durent subir « des travaux importants dans les Maritimes avant de pouvoir se risquer à traverser l'Atlantique[45] ». Les Britanniques essayèrent du mieux qu'ils purent de convaincre Ottawa de choisir Halifax comme l'endroit logique où établir le quartier général de la marine pour leurs convois canadiens et le centre de réparation des navires de fort tonnage. Leurs efforts furent infructueux[46].

Dans son premier rapport d'activités déposé le 30 avril 1941, le ministère des Munitions et des Approvisionnements manifesta un parti pris évident en faveur du Canada central. Les gouvernements canadien et britannique s'étaient déjà engagés à consacrer 484 millions de dollars à l'effort de guerre. L'Île-du-Prince-Édouard et le Nouveau-Brunswick n'en reçurent rien, tandis que la Nouvelle-Écosse reçut seulement 8,7 millions de dollars, dont trois millions attribués en fait à une entreprise de Montréal pour la construction d'un quai flottant destiné à Halifax[47]. Je fais remarquer que le gouvernement fédéral décida même de faire construire des avions Mosquito à Downsview, en Ontario, à l'aide du contreplaqué fournit par K.C. Irving.

Je me suis souvent demandé ce que K.C. Irving aurait accompli s'il était né dans le Sud de l'Ontario ou s'il y avait lancé ses entreprises. Il aurait certainement été aidé par la force de gravité sous la forme des politiques nationales et des politiques d'approvisionnement d'Ottawa plutôt que de devoir constamment lutter contre elle.

RETOUR EN ARRIÈRE

K.C. Irving possédait des compétences entrepreneuriales hors pair, il était tenace, il ne s'est jamais laissé intimider par des concurrents plus gros et plus riches que lui et il avait le don extraordinaire de saisir les occasions qui s'offraient à lui. Il a travaillé davantage que tout le monde et, comme me l'a déjà dit Arthur Irving, il maîtrisait toujours la situation. L'histoire de K.C. est véritablement celle d'une réussite remarquable. Au bout du compte, Howard P. Robinson, le magnat des affaires du Nouveau-Brunswick, n'a pas « forcé ce jeune Irving à s'en retourner à Bouctouche ». En fait, l'homme de Bouctouche acheta la maison de Robinson située au 197, avenue Mount Pleasant, qui surplombe Saint John et où Arthur habite maintenant.

K.C. a tenu le coup durant la crise économique des années 1930 alors que de nombreuses petites et moyennes entreprises ont dû fermer leurs portes. Non seulement il n'a pas cessé ses activités, mais il a créé de nouvelles entreprises et agrandi celles qui existaient déjà. Il a improvisé quand il le fallait – incapable d'acheter des autobus, il scia en deux certains de ses véhicules Ford, ajouta des sièges puis les ressouda ensemble, et il était en affaires dans le transport par autobus. Il a adopté l'intégration verticale parce que c'était la seule façon, du moins au début, de faire croître ses entreprises à partir de Saint John. Au lieu de faire appel à des théories de la gestion ou à des théories économiques, K.C. se fiait à son flair pour les affaires. Il n'a jamais reculé lorsqu'il était confronté à un défi ou à une crise économique ni, comme on l'a vu, lorsqu'il livrait bataille contre des adversaires plus gros que lui, tels que le CN, Imperial Oil ou Fred Manning.

K.C. a certainement contribué à l'effort de guerre, mais il était un petit joueur, alors que les entreprises de l'Ontario et du Québec ont récolté pratiquement toutes les retombées. K.C. a répondu aux demandes parce qu'il avait la capacité de le faire. Dans bien d'autres cas, le gouvernement fédéral a créé la capacité de répondre aux demandes, donnant ainsi naissance à de nouvelles entreprises.

Dans la foulée immédiate de la Seconde Guerre mondiale, K.C. Irving possédait déjà une infrastructure lui permettant de faire grandir ses entreprises, il jouissait d'une réputation enviable dans le milieu des affaires et il disposait de ressources financières suffisantes pour tirer parti de nouveaux débouchés économiques ou simplement se reposer et mener une vie de luxe. K.C. n'était cependant pas de ceux qui s'assoient sur leurs lauriers, comme le démontre le prochain chapitre.

Notes

1   Douglas How et Ralph Costello, *K.C.: The Biography of K.C. Irving* (Toronto : Key Porter, 1993), 34 (traduction libre).

2   *Ibid.*, 37 (traduction libre).

3   *Ibid.*, 35 (traduction libre).

4   *Ibid.*, 36.

5   *Ibid.*

6   Cité dans Donald J. Savoie, *Harrison McCain: Single-Minded Purpose* (Montréal : McGill-Queen's University Press, 2013), 216.

7   Arthur Irving a rétabli les faits dans une entrevue avec l'auteur le 10 août 2019.

8   Cité dans Savoie, *Harrison McCain*, 43.

9   Mike Lawson cité dans *ibid.*, 45.

10 Cité dans How et Costello, *K.C.*, 43.

11 Cité dans Russell Hunt et Robert Campbell, *K.C. Irving: The Art of the Industrialist* (Toronto : McClelland and Stewart, 1973), 44 (traduction libre).

12 How et Costello, *K.C.*, 139.

13 Cité dans *ibid.*, 53 (traduction libre).

14 Voir John A. Jakle, « The American Gasoline Station, 1920 to 1970 », *Journal of American Culture*, vol. 1, no 3 (automne 1978), 520-542.

15 *Ibid.*, 40-41.

16 James Struthers, « La crise des années 1930 au Canada », *L'Encyclopédie canadienne*, 11 juillet 2013, thecanadianencyclopedia.ca/fr/article/great-depression.

17 Gouvernement du Nouveau-Brunswick, « Le Nouveau-Brunswick pendant la Crise », dans *Défrichement, agriculture et politique : la colonisation dirigée au Nouveau-Brunswick*, Archives provinciales du Nouveau-Brunswick, s.d., archives.gnb.ca/Exhibits/PlannedSettlements/TextViewer.aspx?culture=fr-CA&t=Allardville&p=50f19.

18 Michiel Horn, *La Grande Dépression des années 1930 au Canada* (Ottawa : Société historique du Canada, 1984), 3, coll. « Brochure historique », no 39.

19 Ernest Forbes, « Nouveau-Brunswick », *L'Encyclopédie canadienne*, thecanadianencyclopedia.ca/fr/article/new-brunswick.

20 John DeMont, *Citizens Irving: K.C. Irving and His Legacy* (Toronto : McClelland and Stewart, 1992), 37.

21 Cité dans How et Costello, *K.C.*, 41 (traduction libre).

22 Harrison McCain dans une entrevue accordée à James Downey le 19 février 2001, 12 (traduction libre).

23 How et Costello, *K.C.*, 40 et 42 (traduction libre).

24 DeMont, *Citizens Irving*, 39.

25 How et Costello, *K.C.*, 43.

26 Voir, par exemple, Hunt et Campbell, *K.C. Irving*, 45.

27 Voir, par exemple, Robert D. Buzzell, « Is Vertical Integration Profitable? », *Harvard Business Review*, hbr.org, publié en format imprimé en janvier 1983.

28 David J. Teece, « Vertical Integration in the U.S. Oil Industry », dans Edward J. Mitchell (dir.), *Vertical Integration in the Oil Industry* (Washington : American Enterprise Institute, 1976), 105.

29 John Stuckey et David White, « When and when not to vertically integrate », *McKinsey Quarterly*, (août 1993), mckinsey.com/business-functions/strategy-and-corporate-finance/our-insights/when-and-when-not-to-vertically-integrate.

30 Ken Favaro, « Vertical Integration 2.0: An Old Strategy Makes a Comeback », *Strategy + Business*, 6 mai 2015, strategy-business.com/blog/Vertical-Integration-2-0-An-Old-Strategy-Makes-a-Comeback?gko=7a868.

31 DeMont, *Citizens Irving*, 42-43.

32 Voir, par exemple, How et Costello, *K.C.*, 46-49.

33 Jacques Poitras, *Irving vs. Irving: Canada's Feuding Billionaires and the Stories They Won't Tell* (Toronto : Viking Canada, 2014), 16.

34 Savoie, *Harrison McCain*.

35 Edward Bishop, *The Wooden Wonder: The Story of the De Havilland Mosquito* (Londres : Max Parrish, 1959).

36 DeMont, *Citizens Irving*, 45.

37 Cité dans How et Costello, *K.C.*, 62.

38 Hunt et Campbell, *K.C. Irving*, 100-103.

39 « Irving Oil Financial Results », *Financial Post*, 19 juin 1948.

40 Arthur Irving m'a raconté cette histoire à plusieurs occasions.

41 Voir, par exemple, DeMont, *Citizens Irving*, 43.

42 Donald J. Savoie, *The Politics of Public Spending in Canada* (Toronto : University of Toronto Press, 1990), chap. 10.

43 Carman Miller, « The 1940s: War and Rehabilitation », dans E.R. Forbes et D.A. Muise, *The Atlantic Provinces in Confederation* (Toronto : University of Toronto Press, 1993), 325 (traduction libre). C.D. Howe était un ministre puissant qui fut surnommé « le ministre de tout », qui a servi les gouvernements Mackenzie King et St. Laurent.
44 Voir, par exemple, Donald J. Savoie, *Visiting Grandchildren: Economic Development in the Maritimes* (Toronto : University of Toronto Press, 2006).
45 Ernest R. Forbes (dir.), *Challenging the Regional Stereotype: Essays on the 20th Century Maritimes* (Fredericton : Acadiensis Press, 1989), 180 (traduction libre).
46 *Ibid.*, 181.
47 *Ibid.*, 178.

CHAPITRE 3

À SAINT JOHN POUR DE BON : « PARCE QUE C'EST LÀ QUE J'HABITE »

K. C. IRVING NE CONNAISSAIT QU'UNE DIRECTION ET UNE VITESSE : en marche avant rapide. Grâce au succès obtenu avec Canada Veneers, il avait maintenant les ressources financières nécessaires non seulement pour développer son entreprise forestière et ses activités de vente d'essence et d'huile, mais aussi pour lancer de nouvelles entreprises. Il n'a jamais été porté à consacrer de l'argent à des maisons luxueuses ou à des yachts. Dès ses tout premiers jours en affaires, il décida de réinvestir ses profits dans ses entreprises. Ce qui le motivait, c'était leur croissance. Il a souvent dit que le problème en ce qui concerne de nombreux propriétaires d'entreprise, c'est qu'ils et elles veulent se croiser les bras et profiter de leur réussite au lieu de continuer à faire grandir leur entreprise[1]. Ce ne serait jamais l'approche de K.C. Irving.

La Seconde Guerre mondiale ne manqua pas de mettre un frein à certaines des activités commerciales de K.C. Irving. Le secteur pétrolier et gazier était lourdement réglementé, ce qui obligea le projet d'expansion de K.C. dans ce secteur à faire du surplace. L'armée réquisitionna essentiellement l'immeuble Golden Ball pour y entreposer du matériel et réparer de l'équipement. K.C. concentra ses efforts dans des domaines où l'effort de guerre lui laissait la liberté de prendre de l'expansion ou même l'y encourageait, comme ce fut le cas pour Canada Veneers. Son flair pour les affaires était toujours très aiguisé; il savait quand saisir une occasion et quand laisser tomber une entreprise qui avait fait son temps. À la fin de la Seconde Guerre mondiale, par exemple, il constata qu'il n'était plus économique de construire des autobus et il se retira de ce secteur avant qu'il ne soit trop tard[2].

K.C. vit aussi, à la fin de la guerre, que l'avenir s'annonçait prometteur pour le secteur pétrolier et gazier et il décida d'y injecter de nouvelles ressources. Il demanda à son cousin et ami de longue date Leigh Stevenson de s'associer avec lui dans la vente d'essence et d'huile. Les cousins s'étaient tous deux illustrés par leur succès remarquable, quoique dans des domaines différents, K.C. dans plusieurs secteurs d'activité et Stevenson dans la force aérienne, où il avait été vice-amiral responsable du Commandement aérien de l'Ouest et, plus tard, officier supérieur canadien au sein du personnel de lord Mountbatten, commandant suprême des forces alliées en Asie du Sud-Est. Stevenson estima cependant qu'il ne serait pas sage de mélanger la famille ou les amis et les affaires et déclina l'offre très généreuse de K.C., soulignant que son amitié avec lui était plus précieuse qu'une occasion d'affaires, si prometteuse fût-elle. Les liens d'amitié entre les deux hommes sont demeurés très forts jusqu'à la mort de Leigh Stevenson, en 1989[3].

K.C. savait repérer rapidement le talent, comme il le fit avec Leigh Stevenson. Lorsqu'il repérait quelqu'un de talentueux, il n'hésitait pas à le payer grassement puis à lui laisser suffisamment d'espace pour l'aider à faire grandir ses propres commerces. Il s'attendait aussi, par ailleurs, à ce que les cadres supérieurs obtiennent de bons résultats.

Il convient de rappeler la façon dont K.C. recruta Harrison McCain au sein de son entreprise d'hydrocarbures, car elle témoigne directement de la méthode qu'il utilisait pour faire croître ses entreprises. Son message était simple lorsqu'il rencontra Harrison McCain : il avait besoin de vendeurs et de superviseurs des ventes, précisant que l'avenir s'annonçait florissant dans le secteur des hydrocarbures pour lui et pour tout le monde. Il demanda ensuite à Harrison combien d'argent il gagnait. Harrison a avoué qu'il avait forcé la vérité, ajoutant ses primes et ses dépenses à son salaire. K.C. répliqua qu'il l'augmenterait substantiellement s'il acceptait son offre d'emploi[4]. Harrison signa un contrat avec Irving Oil, où il en apprendrait énormément sur la façon de diriger une entreprise. Il démontra également son habileté à négocier un accord avantageux. Harrison dit à K.C. : « Donnez-moi 10 000 piastres et une grosse voiture, et je suis votre homme. » C'était un salaire très élevé au Nouveau-Brunswick en 1951 pour un jeune homme sorti de l'université depuis à peine deux ans. De son côté, il était important pour Harrison d'avoir une grosse voiture, signe évident de réussite. Même si ce salaire était extrêmement généreux, il se révéla rapidement un investissement très judicieux pour K.C. Irving.

Harrison McCain devint l'un des principaux vendeurs d'Irving Oil. Il en vint à vouer une grande admiration à K.C. pour son génie des affaires, ses compétences en gestion et l'image publique de ses entreprises. Selon Jim Coutts, un bon ami de Harrison, K.C. Irving était l'homme que Harrison admirait le plus[5].

K.C. Irving savait mieux que quiconque comment repousser les limites, comment amener ses cadres supérieurs à fournir l'effort supplémentaire et à surpasser même leurs propres attentes élevées. Harrison a affirmé que K.C. n'était pas satisfait si ses employés atteignaient 95 % de leurs objectifs : il voulait que ce soit 100 %. L'un des dossiers sur lesquels Harrison a travaillé permet de l'illustrer. Il s'était employé depuis longtemps à décrocher d'une grande centrale électrique un contrat d'approvisionnement en carburant Irving. Ses efforts furent couronnés de succès après 18 mois de négociations. Heureux, il téléphona à K.C. pour lui annoncer la bonne nouvelle. La réponse de K.C.? Il demanda à Harrison s'il avait réussi à inclure aussi la graisse lubrifiante dans l'entente[6]. La graisse ne représentait qu'environ 4 % de l'entente. Harrison comprit le message : il vaut mieux avoir 100 % d'un marché que 96 %, et les propriétaires d'une entreprise prospère examinent toujours les détails de toute transaction ou activité commerciale.

Harrison McCain m'a déjà dit que K.C. Irving était un gentleman, un patron exigeant qui avait la capacité incroyable d'anticiper comment les choses allaient évoluer dans les cinq ou 10 prochaines années, et il comprenait que les entrepreneurs doivent tâcher de saisir les occasions d'affaires, sinon quelqu'un d'autre le fera. Harrison a rapporté que K.C. souleva bien des sourcils en achetant Saint John Sulphite, une petite scierie qui éprouvait des difficultés financières. Peu de gens au Nouveau-Brunswick croyaient que quelqu'un réussirait à redresser la situation de Saint John Sulphite et à mener l'entreprise au succès. Beaucoup étaient d'avis que c'était de l'argent englouti dans une mauvaise idée. Toutefois, à la même époque, K.C. acheta de la province des terres à bois d'une superficie appréciable. Il était en avant du peloton et vit dans l'industrie forestière un potentiel que personne d'autre ne vit. Harrison m'a dit un jour : « Qu'on parle de chance, de stratégie ou de prise de risques, peu importe comment on appelle ça, il faut savoir quand appuyer sur la gâchette, et Irving le savait mieux que quiconque. »

Harrison admirait également la façon dont K.C. Irving assurait la gestion de son image publique parce que celle-ci, de même que sa réputation, était cruciale pour son succès commercial. Selon Harrison, des gens pensaient tout bonnement que K.C. Irving prêtait peu d'importance à l'image publique qu'il projetait, parce qu'il accordait rarement des entrevues. Harrison a insisté pour dire que rien n'est plus faux.

K.C. comprenait très bien l'importance de l'image publique dans le monde des affaires et comment la soigner. K.C. cultivait l'image d'un homme dur en affaires, exigeant, astucieux, austère, infatigable, sobre et pragmatique, sur lequel il était impossible de l'emporter. « Quand K.C. Irving entrait dans une pièce pour négocier une entente commerciale, a expliqué Harrison, la concurrence était prête à s'avouer vaincue et à dire qu'elle ne pouvait pas rivaliser avec cet homme. La concurrence était perdante avant même le début de la course parce que chacun savait qu'il était impossible de battre K.C. Irving. » Otto Miller, président de la Standard Oil Company of California (Socal), qui savait une ou deux choses sur la façon de négocier ferme, a dit que ce n'était pas une tâche facile que de négocier avec K.C. Irving[7].

Harrison McCain admirait également le style de gestion pratiqué par K.C., qui selon lui procédait par « suggestion ». Il y a lieu de citer un long extrait de ses propos à cet égard : « Tout d'abord, il avait un style qui lui était propre, un style comme je n'en ai jamais vu de semblable de toute ma vie. Je l'ai probablement déjà entendu, mais je suis incapable de me rappeler une seule fois où il m'a donné un ordre : "Harrison, voici ce que je veux que tu fasses jeudi. Va trouver Jack et fais ceci, ceci et cela." C'est peut-être arrivé, c'est probablement arrivé, mais je ne m'en souviens pas. M. Irving dirigeait les affaires avec ses cadres supérieurs par la suggestion. Son style. Il suggérait que si nous avions telle ou telle clientèle, cela cadrerait parfaitement avec nos dépenses et les plans d'achats de notre entreprise dans ce domaine d'activité et cette clientèle deviendrait la pierre angulaire d'un nouveau lieu d'implantation. Et si nous obtenions cette clientèle, cela me convaincrait d'aller de l'avant et de dépenser les fonds pour que les choses se fassent. Si seulement nous pouvions trouver quelqu'un pour convaincre les gars de conclure cette damnée entente. Et ce que cela voulait dire, c'est grouille-toi le cul et va me chercher cette clientèle[8]. »

Harrison a également décrit K.C. comme quelqu'un de gentil qui aimait avoir du plaisir. « Nous nous sommes beaucoup amusés, a-t-il dit. Il avait coutume de chanter, tu sais. Nous roulions dans sa voiture tard le soir, à 10 ou 11 heures du soir, pour aller visiter l'emplacement d'une nouvelle station-service à quelque maudit endroit et, *jeez*, il se mettait à chanter. C'était un bon gars[9]. » Arthur Irving m'a dit aussi que les voyages d'affaires avec son père, bien qu'exigeants, étaient également très agréables : les heures de travail étaient longues, mais ils prenaient plaisir à se détendre en fin de journée.

L'embauche par K.C. Irving de Harrison McCain et sa volonté de lui laisser toute la latitude nécessaire pour l'aider à faire grandir l'entreprise témoignent de l'approche de K.C. en matière de gestion. K.C. considérait qu'il se trouvait au centre de ses entreprises et qu'il montrait l'exemple. Il était le « conducteur » ou le « maître d'orchestre »[10]. K.C. travaillait toujours davantage et plus longtemps que n'importe lequel de ses employés. Arthur Irving a adopté le même style de gestion. À l'instar de son père, Arthur poursuit des objectifs commerciaux avec détermination, il est très compétitif, il est exigeant et infatigable, il est animé d'une énergie extraordinaire, il s'attend à des résultats et, à l'image de son père, il est profondément attaché aux Maritimes, comme nous le verrons plus loin.

K.C. le chef d'orchestre mena la charge dans l'expansion d'Irving Oil dans un nombre croissant de localités du Nouveau-Brunswick, ailleurs dans les Maritimes et au Québec dans l'après-guerre. Il décida également d'amorcer une percée sur le marché des États-Unis, en commençant par le Maine. K.C. envisageait pour Irving Oil une expansion vers l'est (l'Île-du-Prince-Édouard et Terre-Neuve), l'ouest (l'Est du Québec) et le sud (la Nouvelle-Écosse, le Maine et, au-delà, le reste de la Nouvelle-Angleterre).

Par ailleurs, K.C. reconnaissait l'importance de bâtir une image de marque solide et respectée et de doter le siège social de compétences en relations publiques. Il veilla personnellement à ce que ses stations-service se ressemblent toutes et à ce qu'elles affichent fièrement le diamant Irving. Il imagina de nombreux slogans accrocheurs pour promouvoir son entreprise. Il reconnaissait également l'intérêt de collaborer avec des athlètes réputés pour promouvoir Irving Oil.

Il forma aussi équipe avec Hank Snow, une légende de la musique country, qui était originaire des Maritimes. Snow était né dans la pauvreté absolue dans un petit hameau de la Nouvelle-Écosse. Ses parents avaient divorcé quand il avait huit ans, et il dut aller vivre avec ses grands-parents paternels. Il subissait de la violence psychologique et de dures raclées de la part de son grand-père, et il s'enfuit souvent de la maison. Il finit par retourner vivre avec sa mère et son beau-père.

Sa situation ne s'améliora pas beaucoup chez sa mère. Il occupait des emplois occasionnels qui consistaient notamment à décharger des navires transportant du charbon à Lunenburg, à récolter des pétoncles à l'aide d'un râteau et à servir comme garçon de cabine à bord d'une goélette de pêche. Il économisa les 5,95 $ nécessaires à l'achat d'une guitare dans le catalogue Eaton. Il parcourait les Provinces maritimes, jouant partout où il le pouvait, parfois en échange d'un repas, d'une ou deux bières et d'un lit pour la nuit. Je me rappelle que mon père m'a dit que Hank Snow avait chanté chez un des vendeurs d'alcool de contrebande de Bouctouche[11].

Snow était un gros buveur et il n'avait pas toujours les moyens de se payer une chambre pour passer la nuit. À plusieurs reprises, il put passer confortablement la nuit dans une station-service Irving. Hank Snow et K.C. Irving se lièrent d'amitié et la relation d'amitié s'est poursuivie avec Arthur Irving. K.C. s'intéressait à sa carrière, fier qu'un gars des Maritimes ait réussi à Nashville. K.C. invita Hank Snow à offrir une prestation lors de l'inauguration de plusieurs de ses stations-service, y compris une à Aulds Cove, en Nouvelle-Écosse, en 1985, où il chanta le jour de l'ouverture officielle tandis qu'une montgolfière flottait au-dessus de la station[12].

Hank Snow alla plus tard s'établir à Nashville, où il enregistra de nombreuses chansons qui se hissèrent au sommet du palmarès, y compris « I've Been Everywhere ». Il devint l'un des artistes country et western les plus connus de l'époque. Snow convainquit le Grand Ole Opry en 1954 d'inviter le jeune Elvis Presley à y monter sur scène. Il demanda à Presley de jouer en première partie de son spectacle et il présenta Elvis Presley au colonel Tom Parker[13]. Snow fut plus tard intronisé au Temple de la renommée de la musique country et au Panthéon de la musique canadienne.

Hank Snow n'oublia jamais ses racines ancrées dans les Maritimes. En dépit de la grande pauvreté dans laquelle il avait vécu en Nouvelle-Écosse, il garda des liens étroits avec sa province natale. Il enregistra son album *My Nova Scotia Home* en 1968.

Arthur assista à l'ouverture officielle du Hank Snow Home Town Museum à Liverpool, en Nouvelle-Écosse, en 1997 à titre d'invité spécial. Snow n'était pas en mesure d'y assister en raison de son état de santé, mais Arthur et lui eurent une conversation que tous purent entendre grâce au système de diffusion publique. Le musée se trouve dans l'ancienne gare ferroviaire de Liverpool, dans laquelle Snow avait souvent trouvé refuge pour la nuit. Hank Snow est demeuré ami avec Arthur Irving jusqu'à son décès. Snow donna une de ses guitares à Arthur. Des années plus tard, Arthur en a fait cadeau à un client d'Irving Oil de Bouctouche qui non seulement jouait de la guitare, mais aussi était un passionné de Hank Snow. Des amis m'ont rapporté qu'il est très fier de cette guitare et qu'il est peu probable qu'il s'en départe un jour.

K.C. Irving se lia aussi d'amitié avec d'autres citoyens bien en vue des Maritimes. Il était un ardent partisan d'Yvon Durelle, le « *Fighting Fisherman* » de Baie-Sainte-Anne, dans la région côtière du Nord du Nouveau-Brunswick. Durelle était un client d'Irving et achetait des produits Irving pour son bateau de pêche. Tous les gens des Maritimes, du moins certainement tous les Acadiens de ma génération, se souviennent du combat disputé le 10 décembre 1958, dans lequel Durelle affronta Archie Moore pour le titre de champion du monde chez les poids mi-lourds à l'ancien Forum de Montréal. J'avais 11 ans à l'époque et j'avais obtenu la permission de veiller pour regarder le combat que le chroniqueur sportif Greg Smith et d'autres ont décrit comme « la norme en fonction de laquelle on mesure les grands combats[14] ».

Un an plus tôt, j'étais allé avec mon père au vieux stade de Moncton pour voir Yvon Durelle mettre K.O. Gordon Wallace, un boxeur de l'Ontario, au deuxième round et remporter le titre de champion de l'Empire britannique chez les mi-lourds. Ce n'était pas un mince exploit pour le *Fighting Fisherman* de Baie-Sainte-Anne. Je me souviens aussi que tout le monde sautait de joie dans mon village le lendemain.

En ce soir de décembre, Durelle sauta dans le ring à Montréal pour affronter Archie Moore avec son grand cœur et ses bras puissants, mais ayant reçu bien peu d'entraînement préalable. Mike Dunn, un autre chroniqueur sportif, a écrit que « Durelle a fait la majeure partie de son "entraînement" au travail, à tirer des casiers à homards des eaux glaciales près de Baie-Sainte-Anne ». La question était de savoir s'il était suffisamment en forme pour tenir le coup durant 15 rounds dans le ring face à Archie Moore, talentueux et bien entraîné. De l'avis général, Durelle devait attaquer Moore dès le début, et c'est ce qu'il fit. Tôt dans le premier round, Durelle envoya Moore au tapis à trois reprises, et tout le monde crut que le combat était fini. Mais l'une des fois où il fut expédié au tapis, un décompte lent controversé permit à Moore de revenir à la charge et de remporter le combat en 11 rounds. Après le combat, Moore déclara : « Il [Durelle] m'a frappé plus solidement que je n'ai été frappé de ma vie[15]. »

Arthur Irving et son père, assis dans des sièges près du ring, assistaient au combat. Douglas How et Ralph Costello offrent le compte rendu suivant de ce qui se passa. Alors que K.C. regardait le combat, il entendit quelqu'un formuler un commentaire désobligeant au sujet de Durelle. Peut-être l'homme souhaitait-il sortir dehors et régler la question d'homme à homme? lui dit K.C. L'homme déclina l'invitation. Encore une fois, il ne faudrait pas prendre la politesse de K.C. pour un manque de courage[16]. Arthur m'a raconté que son père et lui étaient allés dans la loge de Durelle après le combat pour le féliciter d'avoir fait mordre la poussière à l'un des meilleurs boxeurs de son époque. Il se rappelle que Durelle était en larmes. K.C. lui donna des mots d'encouragement en vue du prochain combat et lui offrit de le ramener chez lui à bord de son avion.

DES LEÇONS DUREMENT APPRISES

K.C. AVAIT APPRIS QUELQUES DURES LEÇONS EN FAISANT GRANDIR ses entreprises. Il comprit que les « gros joueurs », que ce soit Imperial Oil ou le CN, étaient en mesure de perturber considérablement ses entreprises. On se rappellera que, pour surmonter cette difficulté, il les affronta de plain-pied en important des produits pétroliers raffinés provenant d'autres sources dans le cas d'Imperial Oil, et en faisant appel à des bateaux et à des camions pour transporter ses produits dans le cas du CN. Les leçons durement apprises lui seraient fort utiles à mesure qu'il développerait l'art du compromis propre au monde des affaires, préférant toujours à l'avenir être celui qui obtenait plutôt que celui à qui l'on prenait quelque chose, ou être sur l'offensive.

Dès 1945, K.C. Irving commença à explorer l'idée de construire une raffinerie, une idée à laquelle il réfléchissait depuis qu'il s'était lancé dans la vente d'essence et d'huile. Au début, il envisageait une petite raffinerie produisant seulement 7 500 barils par jour pour alimenter ses stations-service. Il dut bientôt reconnaître, cependant, qu'il n'avait pas les connaissances requises pour construire ou exploiter une raffinerie ni, à l'époque, les ressources financières lui permettant d'assumer seul les coûts de construction d'une raffinerie, si modeste soit-elle. En somme, il lui fallait un partenaire qui disposait de la capacité interne et des ressources financières nécessaires. Le choix logique qui s'imposait alors était Imperial Oil. Le projet de s'associer avec Imperial Oil ne prit jamais son envol pour diverses raisons, qui avaient trait surtout au désir d'Imperial Oil de dominer le marché tandis qu'Irving

Oil voulait en obtenir une plus grande part. Toutefois, K.C. n'était pas près d'abandonner[17].

Il continua de faire grandir son entreprise d'hydrocarbures vers l'extérieur, un vendeur à la fois, à partir du Nouveau-Brunswick. K.C., ses proches partenaires d'affaires et ses fils Arthur et Jack Irving étaient constamment à la recherche de nouveaux emplacements. Ils cherchaient les occasions à chaque tournant, une localité à la fois, une province à la fois. Ils assurèrent l'expansion de l'entreprise d'hydrocarbures en construisant de nouvelles stations-service et en allant chercher de nouveaux clients pour la vente de mazout destiné aux appareils de chauffage résidentiels.

Comme il a été mentionné plus tôt, K.C. fit croître ses entreprises en y réinvestissant ses profits. Arthur Irving fait la même chose de nos jours. En outre, K.C. n'a jamais hésité à emprunter auprès des banques. Il a dit : « J'ai toujours emprunté beaucoup d'argent; je ne connais pas vraiment de mauvaise banque[18]. » La croissance de son entreprise d'hydrocarbures entraîna une hausse de la demande de ses produits, ce qui en retour signifiait un besoin accru de sources d'approvisionnement.

Il vendait, dans les années 1950, autant d'essence et d'huile dans les Maritimes que le géant Imperial Oil. K.C. savait que, tôt ou tard, il lui faudrait une raffinerie pour approvisionner ses milliers de points de vente. Lorsque des dirigeants d'Imperial Oil menacèrent de couper son approvisionnement au moment où K.C. amorçait une percée au Québec, il passa par-dessus leur tête et s'adressa à la société mère, Standard Oil of New Jersey (maintenant Exxon). Standard Oil n'avait aucune objection à fournir à K.C. les produits dont il avait besoin, mais elle n'avait aucun intérêt à l'aider à construire une raffinerie qui lui ferait concurrence dans l'Est du Canada ou ailleurs. K.C. allait devoir se trouver un autre partenaire.

Il engagea des pourparlers avec British Petroleum (BP) au milieu des années 1950. BP, une autre grande multinationale, envoya un certain nombre de représentants à Saint John pour négocier avec K.C. Par la suite, K.C. se rendit à Montréal pour finaliser l'entente. Tout se déroula bien jusqu'à la toute dernière minute, lorsque les négociations furent rompues à l'hôtel Ritz-Carlton de Montréal. K.C. a expliqué qu'ils étaient parvenus à une entente : « Nous nous étions entendus sur le prix du brut, nous nous étions entendus sur le type d'huile. Tous les détails étaient réglés[19]. »

K.C. changea d'idée, toutefois, lorsqu'il lut l'entente que BP avait rédigée pour qu'il y appose sa signature. BP avait inclus une clause qui lui donnait l'option de faire l'acquisition d'Irving Oil lorsque K.C. prendrait sa retraite ou au moment de son décès. De plus, BP voulait que la raffinerie soit construite ailleurs qu'à Saint John. Les représentants de BP firent valoir que ce serait mal avisé sur les plans commercial et économique de construire une raffinerie à Saint John, loin des grands marchés et des sources d'approvisionnement, et contraire à la logique du marché. K.C. indiqua clairement lors de la rencontre qu'il ne signerait pas l'entente proposée et qu'il était prêt à se retirer du projet. Il expliqua aux représentants de BP que ces deux demandes n'avaient jamais fait l'objet de discussions lors de leurs rencontres précédentes et que, par conséquent, il valait mieux mettre fin sur-le-champ aux négociations. Un des représentants de BP pria K.C. de poursuivre les négociations et, au moins, d'envisager d'autres endroits possibles pour y établir la raffinerie, dont Halifax, en Nouvelle-Écosse. Intrigué par l'intransigeance de K.C., un haut dirigeant de BP lui demanda pourquoi il tenait tant à ce que la raffinerie soit construite à Saint John. Sa réponse : « Parce que c'est là que j'habite[20]. » K.C. n'en démordit pas et se retira des négociations.

Il ne fallut pas longtemps pour qu'un autre partenaire potentiel vienne cogner à la porte de K.C., en l'occurrence Standard Oil of California, devenue plus tard Chevron. Dans les années 1950, Standard Oil avait un excédent de pétrole produit par ses puits au Moyen-Orient et vit un avantage économique évident dans la construction d'une raffinerie sur la côte est du Canada. Arthur ignore comment Standard Oil apprit que les négociations entre K.C. et BP avaient été rompues, mais l'entreprise le sut de quelque façon et vit des avantages importants à joindre ses forces avec celles d'Irving Oil. La nouvelle raffinerie serait en mesure d'absorber une partie de ses surplus de pétrole brut du Moyen-Orient. Bref, dans la vision de Standard Oil, Irving Oil était complémentaire à ses propres intérêts commerciaux. Standard Oil n'avait aucune intention de construire une infrastructure de vente au détail au Canada atlantique.

K.C. négocia avec Standard Oil essentiellement la même entente que celle qu'il avait presque conclue avec BP, mais il était libre de construire la raffinerie à Saint John et il n'était pas tenu de vendre Irving Oil à quelque moment que ce soit. Standard Oil of California détiendrait 51 % de la nouvelle compagnie appelée Irving Refining Ltd. et Irving détiendrait 51 % des installations de mise en marché. L'entente serait modifiée au fil du temps afin qu'Irving Oil devienne actionnaire majoritaire. Standard Oil of California superviserait la construction de la raffinerie, l'approvisionnerait en pétrole brut et fournirait des conseils en matière de recherche et de gestion, laissant essentiellement le contrôle du partenariat à K.C. Irving.

À l'époque où Irving Oil construisait la raffinerie, Ottawa annonça son intention d'accorder aux producteurs de pétrole albertains l'accès exclusif au marché canadien, y compris à l'est de Montréal[21]. K.C. Irving s'opposa catégoriquement à l'idée, soulignant qu'Ottawa ne devrait pas interférer avec le libre marché et forcer des producteurs à acheter du pétrole brut à des prix supérieurs à ceux pratiqués sur les marchés d'exportation. L'idée d'Ottawa suscita aussi une vive opposition au Québec. Le gouvernement fédéral décida en fin de compte que la rivière des Outaouais constituerait la limite du territoire réservé au pétrole albertain et laissa les producteurs situés à l'est de la rivière s'approvisionner en pétrole brut sur le marché international. K.C. pourrait donc continuer à prendre pied sur le marché québécois, mais l'initiative fédérale allait empêcher son entrée sur le marché ontarien[22].

K.C. Irving construisit sa raffinerie sur une large bande de terre qu'il avait discrètement acquise au fil des ans. Il suivit de près les travaux de construction, du début à la fin, prêtant attention aux détails. Plusieurs de ses propres entreprises travaillèrent à la construction, d'Ocean Steel à Commercial Equipment, en passant par Thorne's Hardware. De plus, chaque fois qu'il le pouvait, K.C. cherchait à faire bénéficier les entreprises locales des retombées découlant de la construction de la raffinerie. On installa sur le chantier un panneau sur lequel étaient énumérées toutes les entreprises qui travaillaient à la construction de la raffinerie. La liste comptait 30 entreprises, dont sept appartenaient à K.C. Irving. Il s'agissait d'une grande réalisation industrielle qui impressionna tous ceux qui étaient associés au secteur pétrolier et gazier, y compris les cadres supérieurs de Standard Oil[23]. Le coût de construction de la raffinerie s'éleva toutefois à 50 millions de dollars, ce qui était supérieur à ce que K.C. avait prévu.

K.C. Irving procéda à l'ouverture officielle de la raffinerie le 20 juillet 1960. L'événement fit l'objet de nombreux reportages dans les médias, des quotidiens du Nouveau-Brunswick jusqu'au *New York Times*. Une photo prise le jour de l'ouverture fait voir K.C. rayonnant de fierté, debout en compagnie de sa femme et de ses trois fils. La raffinerie était conçue pour traiter 40 000 barils de pétrole par jour et permettre de futurs projets d'expansion. K.C. expliqua qu'il avait conclu le meilleur accord qu'il lui était possible d'obtenir : « Nous avons eu des difficultés mais, dans l'ensemble, Standard s'est révélée un excellent partenaire[24]. »

K.C. avait maintenant sa raffinerie. Imperial Oil ne pouvait plus le menacer de lui couper son approvisionnement comme elle l'avait fait lorsque Irving Oil avait poursuivi sa progression en territoire québécois et étendu ses activités à la Nouvelle-Angleterre. La ville de Saint John était-elle l'endroit le plus logique où construire une raffinerie du point de vue commercial ou économique? À l'époque, la réponse était non et BP avait raison. Il aurait été plus judicieux de choisir un lieu situé plus près des grands marchés. On peut affirmer sans risque de se tromper que, n'eût été K.C. Irving, il n'y aurait pas de raffinerie à Saint John, au Nouveau-Brunswick. K.C. fut le seul à voir dans Saint John un emplacement logique pour une raffinerie de pétrole. Néanmoins, nous savons maintenant que Saint John possède des avantages que d'autres endroits n'ont pas, y compris Halifax, telle que la possibilité de recevoir des superpétroliers durant toute l'année

ACCROÎTRE LES ACTIVITÉS DANS LE SECTEUR PÉTROLIER ET GAZIER

K.C. AVAIT SA RAFFINERIE ET UNE INFRASTRUCTURE DE PLUS EN PLUS vaste de vente au détail qui lui permettaient de vendre un éventail grandissant de produits. Chaque fois qu'une occasion surgissait, il était prêt à bondir dessus.

Le projet de la raffinerie incita K.C. et ses fils à construire Canaport sur la baie de Fundy. L'aménagement de ces installations s'avéra un investissement fort judicieux. Il permit à de gros superpétroliers de partout dans le monde de livrer de grandes quantités de pétrole brut à la raffinerie de Saint John durant toute l'année. Il importe de souligner que, jusqu'à il y a une dizaine d'années, les trois fils participaient à la gestion de toutes les entreprises Irving. J.K. et Jack avaient leur mot à dire dans l'entreprise pétrolière et gazière et Arthur avait son mot à dire dans l'entreprise forestière et toutes les autres entreprises Irving.

La raffinerie avait maintenant la capacité de production et les produits nécessaires pour qu'Irving Oil se relance à la conquête de Terre-Neuve et pénètre davantage le marché de la Nouvelle-Angleterre. K.C. et Arthur réunirent une équipe de vente très motivée pour s'assurer de conserver le terrain gagné sur de nouveaux marchés. Dans leur biographie de K.C. Irving, How et Costello décrivent la méthode adoptée par Irving Oil pour favoriser son expansion à Terre-Neuve[25]. Il vaut la peine de revoir en détail la démarche employée, car elle illustre comment K.C.

et Arthur augmentèrent la capacité de vente au détail d'Irving Oil. De façon plus générale, elle reflète également la méthode utilisée par Irving pour accroître ses activités de vente au détail d'hydrocarbures.

K.C. Irving embaucha le gestionnaire Earl Emeneau, du comté de Lunenburg, en Nouvelle-Écosse, pour qu'il mène la charge. Emeneau passa 10 ans à Terre-Neuve, construisant des stations-service et veillant sur les intérêts d'Irving Oil dans l'île. Il embaucha des équipes et leur versa le salaire courant, et il rapporte que K.C. n'a jamais dit quoi que ce soit : « il laissait ça entre mes mains ». Les équipes d'Emeneau construisirent des stations-service et des réservoirs de stockage de Corner Brook à Harbour Grace et dans plusieurs localités entre les deux. Il entra directement en concurrence avec Imperial Oil avec l'appui sans réserve de K.C., obtenant des emplacements de choix plus souvent qu'il n'en perdait. Il travaillait en étroite collaboration avec Arthur Irving, qui se trouvait toujours à portée d'un coup de téléphone chaque fois qu'il fallait prendre une décision rapide, Charlie Van Horne, qu'il a qualifié de « maudit bon gars », et Harrison McCain, qu'il a décrit comme un boute-en-train. Emeneau eut toujours une relation de travail solide et directe avec K.C. Irving. Il a décrit K.C. comme « un homme avec qui on pouvait raisonner, un homme très raisonnable. Et peu importe à quel point vous aviez la main sale, il vous la serrait[26]. »

Arthur Irving se démena pour établir une nouvelle clientèle à Terre-Neuve auprès des pêcheurs, des propriétaires d'usine de transformation du poisson et des usines de pâte à papier. Il fit des pieds et des mains pour conquérir de nouveaux marchés, prendre soin des clients existants et surpasser la concurrence. Il était tout aussi boute-en-train que Harrison McCain et il ne limita pas ses activités à Terre-Neuve; il tenta de recruter de nouveaux clients dans toutes les régions où Irving Oil était présente.

EXPLOITER LA RAFFINERIE

Avec Arthur à ses côtés et l'assistance de Standard Oil of California–Chevron à la gestion, K.C. Irving exploitait la raffinerie, qui fonctionnait aussi rondement qu'on pouvait l'espérer. Il n'y eut que quelques accrocs. Ils érigèrent six grands réservoirs de stockage, six étant le nombre requis pour écrire six lettres bien visibles I – R – V – I – N – G sur le côté des réservoirs. À ce jour, les six lettres continuent d'attirer le regard des résidents de Saint John et des visiteurs.

Les Irving disposaient maintenant d'un bon approvisionnement de produits pour leurs stations-service, dont le nombre augmentait rapidement. La raffinerie se révéla rapidement un investissement fructueux. En deux ans seulement, les ventes d'Irving Oil passèrent de 6,9 millions de barils d'essence, de mazout et d'autres produits en 1959 à 12,5 millions de barils en 1961[27]. De plus, ils contrôlaient les deux volets de ce marché – le volet de la production de biens et l'infrastructure de vente de ces biens – et étaient prêts à avancer à toute vapeur.

Il y avait cependant un problème avec lequel toutes les raffineries de l'Est du Canada étaient aux prises. Irving Oil importait du pétrole brut du Moyen-Orient à des prix plus élevés que ceux du marché mondial. Les grandes sociétés pétrolières avaient décidé d'harmoniser leurs prix de façon à ce que leurs filiales canadiennes paient le pétrole brut plus cher, si bien que les consommateurs canadiens payaient plus cher également. Même si elle n'était pas une filiale de Standard Oil of California, Irving Oil avait tout d'une de ses filiales sauf le nom parce qu'elle avait signé un contrat d'approvisionnement en brut dans le cadre de son entente sur la construction de la raffinerie par les deux entreprises.

K.C. et Arthur se rendirent compte au début des années 1960 qu'ils payaient environ 1,12 $ de trop par baril de brut. En septembre 1962, K.C. écrivit une lettre au président de Standard Oil of California pour lui exposer le problème. Cette lettre, qui illustre le style direct de K.C., pose le problème en termes clairs et jette les bases d'une solution. Il est bon de citer un long passage cette lettre. Il y est écrit : « Lorsque nous avons conclu nos contrats originaux, nous avons convenu que les prix facturés à la société pétrolière par la raffinerie et ceux facturés à la raffinerie par votre entreprise devaient être calculés selon une formule fondée sur des prix concurrentiels sur le marché mondial. En rédigeant les contrats, votre personnel a craint qu'il n'y ait un malentendu si ces expressions étaient utilisées, et c'est pourquoi il a proposé que la formule de calcul des prix se base sur les prix affichés. À ce moment-là, les prix affichés correspondaient véritablement aux prix de vente. [...] Malheureusement, cette condition n'existe plus. Les prix affichés sont présentement maintenus artificiellement, alors que les ventes se font régulièrement à un pourcentage de ces dits prix affichés. [...] En utilisant une formule fondée sur ces critères artificiels, on a facturé à Irving Oil environ 13 776 000 $ en trop au cours des 18 derniers mois. Nous nous retrouvons maintenant dans une situation où plus nous travaillons fort pour augmenter les ventes de la société pétrolière et de la raffinerie, plus nos pertes sont élevées. [...] Nous sommes rendus au point où non seulement mes obligations personnelles envers Irving Oil et Irving Refining, mais aussi mes obligations familiales me forcent à réclamer immédiatement une formule réaliste de fixation des prix au lieu d'une formule artificielle qui ne représente plus les véritables conditions d'établissement des prix. [...] Si la tendance actuelle se maintient, nous mettrons Irving Oil et Irving Refining en faillite, et j'estime que les pertes pour ma famille s'élèvent à près de 15 000 $ par jour[28]. »

Standard Oil of California ne souhaitait pas la faillite de son partenaire et chercha des moyens de réduire le prix du pétrole brut qu'elle vendait à Irving Oil. En outre, K.C. aurait le gros bout du bâton en 1969 étant donné que le contrat original lui accordait le droit de renégocier les prix à ce moment. Le vice-président principal et le directeur financier de Standard Oil of California s'assirent à la table avec K.C. et Arthur Irving pour négocier un nouvel arrangement. Les hauts dirigeants de

Standard Oil étaient connus pour être des négociateurs coriaces, mais ils eurent affaire à des adversaires de même calibre. K.C. indiqua claire- ment dès le départ qu'il voulait un pourcentage sur les profits réalisés par Standard Oil tant sur les ventes de brut que sur le coût du transport de l'Arabie saoudite à Saint John. Il y avait des profits considérables à réaliser dans un cas comme dans l'autre. K.C. le savait, tandis que les dirigeants de Standard Oil étaient bien conscients qu'Irving Oil pou- vait tout simplement renoncer à ce contrat et se tourner vers d'autres sources d'approvisionnement. C'est à la suite de ces négociations qu'Otto Miller, président de Standard Oil, déclara : « Ce n'est pas une mince affaire que de négocier avec M. Irving[29]. » Miller, l'homme le plus jeune à avoir été nommé directeur général de la fabrication à Standard Oil, n'avait pas froid aux yeux quand venait le temps de négocier[30].

Miller souhaitait trouver une solution qui conviendrait tant à son entreprise qu'à Irving Oil. Le problème, essentiellement, c'est qu'il ne voulait pas vendre du pétrole brut à une raffinerie canadienne à un prix inférieur à celui du marché mondial. Il ne voulait pas que les profits issus de la production de pétrole brut et de son transport soient assujettis à l'impôt canadien parce que, insistait-il, le Canada n'avait rien à voir avec les profits tant de la production que du transport. Pour sa part, K.C. maintenait catégoriquement qu'Irving Oil était légitimement en droit de réclamer une part des profits générés par la production et le transport du brut. Si ces activités engendraient des profits pour l'un des deux partenaires, elles devaient tout autant en engendrer pour l'autre.

Standard Oil of California proposa une solution. Elle demanda à Irving Oil de créer une filiale non canadienne qui achèterait le pétrole brut à un prix établi dans le golfe Persique et qui assumerait les frais de transport, de sorte que le pétrole brut serait livré au prix du marché à Irving Oil à Saint John. La filiale étrangère verserait les profits à Irving Oil sous forme de dividendes. K.C. et ses fils scrutèrent attentivement les détails de la proposition avant d'y apposer leur signature. L'entente fut conclue le 28 juillet 1971, lorsque Irving Oil obtint la moitié des actions de Bomag International, une entreprise constituée en société aux Bermudes. En vertu de l'entente, Bomag achetait le pétrole brut à environ 2,00 $ le baril puis le revendait à Irving Oil à environ 3,00 $ le baril. En conséquence, les profits d'Irving Oil augmentaient généreusement. Je précise que Bomag est devenue Irvcal par la suite sans que le processus s'en trouve modifié.

Irving Oil et Standard Oil of California n'étaient pas les seules entreprises à établir une société commerciale à l'étranger, loin de là. Plus exactement, ce n'était pas un arrangement particulier accessible uniquement à Irving Oil. Standard Oil et Irving Oil firent ce que faisaient d'autres grandes pétrolières. En outre, les autorités fiscales américaines et canadiennes étaient parfaitement au courant des agissements des entreprises pétrolières entourant leurs sociétés commerciales à l'étranger.

Revenu Canada contesta l'arrangement, faisant valoir qu'Irving Oil s'en servait pour éviter de payer la totalité de ses impôts. Le Ministère allégua qu'Irvcal n'existait que pour gonfler les prix et créer des profits gonflés afin d'éviter de payer une partie de ses impôts sur le revenu. Irving Oil répondit en insistant sur le fait qu'il s'agissait d'une entreprise indépendante légitime, que le prix payé pour le brut était concurrentiel et permettait à Irving Oil de soutenir la concurrence sur le marché mondial. La Cour fédérale statua que le gouvernement avait commis une erreur en réclamant 142 millions de dollars d'impôts à Irving Oil. Revenu Canada en appela de la décision, mais les tribunaux donnèrent raison encore une fois à Irving Oil dans une décision unanime des trois juges. La Cour d'appel fédérale décida que la chaîne d'approvisionnement d'Irvcal n'était pas un trompe-l'œil, qu'il n'y avait aucune baisse indue ou artificielle de revenus et qu'Irving Oil n'avait pas payé un prix gonflé afin de réduire ses impôts, mais qu'elle avait toujours acheté le pétrole brut à un prix se situant dans la fourchette de sa juste valeur marchande[31].

POURSUIVRE LA CROISSANCE

K.C. ET SES TROIS FILS FIRENT CE QU'ILS ONT TOUJOURS FAIT LORSQUE les profits bondissent : ils réinvestirent dans leurs entreprises pour assurer leur croissance soutenue. Ils avaient à peine signé une nouvelle entente avec leur partenaire Standard Oil qu'ils décidèrent d'investir des sommes importantes dans la raffinerie de Saint John et dans la construction de nouveaux points de vente au détail.

On se souviendra que le prix du pétrole brut monta en flèche dans les années 1970 pour ensuite diminuer de façon tout aussi rapide et marquée. L'établissement des prix du pétrole brut entrait dans une ère d'incertitude. Les investisseurs et les grandes entreprises faisaient preuve de la plus grande réserve dans le secteur pétrolier. Mais pas Irving Oil. Au début des années 1970, K.C. et ses fils investirent 50 millions de dollars dans la raffinerie pour doubler sa capacité de production et 15 autres millions de dollars dans les installations en eau profonde de Canaport pour être mieux en mesure de recevoir les nouveaux super-pétroliers. Leur bilan était solide et ils n'avaient aucune difficulté à emprunter auprès des banques tant canadiennes qu'étrangères.

Encore une fois, la concurrence était convaincue qu'Irving Oil allait trop vite et voyait trop grand avec son projet d'expansion. Le marché du pétrole brut était tout sauf stable et, ainsi que l'écrit John DeMont, « c'était un pari risqué. Même les entrepreneurs européens qui travaillaient sur le chantier de la raffinerie se moquaient en privé du projet d'expansion dans un contexte de surproduction mondiale de pétrole et le qualifiaient de folie[32]. » Toutefois, le flair de K.C. Irving pour les affaires eut gain de cause. En 1977, Irving Oil possédait la plus grande raffinerie au Canada, capable de transformer 250 000 barils de brut par jour en une gamme de produits. Elle introduisit également des façons novatrices de transporter les produits. Elle accepta d'échanger des produits avec d'autres entreprises de sorte que Shell, par exemple, recevait d'Irving Oil les produits finis qu'elle vendait dans les environs de sa raffinerie de Saint John, tandis qu'Irving Oil recevait d'autres raffineries, y compris Imperial Oil, les produits destinés à la vente au Québec et en Nouvelle-Écosse.

Le gros lot pour Irving Oil, cependant, fut de réussir à accroître ses capacités de vente au détail en Nouvelle-Angleterre. La prospection d'emplacements pour y établir de nouveaux détaillants ne cessa jamais dans toutes les régions. L'entreprise pénétra de plus en plus le marché de la Nouvelle-Angleterre sans jamais perdre de vue les possibilités d'expansion au Canada atlantique et au Québec. Étant donné qu'elle avait la capacité de produire 250 000 barils par jour, ce n'était pas une mince tâche que de trouver un marché pour ses produits.

La tâche devint encore plus difficile à la fin des années 1970, lorsque le monde fut soudain inondé de produits pétroliers et gaziers. Les grandes entreprises avaient elles aussi agrandi leurs raffineries au milieu des années 1970, tellement que la capacité de production était nettement supérieure à la demande. En 1979, la raffinerie Irving ne fonctionnait qu'à 50 % de sa capacité et accusa une forte baisse des profits. Peut-être que la concurrence avait eu raison cette fois et que K.C. et ses fils avaient forcé le jeu en agrandissant la raffinerie.

Mais le vent tourna bientôt. On se souviendra que l'ayatollah Khomeiny prit la tête d'un mouvement de révolution dirigé contre le shah d'Iran, qui était soutenu par les États-Unis. Le shah s'enfuit d'Iran en janvier 1979 et le régime monarchique s'effondra quelques semaines plus tard. Le mouvement de révolution et la position anti-occidentale étaient très populaires en Iran, et le marché du pétrole brut en ressentit l'impact, qui se répercuta partout où l'on vendait du pétrole[33]. La production de brut en Iran chuta de presque cinq millions de barils, soit 7 % de la production mondiale de pétrole. Le prix du pétrole grimpa rapidement de 13 $ le baril en 1979 à 34 $ en 1980. Sur le marché au comptant, le pétrole se transigeait à un prix aussi élevé que 50 $ le baril[34]. L'Arabie saoudite et d'autres pays producteurs de pétrole ne tardèrent pas à décider d'accroître leur production.

De plus, la demande de produits pétroliers finis fit un bond. Immédiatement, la raffinerie Irving augmenta sa production après avoir reçu des appels d'acheteurs des quatre coins du monde qui étaient à la recherche de produits finis. Elle avait maintenant la capacité non seulement d'approvisionner ses propres stations-service, qui nécessitaient à l'époque 80 000 barils par jour, mais aussi de répondre à des demandes sur le marché mondial. Irving Oil vendait le reste de sa production aux États-Unis, à l'Europe de l'Ouest, au Brésil et aussi loin que Hong Kong. Irving Oil occupait maintenant en permanence une place sur le marché mondial en tant que producteur fiable de produits pétroliers finis. Les profits augmentèrent de façon exponentielle et, à nouveau, K.C. Irving et ses fils réinvestiraient les profits dans la croissance de leurs entreprises.

RETOUR EN ARRIÈRE

L'INDUSTRIE PÉTROLIÈRE ET GAZIÈRE N'EST CERTAINEMENT PAS pour les faibles. Il s'agit d'un secteur très concurrentiel qui, plus que beaucoup d'autres secteurs, doit composer avec les fluctuations marquées et imprévisibles des conditions du marché. Il faut un excellent sens des affaires, de solides ressources financières et des nerfs d'acier pour surmonter des crises politiques, conserver un équilibre entre l'offre et la demande, et exploiter une raffinerie tout en satisfaisant aux exigences élevées en matière d'entretien. Dès le départ, Irving Oil a dû faire face à de fortes variations des profits et à l'imprévisibilité de l'industrie. Elle devait aussi rivaliser avec des entreprises très rentables et beaucoup plus grandes qu'elle.

Contre l'avis d'experts de l'industrie, K.C. Irving a décidé d'établir sa raffinerie à Saint John. Jamais K.C. n'a-t-il douté de sa décision. Certains experts de l'industrie estimaient également que c'était une erreur de lancer un ambitieux programme d'expansion de la raffinerie alors que le monde était inondé de pétrole. Encore une fois, K.C. n'a jamais douté de sa décision. Parce qu'Irving Oil est une société privée, elle était mieux en mesure d'affronter les hauts et les bas que les sociétés cotées en bourse. K.C. pouvait faire fi de la pression des rapports trimestriels et des actionnaires. Ses fils et lui étaient libres d'utiliser les profits comme bon leur semblait. Ils ont choisi d'utiliser les profits pour atténuer les sommets et les creux que traversait l'industrie pétrolière et gazière et, avec le temps, ils ont augmenté leur capacité de production et leur infrastructure de vente au détail.

Irving Oil a continué de chercher à accroître le nombre de ses points de vente. Elle n'a jamais abandonné. Ce faisant, elle a conservé un mode de fonctionnement allégé, évitant de créer plusieurs niveaux de gestion. Si quelqu'un à Terre-Neuve ou en Nouvelle-Écosse éprouvait un problème ou une difficulté, un simple coup de téléphone à l'immeuble Golden Ball à Saint John avait tôt fait de le régler.

Il y a une chose qui est demeurée constante : la décision des Irving de rester à Saint John et au Nouveau-Brunswick pendant qu'ils faisaient croître leurs entreprises. K.C. a décidé d'y construire sa raffinerie parce que c'est là qu'il habitait et récemment, comme nous le verrons plus loin, Arthur Irving a décidé de construire un nouveau siège social à Saint John pour la même raison : parce que c'est là qu'il habite.

Notes

1   Voir, par exemple, Douglas How et Ralph Costello, *K.C.: The Biography of K.C. Irving* (Toronto : Key Porter, 1993).

2   *Ibid.*, 77.

3   *Ibid.*, 78.

4   Harrison McCain dans une entrevue accordée à James Downey le 19 février 2001, 17 (traduction libre).

5   Cité dans Paul Waldie, *A House Divided: The Untold Story of the McCain Family* (Toronto : Viking, 1996), 38.

6   *Ibid.*, 37.

7   Témoignage d'Otto Miller tel que cité dans le mémoire des faits et du droit de l'appelant (« Respondent's Memorandum of Fact and Law ») dans les archives de la Cour d'appel fédérale. La décision du tribunal dans l'appel du gouvernement fédéral, *The Queen v. Irving Oil Limited*, est rapportée sous l'intitulé 91 Dominion Tax Cases 5106 (E.C.A.) (Feb. 18, 1991).

8   Entrevue avec Downey, 18-19 (traduction libre).

9   *Ibid.*, 17 (traduction libre).

10 Tel est le point de vue formulé par Harvey Sawler dans *Twenty-First-Century Irvings* (Halifax : Nimbus, 2007), 12.

11 Vernon Oickle, *I'm Movin' On: The Life and Legacy of Hank Snow* (Halifax : Nimbus, 2014).

12 Irving Oil, « Comment a commencé l'histoire de Big Stop », s.d., irving24.com/fr/OurNetwork/BigStops/.

13 Oickle, *I'm Movin' On*.

14 Mike Dunn, « Archie Moore's Most Memorable Triumph », *BoxingScene*, 23 juillet 2004, boxingscene.com/archie-moores-most-memorable-triumph--1448, et Greg Smith, « Moore vs. Durelle 2: The Night Sugar Ray Robinson Got Lucky », *The Sweet Science*, 18 juin 2005, google.com/search?client=firefox-b-d&q=the+night+sugay+ray+robinson+got+lucky (traduction libre).

15 *Ibid.* (traduction libre).

16 How et Costello, *K.C.*, 307.

17 *Ibid.*, 77.

18 *Ibid.*, 88 (traduction libre).

19 *Ibid.*, 140 (traduction libre).

20 C'est ce que m'a dit Arthur Irving, qui assistait à la rencontre.

21 Ed Shaffer, « Commission royale d'enquête sur l'énergie », *L'Encyclopédie canadienne*, 7 février 2006, thecanadianencyclopedia.ca/fr/article/commission-royale-denquete-sur-lenergie.

22 How et Costello, *K.C.*, 142.

23 *Ibid.*, 142-143.

24 Cité dans *ibid*, 141 (traduction libre).

25 *Ibid.*, 139.

26 Cité dans *ibid.*, 138 (traduction libre).

27 John DeMont, *Citizens Irving: K.C. Irving and His Legacy* (Toronto : McClelland and Stewart, 1992), 119.

28 La lettre a été reproduite dans *ibid.*, 119-120 (traduction libre).

29 Waldie, *A House Divided*, 234 (traduction libre).

30 « Otto N. Miller, 79; Former Chevron Corp. Chairman », *Los Angeles Times*, 6 février 1988, latimes.com/archives/la-xpm-1988-02-06-mn-10542-story.html.

31 *Irving Oil Ltd. v. Minister of National Revenue* (1988), 16 F.T.R. 253 (TD).

32 DeMont, *Citizens Irving*, 125 (traduction libre).

33 Voir, entre autres, Nikki Keddie, *Modern Iran: Roots and Results of Revolution* (New Haven : Yale University Press, 2006).

34 Samantha Gross, « What Iran's 1979 revolution meant for US and global oil markets » (Washington : Brookings Institution), 5 mars 2019.

CHAPITRE 4

« ON FAIT TOUT À PARTIR DU NOUVEAU-BRUNSWICK »

V OILÀ CE QUE K.C. A DIT EN ENTREVUE LORSQU'ON LUI A demandé pourquoi il n'avait pas déménagé en Alberta et investi dès le début dans l'exploration pétrolière dans l'Ouest[1]. Arthur Irving m'a dit exactement la même chose à maintes reprises. K.C. et Arthur Irving sont tous deux profondément attachés aux Maritimes, ce que beaucoup de citoyens des Maritimes ne reconnaissent pas toujours à sa juste valeur.

J'ai publié de nombreux ouvrages sur le développement économique du point de vue du Canada atlantique. Comme je l'ai mentionné, j'ai également préparé, à la demande de l'ancien premier ministre Brian Mulroney, un rapport d'examen de l'approche choisie par le gouvernement fédéral pour favoriser le développement économique au Canada atlantique, qui a mené à la création de l'Agence de promotion économique du Canada atlantique (APECA). À plusieurs occasions, j'ai documenté les effets négatifs que les politiques nationales ont eus pour le Canada atlantique et qu'elles continuent d'avoir. J'ai aussi abondamment écrit au sujet de l'incapacité de nos institutions politiques et administratives nationales de s'adapter aux conditions économiques des régions du Canada[2]. Contrairement à toutes les autres fédérations, y compris les États-Unis, l'Allemagne et la Russie, les institutions politiques du Canada ne comprennent pas une Chambre haute qui parle au nom de toutes les régions.

Il s'agit d'une situation étrange, voire inédite pour une fédération que l'attribution du pouvoir politique au sein de ses institutions nationales se décide uniquement sur la base du nombre de sièges qu'un parti politique détient dans une seule entité, en l'occurrence la Chambre des communes au Canada. C'est pourtant le cas, bien que le Canada soit le deuxième pays du monde en superficie et qu'il compte au moins six économies régionales distinctes. La Russie, le plus vaste pays du monde, possède une Chambre haute efficace, le Conseil de la Fédération, qui défend les régions. La même chose vaut aussi pour d'autres fédérations, y compris l'Australie, qui, comme le Canada, a un système parlementaire inspiré de celui de Westminster.

K.C. et Arthur Irving n'ont jamais hésité à défendre les intérêts économiques de leur région et à montrer du doigt les politiques nationales pour expliquer un grand nombre des difficultés économiques de la région. Leur détermination à se porter à la défense du Canada atlantique, leur sens des affaires et leur capacité de résister à la force de gravité expliquent l'admiration que j'ai pour ce qu'ils ont accompli. Ils ont tous deux exprimé leur point de vue chaque fois qu'ils constataient que les politiques du gouvernement fédéral entravaient le développement économique dans notre région. En fait, nous avons tous fait entendre le même son de cloche. À l'instar de K.C. et d'Arthur, je me suis exprimé au nom de notre région tout au long de ma carrière. Leur voix a toutefois nettement plus d'importance pour beaucoup plus de gens que la mienne, parce qu'ils sont responsables de milliers d'emplois du secteur privé dans ma province et dans tout le Canada atlantique.

LE PROBLÈME, C'EST OTTAWA

A<small>U</small> N<small>OUVEAU</small>-B<small>RUNSWICK</small>, <small>ON CROIT TROP SOUVENT QUE</small> : « <small>LIBÉRAL</small>
un jour, libéral toujours », ou « conservateur un jour, conservateur
toujours ». On se rappellera que le premier ministre J.B.M. Baxter
décida que K.C. était un libéral parce que son père, J.D. Irving, était
connu pour être un partisan du Parti libéral. En conséquence, K.C. vit
ses relations d'affaires avec le gouvernement provincial diminuer au
début des années 1930.

Le Parti libéral a détenu le pouvoir à Ottawa durant près de 60 des
85 dernières années. K.C. s'est toujours rendu à Ottawa à titre d'homme
d'affaires, cependant, non en tant que libéral, ayant appris dans les
années 1930 que les affaires et la politique ne font pas toujours bon
ménage. Il se rendait à Ottawa pour exercer des activités commerciales mais, beaucoup plus souvent, pour traiter des conséquences
négatives que des politiques fédérales proposées entraîneraient pour
ses entreprises et le Canada atlantique. Ses biographes écrivent qu'il
ne s'est jamais senti chez lui à Ottawa. Ils ajoutent qu'« il considérait
Ottawa comme un instrument de projection de la volonté du Centre
du Canada et comme une source de difficultés pour les provinces de
l'Atlantique[3] ».

J'ai eu de nombreuses discussions avec Arthur Irving au cours des 10 à
15 dernières années au sujet des affaires, de la politique et du Canada
atlantique. Je ne sais pas à ce jour s'il est libéral ou conservateur. Je me
souviens d'avoir parlé avec lui de quelqu'un que nous connaissions tous
deux et qui était un partisan connu du Nouveau Parti démocratique
(NPD). Son commentaire : « Il a probablement réfléchi longuement
avant d'appuyer le NPD. Il a ses raisons, que je respecte. » Même s'il
s'agissait d'une conversation privée et si nous étions seuls lui et moi dans
la pièce, il n'a exprimé aucune opinion positive ou négative sur le NPD
ou ses politiques. Je l'ai souvent entendu émettre des commentaires
positifs à propos de politiciens libéraux, y compris Frank McKenna,

et de politiciens progressistes-conservateurs, y compris David Alward. J'ai l'impression que les chefs de parti et leurs politiques sont plus importants pour Arthur Irving que les partis politiques.

En somme, Arthur Irving envisage la situation du point de vue des affaires. La politique partisane n'offre aucun intérêt pour lui. Il estime lui aussi que les gouvernements, en particulier le gouvernement fédéral, font parfois obstacle au développement économique dans le Canada atlantique. Au chapitre du développement économique, en particulier dans le fédéralisme canadien, l'histoire se répète. K.C. mena une chaude lutte pour la construction du canal de Chignectou et, 60 ans plus tard, Arthur a livré la même bataille pour l'oléoduc Énergie Est. On peut aisément établir des parallèles entre les deux initiatives, étant donné que toutes deux se sont soldées par un échec, malgré la forte croissance économique qu'elles auraient générée dans la région si elles avaient été menées à terme avec succès.

LE CANAL DE CHIGNECTOU

Pour bien des résidents des Maritimes, l'incapacité ou plutôt le refus du gouvernement fédéral de construire le canal de Chignectou illustre parfaitement ce qui ne va pas dans les institutions nationales du Canada. L'attitude du gouvernement fédéral dans ce dossier démontre que K.C. avait raison lorsqu'il a affirmé qu'Ottawa était « un instrument de projection de la volonté du Centre du Canada ».

Nous devons remonter dans le temps pour bien comprendre comment les choses se sont passées. À l'époque des négociations entourant la Confédération (1864-1867), le chemin de fer et les canaux étaient les composantes essentielles du réseau de transport du pays et de son infrastructure de développement économique. On considérait en 1867 que les canaux étaient un bien public qui revêtait une importance militaire et commerciale[4].

Les délégués à la Conférence de Québec, à commencer par ceux de l'Ontario et du Québec, avaient leurs projets préférés. Pour les délégués des Maritimes, la construction du canal de Chignectou venait en tête de liste. Puisque le chemin de fer et les canaux étaient les ingrédients indispensables à l'époque pour créer les conditions de la prospérité économique, le canal de Chignectou présentait un potentiel énorme pour la région des Maritimes. Jacques de Meulles fut le premier à proposer la construction d'un canal à travers l'isthme de Chignectou en 1686. Au fil du temps, le projet du canal de 30,5 kilomètres fit l'objet de 12 études techniques et de trois commissions royales et aucune ne mit en doute sa faisabilité[5]. Il fut entendu entre les représentants du Canada et ceux des Maritimes à la Conférence de Québec en 1864 que la construction du canal de Chignectou faisait partie de l'accord sur la Confédération. Tous convinrent alors, et pendant plus d'un siècle par la suite, que l'isthme de Chignectou posait un « obstacle qui [...] a entravé le plein développement économique du Canada, en particulier celui de la région de l'Atlantique[6] ».

Les choses prirent toutefois une tournure différente après la Confédération. Certes, la construction et la reconstruction de canaux demeurèrent une priorité du nouveau gouvernement fédéral à Ottawa. *L'Encyclopédie canadienne* explique : « Après la Confédération de 1867, le transport intérieur devient une des priorités du nouveau gouvernement. Les années 1870 et 1880 voient la reconstruction et le réaménagement des canaux. Ainsi, les écluses du canal de Grenville, troisième des canaux de l'Outaouais, sont enfin reconstruites et ne causent plus d'embouteillages. Le nouveau canal Carillon remplace le précédent de même que le canal à écluse simple appelé chute à Blondeau. Toutes les écluses des canaux de Lachine et du Saint-Laurent sont alors reconstruites selon les dimensions normalisées [...] Le troisième canal Welland, nettement amélioré par rapport au second, est terminé en 1887[7]. » Il n'est nullement question du canal de Chignectou dans l'encyclopédie.

Néanmoins, jusqu'au milieu des années 1960, les députés des Maritimes rappelaient continuellement au gouvernement fédéral les engagements pris au cours des négociations ayant mené à la Confédération. Amos Edwin Botsford, entre autres députés du Nouveau-Brunswick et de la Nouvelle-Écosse, déclara au Parlement que les délégués aux conférences de Québec et de Londres s'étaient servis du canal de Chignectou pour inciter le Nouveau-Brunswick à se joindre à la Confédération[8]. Personne ne contesta son point de vue.

Malgré les importantes ressources que le gouvernement fédéral affecta à la construction et au réaménagement de canaux peu après la création du pays en 1867, et bien que le projet du canal de Chignectou ait fait partie des discussions à l'origine de la Confédération, ce canal ne figura jamais sur la liste des « choses à faire » du gouvernement. En revanche, tous les autres grands canaux du Centre du Canada se retrouvèrent sur cette liste. Pour traiter les diverses demandes formulées, le gouvernement Macdonald institua en 1870 une commission royale présidée par sir Hugh Allan pour étudier les projets de construction de canaux et déterminer les priorités.

La Commission des canaux ou Commission Allan divisa ses recommandations entre les travaux de première, de deuxième, de troisième et de quatrième classe. La première classe englobait les travaux dans lesquels « l'intérêt général du pays » était évident et qui, en conséquence, devaient être « entrepris et exécutés aussitôt que le gouvernement en aura les moyens[9] ». Le canal de Chignectou figurait parmi les projets de première classe.

La Commission rapporta que « [t]ous ceux qui ont été consultés insistent avec une force et une unanimité remarquables sur la nécessité d'ouvrir une voie au commerce entre le golfe St. Laurent et la tête de la baie de Fundy, à travers l'isthme de Chignectou qui les divise[10] ». La Commission demanda l'avis d'un expert sur la faisabilité de la construction du canal. G.S. Gzowski, commissaire des canaux, déclara : « Ayant examiné tous les rapports existant au sujet de ce canal et porté toute mon attention à l'étude de cette question, je suis parfaitement convaincu que le plan de M. Keefer est praticable, avec ou sans une alimentation d'eau douce, et qu'un canal ayant les dimensions que les commissaires ont décidé de recommander peut être construit pour la somme indiquée dans l'estimation[11]. »

Tous les canaux qui faisaient partie du groupe de première classe furent rapidement construits sauf un, celui de Chignectou, que la Commission Allan avait pourtant appuyé fortement. Certains faits donnent à penser que le projet du canal de Chignectou fut pris dans des conflits et des jalousies au sein de la bureaucratie à Ottawa. Bien que les appels d'offres pour sa construction aient été lancés, le projet fut bloqué dans le système bureaucratique fédéral. Les bureaucrates à Ottawa voyaient aisément l'importance du canal Rideau pour l'économie locale; ils n'avaient qu'à regarder par la fenêtre pour la constater. Mais leur vision était beaucoup plus embrouillée quand ils regardaient le canal de Chignectou. Pour une raison ou une autre, le canal de Chignectou ne se rendit jamais à l'étape de la planche à dessin sous le gouvernement Macdonald.

Le gouvernement Mackenzie, porté au pouvoir en 1873, réserva des fonds pour la construction du canal de Chignectou dans ses prévisions de dépenses. La crise économique des années 1870 l'obligea cependant à réduire ses dépenses, et le canal de Chignectou fut victime des compressions[12]. Les députés des Maritimes ne perdirent toutefois pas intérêt dans le canal et continuèrent de réclamer sa construction pendant les quelque 90 années suivantes.

En réponse aux pressions soutenues des députés des Maritimes, le gouvernement Mackenzie nomma une autre commission en 1875 pour étudier la faisabilité du canal de Chignectou. Il y a lieu de souligner que la commission de 1875 et son rapport n'étaient que les deuxièmes de nombreux autres qui se penchèrent sur le canal et qui furent réalisés jusqu'au milieu des années 1960. Toutes ces commissions rapportèrent que la construction du canal était possible selon des critères d'ordre climatique et technique[13], mais il y avait toujours une raison de ne pas aller de l'avant. Les raisons avancées avaient trait surtout aux coûts, même si les coûts ne furent jamais un problème pour la construction de tout autre canal inclus dans la liste de la Commission Allan.

Les Provinces maritimes conclurent qu'elles ne pouvaient plus attendre que le gouvernement fédéral honore sa promesse de construire le canal. Elles demandèrent à l'ingénieur en chef, H.G.C. Ketchum, de leur soumettre une nouvelle proposition qu'elles pourraient soutenir et de trouver des appuis supplémentaires au projet. Ketchum recueillit des fonds auprès de sources privées et obtint en 1882 une charte pour fonder la Chignecto Marine Transport Railway Company. Le gouvernement fédéral accepta de lui verser une subvention annuelle de 150 000 $ pendant 25 ans à condition que le canal soit en service dans un délai de quelques années. Le gouvernement fédéral avait ainsi la possibilité de confier au secteur privé la responsabilité de construire le canal de Chignectou, ce qu'il n'avait pas fait dans le cas des autres canaux de la liste de la Commission Allan[14].

Ketchum réussit à amasser des fonds au Royaume-Uni et put s'engager à fournir 4 000 000 $ pour la construction du canal de Chignectou, mais il n'eut pas les fonds suffisants pour terminer le projet à temps. L'un des investisseurs britanniques dut se retirer du projet après l'effondrement des marchés financiers en Angleterre en 1890 et parce que ses investissements en Uruguay et en Argentine avaient mal tourné[15]. Ketchum avait rassemblé et dépensé 3,5 millions de dollars dans le projet en 1896, et 80 % des travaux avaient été réalisés. Il avait besoin de 1,5 million de dollars supplémentaires et d'environ deux mois pour mener les travaux à terme. Un projet de loi visant à prolonger le délai imparti à Ketchum pour recueillir de nouveaux fonds fut rejeté par une seule voix aux Communes lors d'un vote de 55 contre 54[16]. Comme il est trop souvent arrivé lorsqu'il s'agit d'enjeux régionaux importants, le Sénat ne joua aucun rôle dans la décision.

Les politiciens des Maritimes n'étaient toujours pas prêts à laisser mourir le projet. L'économie des Maritimes ne cessait de perdre du terrain par rapport au Canada central, en particulier au tournant du siècle dernier. L'une des raisons du ralentissement de leur économie était, comme nous l'avons noté, les coûts de transport prohibitifs des marchandises vers le marché protégé du centre du pays. De nombreux habitants de la région croyaient que le canal de Chignectou offrait une solution ou un moyen pour la région de demeurer concurrentielle.

La montée du Mouvement des droits des Maritimes et les appels répétés des députés de la région à régler la question incitèrent la Chambre des communes à adopter la résolution suivante en 1929 : « En conséquence, la Chambre est d'avis qu'il serait opportun que le gouvernement fédéral prenne des mesures immédiates pour faire une autre enquête sur ledit projet, sur la possibilité de l'exécuter, sur le coût de construction, sur les avantages économiques nationaux qui résulteraient de la construction d'un canal pour les navires à travers l'isthme de Chignectou et réunissant les eaux de la baie de Fundy avec les eaux du golfe Saint-Laurent, et que l'on devrait insister auprès du gouvernement pour que des études soient faites dans le plus court délai possible[17]. » Deux ans plus tard, le gouvernement Mackenzie King y donnait suite en établissant une autre commission pour étudier le projet de construction du canal de Chignectou. Cette commission déposa son rapport au cours de la crise économique des années 1930, à un bien mauvais moment. Elle n'en affirmait pas moins : « À la lumière de notre étude approfondie, nous estimons que le projet est physiquement faisable[18]. » Elle conclut également que le canal n'aurait aucun effet négatif sur la pêche dans la région[19].

La commission émit néanmoins un certain nombre de réserves. La première avait trait aux coûts, qu'elle estimait entre 23 et 38 millions de dollars, selon la profondeur et la largeur du canal. Une autre concernait l'impact du canal sur le réseau ferroviaire canadien, notamment la perte de trafic ; la commission rappela au gouvernement que la construction du réseau ferroviaire avait coûté très cher aux contribuables. En outre, le gouvernement accordait une subvention à la région pour fournir des services ferroviaires en vertu de la Loi sur les taux de transport des marchandises dans les provinces Maritimes[20]. Par ailleurs, la commission étudia la possibilité d'exploiter la force hydraulique en captant l'énergie des marées de la baie de Fundy. Elle conclut qu'il était possible de conjuguer les ouvrages de navigation et le projet de production d'énergie le long du canal, mais que les coûts seraient très élevés, soit huit millions de dollars additionnels au coût total du projet de navigation[21]. La commission, dont le président était originaire du Centre du Canada, d'où elle était gérée, fit remarquer que peu de gens avaient assisté à l'audience tenue dans la région et que son enquête n'y avait pas suscité beaucoup d'intérêt[22].

Tous les membres du personnel de la commission étaient issus de la bureaucratie d'Ottawa. George W. Yates, secrétaire de la commission, était le sous-ministre adjoint du ministère des Chemins de fer et Canaux. Les autres membres du personnel faisaient partie du service technique de ce ministère. Très peu de personnes qui participèrent aux travaux de la commission avaient des liens avec la région des Maritimes. Arthur Surveyer, un ingénieur de Montréal, présidait la commission, dont les autres membres comprenaient David Robb, d'Amherst, en Nouvelle-Écosse, et John F. Sowards, de Kingston, en Ontario. Robb, seul membre de la commission qui était originaire des Maritimes et qui connaissait bien la région, formula une opinion dissidente, que ses collègues rapportèrent dans les termes suivants : « Ayant eu des occasions spéciales non seulement d'examiner les rapports techniques précédents, mais aussi de voir de près les caractéristiques physiques des lieux puisqu'il a habité toute sa vie à cet endroit, il est d'avis que le tracé Minudie–La Planche serait beaucoup plus avantageux que le parcours de la Missaguash recommandé par les ingénieurs et approuvé par ses collègues commissaires [...] Il croit qu'il serait possible de construire un canal sur le tracé Minudie–La Planche à un coût bien inférieur à celui présentement estimé[23]. »

La commission reconnut que le coût total de la construction des canaux entre le fleuve Saint-Laurent et les Grands Lacs se chiffrait à près de 260 millions de dollars, un montant beaucoup plus élevé que le coût d'aménagement du canal de Chignectou. Elle expliqua cependant que, « dans le cas des Grands Lacs, les canaux sont une nécessité nationale; dans le cas de Chignectou, la construction d'un canal serait simplement une amélioration des installations actuelles et aurait surtout une importance locale[24] ». Elle ne précisa jamais ce qu'elle entendait par une « amélioration des installations existantes » ou comment elle faisait la distinction entre « nécessité nationale » et « importance locale ».

Cet argument semblait logique au président, qui était de Montréal, au deuxième membre de la commission, originaire de Kingston, et à tout le personnel de la commission, qui venait d'Ottawa. Il ne semblait pas logique à son seul membre originaire des Maritimes. Du point de vue d'Ottawa, la Voie maritime du Saint-Laurent était un projet national tandis que la construction du canal de Chignectou n'était qu'un projet régional. Du point de vue du Nouveau-Brunswick, le canal de Chignectou est un projet national tandis que la Voie maritime du Saint-Laurent est un projet régional conçu pour profiter à l'Ontario et au Québec. La différence, c'est que l'Ontario et le Québec ont le poids politique et l'influence bureaucratique qui leur permettent de déterminer ce qui est national et ce qui est régional. Le Canada atlantique et l'Ouest canadien n'ont pas ce poids politique, comme l'histoire l'a trop souvent démontré.

K.C. REVIENT À LA CHARGE

LES DIRIGEANTS POLITIQUES ET ÉCONOMIQUES DES MARITIMES n'étaient toujours pas disposés à renoncer au canal de Chignectou. Rappelons que les dépenses d'infrastructure étaient en vogue durant la période qui suivit la Seconde Guerre mondiale. On amorça la construction de la route Transcanadienne en 1950. En 1951, le Parlement adopta la *Loi sur l'aménagement de l'énergie des rapides*

internationaux pour permettre au Canada d'entreprendre la construction d'ouvrages de navigation sur le Saint-Laurent, de Montréal au
lac Ontario. En 1954, une loi du Parlement créa l'Administration de la
voie maritime du Saint-Laurent, une société d'État chargée d'acquérir
des terres en vue de construire et d'exploiter une voie navigable entre
Montréal et le lac Érié. Au bout du compte, la construction coûta
470,3 millions de dollars, dont 336,5 furent versés par le Canada et
133,8 millions, par les États-Unis. La Voie maritime du Saint-Laurent,
qui relie les Grands Lacs aux marchés mondiaux, fut achevée en 1959[25].
D'autres initiatives furent lancées plus tard, y compris la construction
d'une nouvelle section du canal Welland pour contourner la ville de
Welland au coût de 300 autres millions de dollars pour le gouvernement canadien. Le Canada et les États-Unis dépensèrent 600 millions
de dollars supplémentaires dans le secteur de l'aménagement hydroélectrique[26]. Tous ces projets eurent des répercussions négatives sur
les ports des Maritimes, notamment ceux d'Halifax et de Saint John.

Corey Slumkoski a rapporté que le projet de la Voie maritime du
Saint-Laurent provoqua dans les Maritimes un regain d'intérêt pour
la construction du canal de Chignectou. Tout comme la Voie maritime
du Saint-Laurent, le canal de Chignectou offrirait également une nouvelle source d'énergie hydroélectrique à la région grâce à l'exploitation
des marées de la baie de Fundy. Les études montrèrent que le canal
raccourcirait d'environ 640 kilomètres les routes de navigation entre
l'intérieur du continent et la côte est des États-Unis.[27] Compte tenu
des investissements « massifs » que le gouvernement avait effectués
par le passé dans les canaux en Ontario et dans le Saint-Laurent, tous
financés par les « coffres fédéraux », les habitants des Maritimes
se demandaient pourquoi il était impossible pour le gouvernement
d'engager des fonds dans la construction du canal de Chignectou. Du
point de vue des Maritimes, les dépenses du gouvernement fédéral
continuaient d'être destinées aux projets d'« importance nationale »
tels que définis par Ottawa[28].

Les résidents des Maritimes accordaient une grande attention à ce qu'Ottawa faisait dans le centre du pays et ne faisait pas dans leur propre région. C.C. Avard, le rédacteur en chef du *Sackville Tribune-Herald*, écrivit : « L'Ontario a ses canaux, pourquoi pas les Maritimes[29]? » Alfred J. Brooks, un député fédéral du Nouveau-Brunswick, prit la parole aux Communes le 9 juin 1948 pour souligner : « Il est bien beau de réclamer pour l'Ontario des endroits où effectuer des excursions de plaisir, où jouir d'un panorama enchanteur, où se livrer à la natation, mais nous, dans les provinces Maritimes, réclamons des canaux qui seront utiles à la fois aux provinces et à l'ensemble du Canada[30]. » Le député progressiste-conservateur fédéral Percy Black, de la Nouvelle-Écosse, déclara que « [l]es membres de la Chambre et du Gouvernement sont prêts à affecter 500 millions de dollars à la canalisation du Saint-Laurent, mais la Nouvelle-Écosse, l'Île du Prince-Édouard et le Nouveau-Brunswick sont négligés[31] ».

Des entreprises et des dirigeants communautaires locaux formèrent un comité du canal de Chignectou pour promouvoir le projet[32]. Le comité commanda des études en vue de défendre le projet auprès du gouvernement fédéral. Le travail du comité reçut l'appui de nombreux intéressés des quatre provinces de l'Atlantique, à commencer par les deux localités voisines de Sackville, au Nouveau-Brunswick, et d'Amherst, en Nouvelle-Écosse, les chambres de commerce locales et les principaux chefs d'entreprise de la région, notamment K.C. Irving.

Les dirigeants d'entreprises locales firent valoir qu'il leur était difficile de vendre leurs produits sur le marché du Centre du Canada et les marchés internationaux en raison des tarifs nationaux et des barrières commerciales. Arthur Irving m'a dit que K.C. souligna que les entreprises des Maritimes avaient une grosse « côte à monter » pour pousser leurs produits sur les marchés du Canada central, tandis que les entreprises du Canada central n'avaient qu'à donner une petite poussée pour faire descendre leurs produits jusqu'aux Provinces maritimes. Le comité du canal de Chignectou soutenait que tous les secteurs de l'économie du Canada atlantique profiteraient du canal, ce qui revenait à dire essentiellement que le canal créerait les conditions nécessaires à la réussite économique de la région, un peu comme la Voie maritime du Saint-Laurent le faisait dans le centre du pays.

Le comité indiqua également que le canal générerait de nouvelles activités économiques autour de vastes gisements de zinc et de cuivre dans le Nord du Nouveau-Brunswick et dans l'industrie forestière, les pêches, le charbon et les secteurs manufacturiers. La construction du canal atténuerait considérablement les désavantages pour le transport des produits vers la côte est des États-Unis et les marchés du Canada central, ce qui se traduirait par une amélioration du rendement économique de la région. Les bienfaits pour le transport maritime, conjugués aux nouvelles sources d'énergie, auraient des retombées économiques importantes non seulement pour les Provinces maritimes, mais aussi pour Terre-Neuve et même pour l'Ontario et le Québec. K.C. Irving promit d'investir 100 millions de dollars – ou quelque 815 millions de dollars en dollars de 2019[33] – dans de nouvelles activités économiques dans la seule région de la baie de Fundy si l'on construisait le canal[34].

Fort des expériences passées, le comité prit soin de souligner également les avantages qui en découleraient pour le centre du pays. Il expliqua que le canal procurerait aussi de nouveaux débouchés aux entreprises de l'Ontario et du Québec en réduisant les frais de transport entre le Canada central et la côte est américaine. Le comité rappela à Ottawa que les 10 enquêtes ayant porté sur le canal de Chignectou depuis la Confédération avaient toutes conclu qu'il était réalisable.[35] Il rappela aussi à Ottawa que la Commission royale d'enquête présidée par Hugh Allan en 1870 avait formulé ses recommandations en distinguant les travaux de première, deuxième, troisième et quatrième classes. La première classe comprenait « tous les travaux qui, dans l'intérêt général du pays, devaient être entrepris et exécutés aussitôt que le gouvernement en aurait les moyens ». Le canal de Chignectou, nous l'avons noté, figurait parmi les 12 projets inclus dans la première classe[36].

Le comité énuméra en détail les retombées potentielles de la construction du canal de Chignectou :

1) Le canal de Chignectou fournirait aux navires une voie de passage entre les régions de la baie de Fundy et du détroit de Northumberland, à un coût d'environ 90 millions de dollars selon une estimation de la Foundation of Canada Engineering Corporation Limited.

2) Le canal donnerait directement lieu à un investissement de plus de 105 millions de dollars dans de nouvelles entreprises dans la région de Fundy [...] L'élan que ce nouvel investissement insufflerait à l'industrie régionale fait du canal de Chignectou un projet de développement majeur qui bénéficierait principalement à la région de l'Atlantique. Les nouvelles usines construites en raison de la présence du canal de Chignectou se traduiraient par une augmentation permanente de la production annuelle dans les provinces de l'Atlantique estimée à 280 millions de dollars.

3) La phase de construction du canal pourrait entraîner une hausse temporaire des revenus des Canadiens de 300 millions de dollars, dont 160 millions pourraient être dépensés dans les provinces de l'Atlantique.

4) Pour le Canada, le coût net de cette initiative visant à améliorer la situation déplorable de l'économie des provinces de l'Atlantique pourrait être plus que compensé par l'augmentation des revenus dans la région.

5) Le canal serait un prolongement naturel de la Voie maritime du Saint-Laurent, qu'il relierait avec une route abritée pour le transport maritime sur la côte atlantique. Il serait possible d'utiliser des bateaux de type laquier sur la nouvelle voie navigable, qui coûtent moins cher à construire et à exploiter que les navires habituellement utilisés pour naviguer sur l'océan.

6) Il semble probable que l'immense potentiel énergétique des marées dans la partie est de la baie de Fundy sera exploité économiquement dans l'avenir. Une telle exploitation est possible sans entrer en conflit avec la construction et l'exploitation du canal.

7) La Commission royale Surveyer avait produit un rapport favorable au projet dans les années 1930 sur les plans climatique et technique mais, en raison de la récession économique, elle recommanda que la construction du canal soit mise en veilleuse jusqu'à ce que les conditions y soient propices. La construction de la Voie maritime du Saint-Laurent et les avantages économiques actuels qu'offre le canal contribuent à faire du projet une initiative très souhaitable pour aider les économies en récession des provinces de l'Atlantique[37].

Comme on le sait, Ottawa ne se rangea pas aux arguments du comité. Lionel Chevrier, le puissant ministre des Transports, représentant le Québec, exprima clairement son opposition au canal de Chignectou à chaque occasion. Si un ministre responsable – en particulier un ministre aussi influent que Chevrier – qui représentait une province où résidait également le premier ministre n'appuyait pas un projet qui relevait de sa responsabilité dans les années 1950 (ou avant que la concentration du pouvoir ne devienne la façon de fonctionner à Ottawa[38]), les chances étaient très minces que ce projet voie le jour. Chevrier était persuadé que le canal de Chignectou minerait l'importance de son projet de la Voie maritime du Saint-Laurent et il épousa tous les arguments contre le canal de Chignectou, affirmant que son coût était trop élevé[39].

Pour ajouter l'insulte à l'injure, dans les années 1980, le gouvernement fédéral annula une dette de plus de 500 millions de dollars de la Voie maritime du Saint-Laurent, qui n'a jamais couvert ses frais[40]. Pour quelqu'un des Maritimes, l'argent n'est jamais un problème quand il s'agit de construire des infrastructures dans le Centre du Canada, mais il l'est toujours pour les gens du Québec et de l'Ontario lorsqu'il s'agit d'en construire dans les Provinces maritimes, en particulier lorsque de telles infrastructures sont susceptibles d'aller à l'encontre des intérêts économiques du Centre du Canada.

Lors d'une conversation privée, des politiciens fédéraux de premier plan dirent à K.C. Irving que, s'ils étaient réélus, ils appuieraient la construction du canal de Chignectou. C.D. Howe lui dit la même chose en 1957, peu avant la défaite du gouvernement de Louis St-Laurent[41]. John Diefenbaker lui raconta la même histoire avant que son gouvernement ne subisse le même sort en 1963[42]. Les hommes et les femmes politiques ont tendance à avoir beaucoup moins de difficulté à prendre des engagements politiques en période électorale que derrière leurs bureaux une fois qu'ils ont remporté l'élection et qu'il faut faire des compromis qui sont susceptibles d'offenser les provinces densément peuplées de l'Ontario et du Québec.

K.C. fit tout ce qu'il put pour que la construction du canal de Chignectou se concrétise. Il prononça un discours devant la Chambre de commerce sur la question, chose qu'il faisait très rarement. Selon les ingénieurs, les coûts de construction s'élèveraient à 90 millions de dollars, un montant modeste comparativement à la Voie maritime du Saint-Laurent. La leçon que K.C. en tira fut qu'Ottawa allait toujours veiller aux intérêts économiques du Canada central avant ceux du Canada atlantique. Le canal de Chignectou était peut-être précurseur du projet de l'oléoduc Énergie Est. La bataille que mena K.C. à la fin des années 1950 ressemblait beaucoup à la bataille qu'Arthur Irving a livrée 60 ans plus tard pour Énergie Est.

ARTHUR ET ÉNERGIE EST

FRANK MCKENNA, ANCIEN PREMIER MINISTRE DU NOUVEAU-Brunswick puis banquier prospère et initié de Bay Street, n'a jamais oublié les Maritimes, son lieu d'origine. Il a été l'un des premiers à exprimer son appui à la construction ou au prolongement d'un oléoduc pour relier les champs pétrolifères exploités en Alberta à la plus grande raffinerie de pétrole et de gaz au Canada, située à Saint John. D'autres dans l'Ouest canadien et au Canada atlantique ont rapidement sauté dans le train[43]. McKenna et d'autres partisans d'Énergie Est, y compris les deux principaux partis politiques du Nouveau-Brunswick, estimaient qu'il s'agissait d'une situation gagnante pour le Canada, en particulier pour les provinces de l'Ouest et de l'Atlantique. De nombreuses voix au Nouveau-Brunswick se sont prononcées en faveur de l'oléoduc.

Les coûts de construction prévus de l'oléoduc Énergie Est, qui devait s'étendre de l'Alberta jusqu'au Nouveau-Brunswick sur un parcours de 4 600 kilomètres, étaient de 12 milliards de dollars (en dollars de 2014)[44]. L'oléoduc ouvrirait de nouveaux marchés pour les producteurs de l'Ouest canadien en les reliant non seulement au Nouveau-Brunswick, mais aussi à des marchées en Inde, en Chine, en Europe, en Amérique du Sud et en Afrique. On trouve à Saint John l'un des principaux ports situés en eau profonde et libres de glaces au Canada. C'est aussi la voie la plus courte pour livrer du pétrole brut de l'Ouest canadien en Inde et à différents points entre les deux.

Énergie Est permettrait également de remplacer le pétrole importé du Moyen Orient à un prix bien supérieur par du pétrole brut albertain. Étant donné que les producteurs albertains n'ont pas accès à des ports en eau profonde, l'Alberta est l'une des sources de brut les moins chères du monde[45]. Un cadre supérieur de la société TransCanada a expliqué : « Avec un seul projet, Énergie Est donnera à l'Alberta un débouché pour le pétrole de ses sables bitumineux non seulement sur les marchés de l'Est du Canada, mais aussi les marchés mondiaux [...] avec un oléoduc d'une capacité de 1,1 million de barils par jour, ce qui contribuera grandement à éliminer le spectre des grands écarts pour des années à venir[46]. » En somme, l'oléoduc était avantageux pour l'Alberta, le Nouveau-Brunswick et le Canada parce qu'il ouvrirait de nouveaux marchés pour le pétrole brut de l'Alberta, générant ainsi des emplois pour des Canadiens et des Canadiennes des provinces de l'ouest et de l'Atlantique et des recettes fiscales pour les gouvernement fédéral et provinciaux.

Arthur Irving a profité de chaque occasion pour faire entendre haut et fort que « rien ne nous ferait plus plaisir que de recevoir de plus grandes quantités de pétrole albertain que nous ne le faisons maintenant [...] L'Alberta en a besoin, le Canada en a besoin et le Nouveau-Brunswick en entier y est favorable[47]. » Il aurait aussi pu souligner que le gouvernement progressiste-conservateur et l'opposition libérale ont adopté une résolution unanime à l'Assemblée législative pour appuyer Énergie Est. Le projet d'oléoduc permettrait de remplacer une grande partie des 550 000 à 600 000 barils de pétrole importé utilisés chaque jour dans l'Est du Canada par du pétrole produit dans l'Ouest canadien. Pour démontrer qu'elle appuyait fermement Énergie Est, et après des semaines de négociations, Irving Oil a conclu un partenariat à parts égales avec TransCanada en vue de construire un terminal près de la raffinerie de Saint John. Irving Oil a immédiatement commencé à débourser de l'argent pour l'élaboration des plans du terminal. Elle s'est également engagée à investir 300 millions de dollars (américains) supplémentaires dans sa construction.

Bien sûr, Énergie Est fournirait à Irving Oil un accès à meilleur coût à du pétrole brut, mais l'oléoduc promettait d'engendrer d'autres retombées. Jeff Matthews, un haut dirigeant chez Irving Oil, a affirmé qu'Énergie Est ouvrirait de nouveaux débouchés non seulement pour Irving Oil, mais aussi pour bon nombre d'entreprises de l'Ouest du Canada[48]. Comme K.C. l'avait fait auparavant lors de l'étude du canal de Chignectou, Arthur Irving a avancé que l'oléoduc Énergie Est donnerait lieu à de nombreuses possibilités de développement économique dans tout le Canada atlantique. Il a indiqué sans équivoque qu'Irving Oil était prête à faire sa part pour profiter de ces possibilités en investissant dans un ensemble de nouvelles initiatives.

Énergie Est allait toutefois bientôt se heurter à des problèmes. Le projet est mort alors qu'il en était encore à l'étape de la planification[49]. En octobre 2017, la société TransCanada a décidé d'abandonner les plans de l'oléoduc Énergie Est. Elle a invoqué un changement des conditions pour justifier sa décision, mais de nombreux observateurs se sont tournés vers Ottawa et les tractations politiques pour en trouver l'explication. Jeffrey Jones a expliqué : « Le processus d'examen de l'Office national de l'énergie a été un fiasco, car il a fallu reprendre les audiences avec un nouveau groupe d'experts après qu'on apprit que des membres du premier groupe avaient été mal informés lors de rencontres qu'ils avaient eues avec des lobbyistes de TransCanada[50]. » On a plus tard instauré de nouvelles conditions pour guider le processus d'examen, y compris en ce qui concerne les émissions de gaz à effet de serre en amont et en aval. Il allait donc falloir évaluer les émissions produites par l'extraction du pétrole avant son entrée dans le pipeline et celles produites par le raffinage du pétrole et sa combustion après sa sortie. C'est ce qui a torpillé le projet. Le gouvernement fédéral aurait pu intervenir, mais il ne l'a pas fait.

Le projet de l'oléoduc Énergie Est posait des problèmes politiques au gouvernement Trudeau parce qu'il posait des problèmes au Québec, province à forte rentabilité électorale. Il ne cadrait pas avec l'intérêt économique de la province. Ses principaux bénéficiaires étaient l'Alberta, la Saskatchewan et le Nouveau-Brunswick. Le premier ministre Brad Wall, de la Saskatchewan, a exhorté le maire de Montréal, Denis Coderre, à donner son appui au projet Énergie Est, faisant valoir qu'il était dans l'intérêt de l'économie nationale et qu'il générerait des recettes pour tous les ordres de gouvernement.

Coderre a rejeté la position de Wall du revers de la main en déclarant sans ambages que la région métropolitaine de Montréal a une population de quatre millions d'habitants tandis que la Saskatchewan en a 1,13 million[51]. Dans les faits, Coderre faisait ainsi valoir que les premiers ministres des provinces les plus petites et des autres régions que l'Ontario et le Québec ne jouissent pas d'une grande considération à Ottawa. Dans une fédération pourvue d'une Chambre haute efficace, aucun maire ou politicien élu d'une grande ville ou d'un État n'avancerait cet argument en espérant justifier sa position. Mais la situation est différente au Canada et il existe peu de mécanismes au sein de nos institutions politiques nationales pour contrebalancer le poids politique de l'Ontario et du Québec. Plus exactement, Ottawa ne voulait pas, pour des raisons politiques, affronter le Québec.

La décision de ne pas aller de l'avant avec le projet de l'oléoduc Énergie Est a soulevé une vive réaction de la part des politiciens de l'Alberta et du Nouveau-Brunswick. Le premier ministre Trudeau n'a pas tardé, cependant, à exprimer des préoccupations pour l'unité nationale et il a accusé les promoteurs d'Énergie Est d'attiser les divisions nationales[52]. Trudeau n'a rien dit au maire de Montréal, Denis Coderre, au sujet de sa réponse à la demande du premier ministre Brad Wall d'appuyer la construction de l'oléoduc.

Trudeau et ses proches conseillers savent compter : il y a 78 sièges en jeu au Québec, tandis qu'ensemble l'Alberta et le Nouveau-Brunswick n'en comptent que 44. Trois grandes maisons de sondage du Québec ont prévenu le gouvernement Trudeau qu'en donnant son aval au projet Énergie Est il risquait de créer une « tempête parfaite » dans la province. Ils soutenaient non seulement que le Parti libéral aurait du mal à remporter les élections provinciales de 2018, mais aussi qu'une telle décision pourrait « entraîner un regain du mouvement souverainiste au Québec[53] ». Les provinces de l'Atlantique et de l'Ouest y ont vu encore une fois une démonstration que les préoccupations pour l'unité nationale concernent toujours le Québec, qu'elles ne peuvent jamais porter sur leurs régions.

Nombreux sont ceux dans les provinces de l'Ouest qui reprochent au gouvernement de Justin Trudeau de ne pas accorder au dossier des pipelines l'attention qu'il mérite. Gary Mason écrit : « dans l'Ouest, l'oléoduc est la question la plus importante, un sujet qui fait l'objet de plaintes depuis des générations. Si la partie lésée était le Québec au lieu de l'Alberta, il y a longtemps que l'affaire aurait été réglée (surtout à la satisfaction du Québec). Du moins, c'est le sentiment que cet affrontement a semé à l'ouest de l'Ontario[54]. » Mason aurait pu ajouter que le Canada atlantique partage aussi largement ce point de vue.

On a l'impression que le Québec, invoquant l'unité nationale, a tenu l'épée de Damoclès au-dessus du reste du Canada. Mathieu Bouchard, conseiller principal en politiques de Justin Trudeau, explique : « Si les Québécois ne se sentent pas représentés par le gouvernement pendant un certain temps, cela devient une question d'unité nationale, contrairement à ce qui se passe pour les autres provinces. Nous devons toujours en être conscients[55]. » Selon Bouchard, cette logique ne s'applique qu'au Québec. Il n'a jamais expliqué sur quoi il se fondait pour dire « contrairement à ce qui se passe pour les autres provinces » ou pourquoi cette logique ne s'applique qu'au Québec.

En même temps qu'elle annonçait son abandon du projet en octobre 2017, TransCanada a indiqué qu'elle prendrait une charge comptable d'un milliard de dollars liée au projet du terminal[56]. Irving Oil a également fait savoir qu'elle prendrait une charge comptable de plus de 10 millions de dollars sur le montant de 300 millions de dollars (américains) qu'elle avait engagé dans la construction d'un terminal destiné à recevoir du pétrole brut de l'oléoduc Énergie Est.

Il est difficile pour la plupart des gens des Maritimes, y compris des hommes et des femmes politiques des deux principaux partis, de comprendre pourquoi Ottawa n'a pas vigoureusement appuyé le projet de l'oléoduc Énergie Est. En réalité, les pipelines ne favorisent pas une augmentation de la consommation de produits d'origine pétrolière; ils n'entraînent qu'un changement de la source d'approvisionnement en pétrole brut. Si ce n'est pas l'Ouest canadien qui répond à la demande de produits pétroliers, il faudra une autre source d'approvisionnement pour la combler et cet approvisionnement continuera de provenir de l'extérieur, notamment du Moyen Orient. Il est bon de répéter que l'oléoduc Énergie Est aurait remplacé le pétrole brut importé d'Arabie saoudite et d'ailleurs par du pétrole produit en Alberta et en Saskatchewan.

Dans son ouvrage *Pipe Dreams*, Jacques Poitras a souligné les avantages d'Énergie Est. Il a fait remarquer que Saint John bénéficie d'un port naturel en eau profonde qui peut accueillir les plus grands superpétroliers, leur permettant de réaliser des économies d'échelle, et que la ville est le siège de la plus grande raffinerie de pétrole au Canada. De plus, le Nouveau-Brunswick souhaitait la concrétisation du projet. L'oléoduc aurait créé 3 000 emplois au Nouveau-Brunswick sur neuf ans[57]. Mais ce n'est pas tout. Les pipelines sont beaucoup plus sécuritaires pour transporter du pétrole brut que d'autres modes de transport. Il est bien plus dangereux, ainsi que le Canada l'a découvert en 2013 à Lac-Mégantic, de transporter le pétrole par train, par camion ou par navire pétrolier que par pipeline.

En fin de compte, Arthur Irving et le gouvernement du Nouveau-Brunswick n'ont pas réussi à amener Ottawa à s'engager envers Énergie Est, pas plus que K.C. Irving et le gouvernement du Nouveau-Brunswick n'avaient réussi à convaincre Ottawa d'aller de l'avant avec le canal de Chignectou. Ottawa n'a pas hésité, en revanche, à approuver la construction d'un deuxième pipeline pour relier l'Alberta aux côtes de la Colombie-Britannique. Ottawa est même allé plus loin : il a acheté le pipeline de Kinder Morgan au coût de 4,5 milliards de dollars[58]. Comparons cela au projet Énergie Est, dans le cadre duquel le secteur privé était prêt à construire toute l'infrastructure nécessaire sans financement du gouvernement. La différence entre les deux est purement politique : le Québec et ses 78 sièges ne font pas obstacle au pipeline de Kinder Morgan.

RETOUR EN ARRIÈRE

ON DIRA CE QU'ON VOUDRA À PROPOS DE K.C. ET D'ARTHUR IRVING, mais personne ne peut les accuser de jouer la carte de la victime. Ils sont tous deux des hommes d'affaires intransigeants. Ils ont tous deux affronter la concurrence avec succès dans un contexte très concurrentiel au Canada, en Nouvelle-Angleterre et en Irlande. Ils n'essaient pas de trouver des excuses quand les choses tournent mal; ils s'occupent simplement de régler le problème. Il ne faut pas s'inquiéter, il faut se sentir concerné, comme le dit Arthur Irving.

À l'instar de K.C., Arthur a toujours des choses plus importantes à faire que de s'engager dans des théories du complot ou de fournir des raisons pour expliquer pourquoi les événements ne se sont pas déroulés tels que prévus. Le père et le fils ont appris à se battre contre la force de gravité et à gagner, et ce, en reconnaissant, comme l'a expliqué K.C., qu'Ottawa est « un instrument de projection de la volonté du Centre du Canada et [...] une source de difficultés pour les provinces de l'Atlantique[59] ». K.C. a bien résumé la situation en faisant observer : « Quand ces politiques nationales – ou fédérales – vont changer, l'économie du Nouveau-Brunswick va aussi changer[60]. » Arthur Irving m'a dit la même chose, ainsi qu'à d'autres personnes, à maintes occasions.

Il est d'autant plus remarquable qu'ils aient réussi à faire grandir des entreprises prospères et capables de soutenir la concurrence sur deux continents, tout en devant lutter contre la gravité. Par ailleurs, ils ont décidé de rester au Nouveau-Brunswick, d'établir leurs sièges sociaux dans la province et de construire une raffinerie de pétrole à Saint John, que l'on a décrite comme « un endroit improbable où construire une raffinerie de pétrole doublée d'un géant du marketing[61] ». La décision de demeurer dans la province du Nouveau-Brunswick pour y faire croître leurs entreprises repose non pas sur des raisons économiques, mais plutôt sur le fait qu'ils habitent ici.

Ce chapitre a voulu démontrer qu'Arthur, comme K.C. autrefois, est très engagé envers les Maritimes, toujours à l'affût des occasions de favoriser l'expansion de ses entreprises et de générer des retombées économiques dans sa province natale. Tous deux étaient prêts à consacrer des ressources à des initiatives de développement économique pourvu que le gouvernement fédéral investisse dans les infrastructures destinées à appuyer ces initiatives, comme le canal de Chignectou, ou, dans le cas d'Énergie Est, qu'il donne au moins le feu vert au secteur privé pour qu'il construise l'infrastructure et en assume les coûts. Dans les deux cas, Ottawa n'a rien fait. Dans le cas de l'oléoduc Énergie Est, force est de conclure qu'Ottawa préfère que le Canada exporte du pétrole brut à un faible prix au lieu que le pétrole soit transformé à Saint John, et qu'il continue d'importer du pétrole brut d'aussi loin que le Moyen Orient. Pour ce faire, il est nécessaire de transporter le pétrole dans des superpétroliers qui parcourent près de 10 000 kilomètres. Je n'arrive pas à comprendre comment cette situation peut être préférable pour l'environnement ou l'économie.

Notes

1 Cité dans Jacques Poitras, *Irving vs. Irving: Canada's Feuding Billionaires and the Stories They Won't Tell* (Toronto : Viking Canada, 2014), 19.

2 Voir, par exemple, Donald J. Savoie, *Se débrouiller par ses propres moyens : le développement économique dans les Maritimes* (Halifax : Nimbus, 2017).

3 Douglas How et Ralph Costello, *K.C.: The Biography of K.C. Irving* (Toronto : Key Porter, 1993), 131 (traduction libre).

4 Voir, par exemple, Robert F. Legget, « Canaux et voies navigables intérieures », *L'Encyclopédie canadienne*, dernière modification 4 mars 2015, thecanadianencyclopedia.ca/fr/article/canals-and-inland-waterways.

5 Donald E. Armstrong et D. Harvey Hay, *The Chignecto Canal* (Montréal : Economic Research Corporation Limited, avril 1960), 6, et Chignecto Canal Committee, *The Story of the Chignecto Barrier* (Sackville : Chignecto Canal Committee, avril 1950).

6 *Ibid.*, 5 (traduction libre).

7 Voir, par exemple, Legget, « Canaux et voies navigables intérieures ».

8 Chignecto Canal Committee, *The Story of the Chignecto Barrier*, 14.

9 Armstrong et Hay, *The Chignecto Canal*, 6 (traduction libre).

10 Canada, *Documents de la session de la Puissance du Canada, quatrième session du premier Parlement*, vol. 4, no. 6 (Ottawa : I.B. Taylor, 1871), 49.

11 *Ibid.*, 51.

12 Voir Chignecto Canal Committee, *The Story of the Chignecto Barrier*, 8.

13 Voir Armstrong et Hay, *The Chignecto Canal*, 5.

14 Voir Chignecto Canal Committee, *The Story of the Chignecto Barrier*, 13.

15 *Ibid.*

16 *Ibid.*, 6. Pour obtenir un point de vue opposé, les lecteurs devraient consulter C.R. McKay, « Investors, Government and the CMTR: A Study of Entrepreneurial Failure », *Acadiensis*, vol. IX, no 1 (automne 1979), 71-94. McKay soutient que la proposition de Ketchum n'avait aucun sens sur le plan économique.

17 Canada, *Report of the Chignecto Canal Commission* (Ottawa : Imprimeur de sa Très Excellente Majesté le Roi, 1939), 16, cité dans *Compte rendu officiel des débats de la Chambre des communes*, 3e session, 16e Législature, vol. I, 1929, 144.

18 Canada, *Report of the Chignecto Canal Commission*, 5 (traduction libre).

19 *Ibid.*, 11.

20 *Ibid.*, 9.

21 *Ibid.*, 11.

22 *Ibid.*

23 *Ibid.*, 12 (traduction libre).

24 *Ibid.*, 10 (traduction libre).

25 Voir « L'historique de la Voie maritime du Saint-Laurent », s.d., greatlakes-seaway.com/fr/.

26 Viktor Kaczkowski et Gordon C. Shaw, « Voie maritime du Saint-Laurent », *L'Encyclopédie canadienne*, 17 février 2009, thecanadianencyclopedia.ca/fr/article/voie-maritime-du-saint-laurent.

27 Corey Slumkoski, *Inventing Atlantic Canada: Regionalism and the Maritime Reaction to Newfoundland's Entry Into Canadian Confederation* (Toronto : University of Toronto Press, 2011), 97.

28 *Ibid.*,

29 G.S. Gzowski, cité dans *ibid.*, 99 (traduction libre).

30 *Compte rendu officiel des débats de la Chambre des communes*, 5e session, 20e Législature, vol. V, 1948, 5107, cité dans *ibid.*

31 *Compte rendu officiel des débats de la Chambre des communes*, 4e session, 20e Législature, vol. III, 1949, 2135, cité dans *ibid.*

32 Les membres du comité comprenaient N.S. Sanford, G. Fuller et A.R. Lusby, d'Amherst (N.-É.), et le maire H.A. Beale et E.R. Richard, de Sackville (N.-B.).

33 How et Costello, *K.C.*, 133-134.

34 Armstrong et Hay, *The Chignecto Canal*, 5.

35 Chignecto Canal Committee, *The Story of the Chignecto Barrier*, 15.

36 *Ibid.*, 8 (traduction libre).

37 Armstrong et Hay, *The Chignecto Canal*, 5 (traduction libre).

38 Je décris comment fonctionne cette approche dans Donald J. Savoie, *Governing from the Centre: The Concentration of Power in Canadian Politics* (Toronto : University of Toronto Press, 1999).

39 Chevrier pourrait faire valoir que le premier ministre de la Nouvelle-Écosse n'a jamais appuyé publiquement le projet du canal de Chignectou. Voir, par exemple, Slumkoski, *Inventing Atlantic Canada*, 105.

40 How et Costello, *K.C.*, 135-136.

41 *Ibid.*, 129.

42 Consultations avec Arthur Irving, dates variées.

43 Voir, parmi de nombreux autres, « How Alberta's oil patch teamed up with the "little guys" for an end run around Obama », *Financial Post*, 7 octobre 2014, consulté le 12 juin 2019, business.financialpost.com/commodities/energy/energy-east-keystone.

44 Jillian Bell, « Energy East pipeline: What you need to know », *CBC News*, 26 janvier 2016, cbc.ca/news/business/energy-east-pipeline-explained-1.3420595.

45 Jeff Lewis, « The Hub: Saint John end point of "Energy East" readies for crude revolution », *Financial Post*, 9 novembre 2013, consulté le 12 juin 2019, business.financialpost.com/commodities/energy/the-pipeline-that-could-turn-canadas-oil-diet-on-its-head.

46 Cité dans « How Alberta's oil patch teamed up with the "little guys" for an end run around Obama » (traduction libre).

47 Arthur Irving, cité dans Claudia Cattaneo, « Playing the piper », *National Post*, business.financialpost.com/playing-the-piper-in-an-exclusive-interview.com, s.d., consulté le 13 juin 2019 (traduction libre).

48 *Ibid.*

49 Voir Jacques Poitras, *Pipe Dreams: The Fight for Canada's Energy Future* (Toronto : Penguin Random House, 2018).

50 Jeffrey Jones, « Energy East Pipeline: Best-Laid Backup Plan Goes Awry », *Globe and Mail*, 5 octobre 2017 (traduction libre).

51 Canadian Press, « Montreal-Area Mayors' Energy East Criticisms "Short Sighted", Notley Says », *CTV News Atlantic*, 22 janvier 2016.

52 « Trudeau Warns Against "National Divisions" After Energy East Pipeline Decision », *Huffington Post* (Canada), 7 octobre 2017, huffingtonpost.ca/2017/10/07/trudeau-pipeline-decision_a_23236202/.

53 Jean-Marc Léger, Jacques Nantel et Pierre Duhamel, *Le code Québec : les sept différences qui font de nous un peuple unique au monde* (Montréal : L'Homme, 2016), et Derek Abma, « Quebec Sovereignty Could Be Ignited by Pipeline Decision, PQ Win, Says Léger », *Hill Times*, 17 octobre 2016, hilltimes.com/2016/10/17/quebec-sovereignty-ignited-pipeline-decision-pq-win-says-author/83985.

54 Gary Mason, « Why a Pipeline Could Cost Justin Trudeau the Next Election », *Globe and Mail*, 13 avril 2018, theglobeandmail.com/opinion/article-why-a-pipeline-could-cost-justin-trudeau-the-next-election/ (traduction libre).

55 Daniel LeBlanc, « Trudeau Adviser Mathieu Bouchard More Than Just PMO's Quebec Guy », *Globe and Mail*, 29 janvier 2016, theglobeandmail. com/news/politics/globe-politics-insider/trudeau-advisor-mathieu-bouchard-more-than-just-pmos-quebec-guy/article28469010/ (traduction libre).

56 Warren Mabee, « What really sank the Energy East pipeline? », *Canada's National Observer*, 20 octobre 2017, nationalobserver.com/2017/10/20/ analysis/what-really-sank-energy-east-pipeline.

57 Poitras, *Pipe Dreams*, 8.

58 Voir, entre autres, « Kinder Morgan pipeline: Canadian government to buy project for $4.5bn", *Guardian*, 29 mai 2018, theguardian.com/ world/2018/may/29/canada-kinder-morgan-pipeline-trans-mountain.

59 How et Costello, *K.C.*, 131 (traduction libre).

60 K.C. Irving, cité dans « The unknown giant K.C. Irving », *Maclean's*, 18 avril 1964 (traduction libre).

61 Cité dans « Playing the Piper » (traduction libre).

CHAPITRE 5

« S'ATTELER À LA TÂCHE »

ARTHUR ET SES DEUX FRÈRES ONT TOUT APPRIS SUR LE MONDE des affaires à un très jeune âge. Ils se sont lancés en affaires avant même d'être adolescents, sous l'œil vigilant de leur père et de leur mère, Harriet Irving née MacNarin. Au dire de tous, Harriet Irving était une mère modèle pour les trois garçons et une épouse modèle pour K.C. Irving[1], comme c'est si souvent le cas de mères dont le mérite n'est pas reconnu à sa juste valeur. Toutes les personnes qui l'ont côtoyée disent qu'elle était un roc pour K.C. et ses enfants[2]. Arthur Irving parle en termes élogieux de sa mère et de son influence sur son développement. Douglas How et Ralph Costello écrivent que K.C. et Harriet ont eu un mariage particulièrement solide. Ils étaient tous deux originaires d'une petite ville du comté de Kent. K.C. a souvent dit qu'ils ne s'étaient jamais disputés et qu'elle était un important facteur dans sa réussite en affaires.

Harriet Irving a toujours surveillé de près ses trois fils qui, selon How et Costello, l'idolâtraient. Elle veillait à ce qu'ils assistent aux services religieux de l'église presbytérienne locale. Elle aidait les trois garçons dans leurs activités commerciales et leurs autres projets. Lors d'un de leurs séjours à Bouctouche, elle appela au magasin de détail Irving local pour demander au gérant s'il avait du fil téléphonique pour ses trois fils, parce qu'ils voulaient installer un fil jusqu'à la maison d'un voisin. Le gérant en avait et lui en indiqua le prix. Elle lui répondit qu'elle craignait que les garçons ne trouvent le prix trop élevé. Le gérant réussit à lui trouver du fil téléphonique usagé à bien meilleur prix. Elle lui dit que les garçons seraient enchantés[3]. Évidemment, les garçons apprirent à un très jeune âge l'importance de réaliser des économies chaque fois que possible, si petites soient-elles.

Arthur Leigh est le deuxième enfant. Il porte les prénoms d'un proche ami d'enfance de K.C., Arthur Simpson, de Miramichi, au Nouveau-Brunswick, et de son cousin et ami de toujours, Leigh Stevenson. Les psychologues ont tenté d'expliquer comment l'ordre de naissance des enfants influe sur leur personnalité. Dans son livre *Birth Order Book*, Kevin Leman avance que lorsqu'un rôle est occupé par le premier-né, le deuxième enfant cherchera à exercer un rôle complètement différent[4]. Pour sa part, Frank Sulloway maintient, dans son livre abondamment cité *Born to Rebel: Birth Order, Family Dynamics, and Creative Lives*, que les deuxièmes enfants supportent mieux la déception, ont des attentes réalistes, tendent à faire preuve d'une grande indépendance et sont les moins susceptibles d'être gâtés. Il explique aussi que les enfants du milieu de la fratrie sont les plus disposés à brasser des affaires[5]. Arthur ne m'a jamais donné l'impression qu'il accorde une grande importance à son rang dans l'ordre de naissance. Dans sa jeunesse et jusqu'à l'âge adulte, il était très proche de son frère cadet, Jack. Il indique également qu'il a eu une très bonne relation de travail avec Jack et J.K.

C'est un fait bien connu que les frères Irving ont décidé de mener séparément leur carrière d'entrepreneur. Pendant la rédaction du présent livre, Arthur m'a dit spontanément : « Dans les affaires comme dans les familles, il arrive parfois que les choses dérapent. » Dans toutes les conversations que j'ai eues avec lui, Arthur n'a jamais fait de commentaires négatifs à l'égard de ses deux frères. Les choses ont dérapé dans leur relation professionnelle, mais pas dans leur relation personnelle. Je fais remarquer que la grande majorité des universitaires, dont moi-même, concentrent étroitement leur attention sur leur domaine de recherche particulier, trop étroitement aux yeux de certains il faut le reconnaître. Quoi qu'il en soit, les questions familiales ne m'ont jamais tellement intéressé, quelle que soit la famille. C'était le cas lorsque j'ai rédigé la biographie de Harrison McCain; il en va de même maintenant que j'écris au sujet des Irving.

Mes discussions avec Arthur Irving ont toujours porté sur Irving Oil, ses débuts et sa croissance, la contribution d'Arthur et d'Irving Oil à notre région et, à l'occasion, la politique, les politiques publiques, les liens d'Arthur avec Bouctouche et les sports. Je n'ai pas tellement connu son frère Jack, ne l'ayant rencontré que quelques fois. Je connais J.K., mais pas très bien. Je connais mieux son fils J.D. et son petit-fils Jamie Irving. J.D. et moi avons eu de nombreuses discussions au fil des ans, toujours au sujet des affaires, de la politique et des politiques publiques. Il n'a toujours eu que des bons mots à l'égard de son oncle « Art ».

À l'exception de Sarah et, dans une moindre mesure, de son fils Arthur Leigh, je ne connais pas les autres enfants d'Arthur. Kenneth a été responsable de l'entreprise jusqu'en 2010, lorsqu'il a pris sa retraite pour des raisons de santé. J'ai rencontré Kenneth à plusieurs occasions lors de conférences et d'une réunion à laquelle nous assistions tous deux à Ottawa. Ensemble, nous avons toujours discuté d'affaires et du gouvernement, jamais de questions familiales. J'ai toujours trouvé que c'était un homme d'une grande politesse, très affable et de conversation agréable. Bref, je ne connais pas beaucoup Kenneth, mais chaque fois que je l'ai rencontré, il m'a semblé bien sympathique. Arthur Leigh fils s'occupait des questions immobilières chez Irving Oil jusqu'à ce qu'il choisisse d'explorer de nouveaux horizons. Le membre de la famille qui joue maintenant un rôle de premier plan chez Irving Oil est Sarah Irving, la fille d'Arthur et de Sandra.

Comme je l'ai souligné plus tôt, mes liens d'amitié avec Arthur remontent seulement à une quinzaine d'années, de sorte que j'en sais très peu sur les relations d'affaires ou les relations personnelles d'Arthur avant cette période. Je puise donc dans des documents publiés et des entrevues qui datent de cette période. Dans le présent chapitre, je veux comprendre comment Arthur a appris le métier auprès de son père et comment ils s'y sont pris pour faire grandir leur entreprise lorsque chacun d'eux était à la tête d'Irving Oil.

APPRENDRE TÔT LA FAÇON DE FAIRE DES AFFAIRES

ALORS QU'ILS ÉTAIENT TOUT JEUNES, LES TROIS GARÇONS VENDAIENT des revues telles que *Maclean's*, *Lady's Home Journal* et *The Saturday Evening Post* de porte en porte pour gagner de l'argent de poche. Ils ne le faisaient pas à l'insistance de leurs parents, mais parce qu'ils voulaient avoir leur propre argent, tout comme leur père avait fait dès son jeune âge[6]. Ils se lancèrent aussi dans le commerce des œufs, achetant une douzaine de poules dont ils vendaient les œufs dans le voisinage. Plus tard, ils vendirent les poules après avoir fait paraître une annonce dans le journal local et appris que la publicité fonctionnait bien[7]. Entre l'âge de huit et de 12 ans, les garçons étendirent leur commerce de poulet à Bouctouche et à Moncton. Ils prenaient soin de leurs poules à Bouctouche pendant l'été et se rendaient à Moncton pour y vendre les poules au marché ou à une épicerie locale. Leur entreprise prit de l'expansion au point où elle comptait 150 poules.

Ils apprirent de leur père une leçon cruciale dès leur plus jeune âge : l'importance de fournir le meilleur service possible à la clientèle. How et Costello rapportent que K.C. Irving arriva chez lui un soir et vit deux douzaines d'œufs sur la table de la cuisine. C'était la veille du jour de l'An. K.C. réveilla un de ses fils et lui demanda pourquoi les œufs étaient sur la table. Le garçon lui répondit que ses frères et lui devaient livrer les œufs mais qu'ils avaient oublié de le faire. J.K., l'aîné, dit qu'ils s'assureraient de les livrer le lendemain. Ce n'était pas acceptable pour K.C. : quand on promettait quelque chose à un client, il fallait tenir sa promesse. L'un des garçons dut cogner à des portes à minuit et demi le jour de l'An pour livrer les œufs[8].

Comme l'histoire le démontre souvent, les enfants des gens riches et célèbres ne sont pas toujours animés par la volonté de réussir en affaires. Alan Farnham explique : « Les enfants riches n'ont pas cette étincelle d'envie qui incite d'autres personnes à se précipiter à des bureaux et à des usines chaque jour. [...] Pourquoi travailler? Si on sait d'où viendra son prochain repas [...] pourquoi même sortir du lit? [...] Certains héritiers se sentent tellement intimidés par les accomplissements d'un aïeul qu'ils n'essaieront jamais d'entreprendre quoi que ce soit de leur propre initiative. Peut-être les parents étaient-ils trop occupés à accumuler de la richesse pour enseigner à leurs enfants comment la garder[9]. »

Il n'en était pas question pour K.C. Irving, ni d'ailleurs pour Harriet et les trois frères. Si les trois garçons voulaient avoir de l'argent, ils allaient devoir le gagner en vendant des journaux, des revues et des œufs aux voisins et au marché. C'est aussi ce que souhaitaient J.K., Arthur et Jack : ils voulaient être en affaires et gagner leur pain. Lorsqu'ils étaient à l'école et à l'Université Acadia, leurs parents veillaient à ce qu'ils évitent de se péter les bretelles. Ils ne possédaient aucun article de luxe qui les aurait fait sortir du lot. Tous les trois passaient leurs vacances à travailler dans l'une des entreprises. On s'attendait à ce qu'ils travaillent dans les champs pendant les mois d'été et fassent leur part comme tout le monde. En somme, aucun traitement spécial ne leur était accordé du fait qu'ils étaient les garçons Irving.

Les trois frères ont fréquenté le Rothesay Collegiate, une école privée située dans une localité voisine de Saint John. Le directeur de l'école,

Dr C.H. Bonnycastle, rapporte qu'Arthur était doté d'un bon esprit, qu'il était toujours ouvert à tout ce qui se passait, aimait se payer du bon temps et était « l'auteur de méfaits mineurs[10] ». John DeMont écrit qu'Arthur « était le plus populaire de la famille » au Rothesay Collegiate, où il « était un plaqueur redoutable au rugby, un attaquant étoile au hockey et un membre avide de la troupe de scouts »[11].

Arthur a suivi les traces de son père et de ses frères et s'est inscrit à l'Université Acadia où il était aussi reconnu comme un athlète accompli, l'un des meilleurs joueurs de l'équipe de rugby de l'Université. Il avait la réputation d'être un démagogue et il se trimbalait à Acadia et à Wolfville avec une bande de jeunes turbulents du Cap-Breton[12]. Arthur conserve d'agréables souvenirs de ses jours à Acadia et, en particulier, du temps passé en compagnie de ses amis du Cap-Breton.

Arthur et ses frères savaient dès le départ qu'ils ne faisaient que passer du temps à Acadia avant de se joindre aux entreprises familiales. Chaque été, ils passaient les vacances à travailler en première ligne dans l'une d'entre elles afin d'en apprendre toutes les facettes.

J'ai questionné Arthur au sujet de son passage à l'Université Acadia. Il a dit qu'il avait aimé Acadia et qu'il s'y était fait des amis pour la vie. Selon son ancien recteur, Ray Ivany, Acadia a eu de toute évidence une profonde influence sur Arthur Irving. J'ai aussi demandé à Arthur pourquoi il était parti d'Acadia après seulement quelques années. Sa réponse ne s'est pas fait attendre : « Eh bien, Donald, tu as décidé que ton avenir était dans l'éducation et tu es allé à Oxford. J'ai décidé que mon avenir se trouvait dans les affaires et j'avais le choix de poursuivre mes études à Acadia ou d'apprendre le métier auprès du meilleur professeur disponible où que ce soit : mon père. J'ai opté pour le meilleur professeur. » Il ne le regrette pas.

Arthur se tournerait vers Irving Oil, J.K. vers la foresterie et la construction navale et Jack vers la construction et l'immobilier pour se définir un rôle dans l'entreprise familiale. Contrairement à ses deux frères, qui se sont engagés dans plusieurs secteurs d'activité, Arthur a concentré ses efforts sur Irving Oil. Cela dit, Arthur, comme ses deux frères, continuait de s'intéresser à toutes les entreprises Irving et d'avoir son mot à dire dans leur gestion. Leur père et eux formaient les conseils d'administration de toutes leurs entreprises et tenaient régulièrement des réunions pour repasser tous les faits nouveaux concernant les entreprises Irving sous toutes leurs facettes.

Arthur, comme on l'a vu, aime l'industrie pétrolière et gazière parce que la vente en constitue une composante importante, et la vente est ce qui lui plaît le plus. Tenter d'attirer de nouveaux clients, chercher un marché, conclure un accord et s'occuper des clients actuels, voilà ce qui le motive plus que tout. Arthur est le plus extraverti des trois frères et l'art de vendre lui vient donc naturellement. Il m'a dit qu'il ne voulait rien de plus que de se retrousser les manches et de s'engager dans les affaires aux côtés de son père. Il insiste pour dire que le secteur pétrolier et gazier et le secteur de la vente lui étaient naturels. Il a ajouté que son premier jour au travail était un grand jour : il s'est acheté une Ford, a rapidement collé le diamant Irving sur la portière, puis il est parti. Il est parti brasser des affaires, rencontrer des clients avec qui il faisait déjà affaire, en prospecter de nouveaux et battre la concurrence.

Arthur avait peu d'intérêt pour les journaux dès le premier jour. À une certaine époque, il détenait une action dans la New Brunswick Publishing Co., elle-même propriétaire du *Telegraph Journal* et d'autres journaux. Il a fini par vendre sa part à son frère J.K. Irving et aujourd'hui il n'est plus associé directement ou indirectement à un seul des journaux. Il m'a confié que, même lorsqu'il possédait une participation dans New Brunswick Publishing, il restait à l'écart de l'entreprise. Il m'a déjà dit qu'il se rendait rarement à l'immeuble du *Telegraph Journal* et que, quand il s'y rendait, il en ressortait « au plus sacrant ». Art Doyle, directeur du *Telegraph Journal* dans les années 1990, me l'a confirmé et m'a indiqué qu'Arthur Irving ne lui avait pas téléphoné une seule fois pour des questions éditoriales ou commerciales.

Norbert Cunningham, qui a occupé plusieurs postes de direction au *Times & Transcript* de Moncton, a lui aussi affirmé qu'il n'avait jamais reçu un appel d'Arthur Irving concernant son travail au journal. Il a reçu un seul appel, m'a-t-il dit, d'un membre de la famille Irving au sujet du contenu. Il s'agissait de l'article nécrologique sur K.C. Irving. La famille voulait s'assurer qu'une phrase en particulier serait conservée dans la version publiée. Cunningham rapporte que c'était une phrase « inoffensive » et qu'il ne voyait aucune raison d'y toucher. Il ne se souvient pas de la phrase.

Arthur Irving n'a jamais cru que l'entreprise de presse valait toute l'attention du public, les tracasseries et les controverses qu'elle ne manquait pas de générer. C'est ce qui explique pourquoi il s'est départi de sa participation dans l'entreprise de presse il y a plusieurs années. Plus exactement, Arthur n'a jamais aimé l'entreprise journalistique, d'où son départ. Avec le recul, il me dit qu'il n'a absolument aucun regret.

Mais ce n'est peut-être pas toute l'histoire. La politique et les affaires sont deux mondes différents sous plusieurs aspects, certains plus importants que d'autres. En affaires, la réalité est la réalité en ce sens qu'on livre concurrence, on gagne ou on perd, on fait un profit ou non, on se taille une plus grande part du marché ou non, et les résultats financiers sont une préoccupation incessante. En politique, la perception est trop souvent la réalité, comme le soulignent de nombreux politiciens et politiciennes.

Beaucoup de gens au Nouveau-Brunswick considèrent encore que les Irving forment un grand empire commercial qui domine plusieurs secteurs de l'économie dans la province en plus de posséder tous les médias imprimés de langue anglaise. Ils y voient une trop grande concentration du pouvoir économique et politique entre les mains d'un trop petit nombre de personnes. Pour les critiques, cette situation persiste encore même si l'empire Irving n'existe plus puisque les entreprises Irving, réparties en trois branches d'activités distinctes, appartiennent à différents membres de la famille qui en assurent séparément l'exploitation. Aussi récemment qu'en avril 2019, un observateur a écrit que « la famille contrôle la totalité des journaux de langue anglaise qui paraissent au Nouveau-Brunswick[13] ». Il faisait fausse route. Seul un membre de la famille est propriétaire des journaux. Voilà où la perception entre en jeu.

J'accepte d'emblée ce que m'ont dit Arthur Doyle et Norbert Cunningham. Je les connais tous les deux depuis un certain temps et ils disent toujours les choses telles qu'elles sont. Il demeure toutefois une question sans réponse. Les directeurs des journaux et les journalistes savent pour qui ils et elles travaillent et il faut du courage pour s'en prendre aux propriétaires dans leurs propres journaux. On ne leur dit peut-être pas ce qu'ils doivent et ne doivent pas publier, mais ils sont guidés par leur instinct. Je suis loin d'être le premier ou le seul observateur à soulever ce point[14].

RIEN N'EST PLUS AMUSANT QUE LE TRAVAIL

Arthur Irving, à l'instar de son père, peut effectuer des journées de travail de 16 heures, prendre un dîner sur le pouce et souper tard en soirée. Comme K.C., il est animé par un seul but et poursuit ses objectifs avec énergie et ténacité. Arthur est sobre, infatigable et il a beaucoup d'énergie à dépenser, comme c'était le cas pour son père. Il préfère lui aussi se tenir loin des projecteurs et ne pas montrer son jeu. Comme d'autres propriétaires d'entreprises privées, il ne voit pas l'intérêt d'ouvrir ses livres ou de montrer sa façon de fonctionner au monde entier.

J'ai mentionné que je connais Arthur Irving depuis 15 ans seulement et Sandra depuis près de 20 ans. John DeMont a publié son ouvrage *Citizens Irving* en 1992, soit une quinzaine d'années avant qu'Arthur et moi ne soyons devenus amis. Peut-être que DeMont avait raison en écrivant qu'Arthur Irving est un adepte de la pêche au saumon, qu'il a la mèche courte et qu'il est « tellement tendu à bloc qu'il semble sur le point d'exploser ». Ce n'est pas l'Arthur Irving que je connais. L'Arthur Irving que je connais ne pêche pas le saumon, pas plus que je ne l'ai vu « tendu à bloc » ou qu'il ne m'a semblé sur le point d'exploser.[15]

DeMont poursuit cependant en décrivant Arthur Irving en des termes qui me semblent bien refléter la situation actuelle. Il écrit qu'Arthur possède l'énergie de quelqu'un qui a la moitié de son âge, qu'il n'a aucun intérêt pour l'alcool ou le tabac, qu'il est motivé par la volonté de gagner, qu'il est infatigable et que son enthousiasme est parfois contagieux[16]. Je l'ai constaté de première main. Je me souviens de m'être arrêté avec lui à l'improviste à une station-service Irving en Nouvelle-Écosse. On prévoyait transformer la station-service en un relais Big Stop. J'ai été frappé par plusieurs éléments, des éléments susceptibles d'intéresser les entrepreneurs en devenir. Arthur Irving a parlé avec tout le monde d'égal à égal et à aucun moment il n'a usé de son autorité. Il a manifesté un intérêt marqué et sincère pour le travail de ses employés, il a posé de nombreuses questions allant jusqu'au moindre détail, il s'est fait un devoir de leur demander leur opinion, il s'est vraiment intéressé à leurs réponses et il a pris soin de les remercier chacun à leur tour.

Frank Gallant, un détaillant Irving indépendant de Moncton, a eu un problème au début de l'été 2019. Les réservoirs à essence situés sur le côté de son dépanneur avaient plus de 30 ans et n'étaient plus admissibles à une couverture d'assurance. La solution : l'achat de nouveaux réservoirs au coût de 300 000 $. Il a téléphoné directement à Arthur Irving et lui a expliqué qu'il allait bientôt avoir 70 ans et qu'il ne croyait pas pouvoir ou devoir consacrer 300 000 $ à l'achat de nouveaux réservoirs. Arthur et lui s'étaient rencontrés 30 ans auparavant, lorsque Gallant s'était mis à vendre de l'essence Irving.

Arthur Irving a pris acte de sa décision et lui a dit qu'il trouverait une solution. Gallant me rapporte que les dirigeants au siège social d'Irving Oil étaient mécontents qu'il soit passé par-dessus leur tête pour s'adresser directement à Arthur, mais cela démontre deux valeurs qui sont chères à Arthur Irving. D'abord, l'individu, que ce soit un client ou un négociant, est un élément clé de la réussite d'une entreprise. De plus, si on fournit un service d'excellente qualité aux particuliers et si on demeure fermement loyal envers ses partenaires d'affaires et ses employés, on l'emportera sur la concurrence. Tel qu'il l'avait promis, Arthur a réussi à trouver une solution qui faisait l'affaire de Frank Gallant sans qu'il lui en coûte beaucoup.

Arthur Irving a la capacité de discuter de questions stratégiques de portée générale puis de passer aisément aux détails des affaires quotidiennes. Si j'en juge d'après ceux que j'ai connus, certains chefs d'entreprise et dirigeants politiques sont excellents lorsqu'il s'agit de définir une vision, une vaste stratégie destinée à guider leurs actions ainsi que leur personnel. D'autres excellent à s'occuper des détails des activités quotidiennes en s'assurant de ne rien laisser au hasard, ou d'en laisser le moins possible, et à veiller à ce que le travail se fasse rondement et à temps. Certains, peu nombreux, sont très forts dans les deux fonctions, et Arthur Irving est l'un d'entre eux.

J'ai aussi l'impression qu'Arthur préfère rencontrer les employés de première ligne chez Irving Oil et les clients que toute autre personne. Harrison McCain était ainsi. Il aimait lui aussi rencontrer les « gens de la place » bien plus que des banquiers ou des PDG d'entreprises de l'extérieur. Ce trait commun est probablement dû à l'influence de K.C. Irving puisque tous deux se sont faits les dents sous son regard attentif.

K.C. Irving fut certainement la force motrice, le génie des affaires qui guida Irving Oil durant les premières années, la période la plus difficile pour n'importe quelle entreprise. Toutefois, c'est Arthur Irving qui a donné à l'entreprise l'envergure qu'on lui connaît aujourd'hui. Pour ce faire, il a dû lui aussi relever de nombreux défis dans un milieu très exigeant et un secteur très concurrentiel.

Pensez aux faits suivants : Irving Oil demeure une entreprise familiale qui, bien que dépourvue d'une capacité de production de pétrole, exploite la plus grande raffinerie au Canada. Arthur m'indique qu'Irving

Oil a tenté sa chance dans la prospection pétrolière. Elle a fait des recherches dans plusieurs localités des trois Provinces maritimes mais est revenue bredouille à chaque fois. Irving Oil s'est également jointe à Chevron pour chercher du pétrole en Alberta mais, n'y ayant pas obtenu beaucoup de succès, elle a renoncé à la recherche de pétrole brut.

UNE SOCIÉTÉ PRIVÉE

ARTHUR IRVING, PAS PLUS QUE SON PÈRE, NE VOIT L'INTÉRÊT QU'IRving Oil soit cotée en bourse et il est convaincu qu'une compagnie privée est beaucoup mieux adaptée pour promouvoir une perspective à long terme. Comme je le souligne à plusieurs reprises dans le présent livre, les sociétés privées ne sont pas soumises à la pression constante des résultats trimestriels ou aux exigences rigoureuses en matière de transparence qui sont le lot des entreprises cotées en bourse.

D'autres raisons incitent des entreprises à conserver le statut privé ou même des entreprises cotées en bourse à devenir des entreprises fermées. Je signale que certaines entreprises à participation publique très connues se sont retirées du marché boursier ces dernières années. On pense notamment à l'entreprise informatique Dell et à Kinder Morgan. On se rappellera aussi que les faillites retentissantes d'Enron et de WorldCom au début des années 2000 ont donné lieu à l'adoption de la loi Sarbanes-Oxley en 2002 et à de nouvelles demandes de transparence accrue des entreprises qui font un appel public à l'épargne partout en Occident, et le Canada n'y faisait pas exception.

Les entreprises cotées en bourse doivent maintenant composer avec des exigences onéreuses en matière de gouvernance d'entreprise, des mesures rigoureuses de contrôle financier et de nombreuses exigences en matière de production de rapports, ce qui entraîne des coûts élevés. Il est possible pour Irving Oil, de même que pour les autres entreprises appartenant à des intérêts privés, d'éviter une bonne part de ces coûts. Le temps supplémentaire et les fonds que l'entreprise s'épargne en n'ayant pas à répondre à des exigences de plus en plus lourdes en matière de production de rapports peuvent servir à d'autres fins[17]. Cela dit, les entreprises appartenant à des intérêts privés – et Irving ne fait pas exception – conçoivent sur mesure des exigences administratives et financières qui cadrent avec les exigences internes. En outre, Irving Oil doit se conformer à des exigences en matière de gouvernance que des entreprises, en particulier les banques, formulent chaque fois qu'elles prêtent de l'argent. Je fais aussi remarquer que les profits sont largement réinvestis dans Irving Oil, une pratique qui a été instaurée par K.C. et qui s'est poursuivie avec Arthur Irving. C'est ce qui explique, en partie du moins, le succès de l'entreprise dans un secteur difficile. Il n'est pas aussi facile de réinvestir les profits dans le cas des entreprises cotées en bourse.

Je vois une autre raison de ne pas faire un appel public à l'épargne. Je prétends que, si Irving Oil devait s'inscrire en bourse, nous verrions son siège social quitter Saint John en moins de 10 ans. Le choix de l'emplacement du siège social ne reposerait plus sur le fait que « c'est là que j'habite », mais plutôt sur des considérations économiques et commerciales et sur la préférence des hauts dirigeants quant à l'endroit où ils souhaitent résider. Dans une entreprise cotée en bourse, les hauts dirigeants prendront plusieurs facteurs en considération, par exemple les faibles taux d'imposition sur le revenu des entreprises et des particuliers et les services d'éducation auxquels leur conjoint et leurs enfants auraient accès.

Ces dernières années, nous avons vu plusieurs raffineries de pétrole fermer leurs portes au Canada, peut-être parce qu'elles avaient à subir la pression des évaluations trimestrielles de rendement et que leur siège social était situé loin des raffineries. Imperial Oil a fermé sa raffinerie de Dartmouth en 2013, Shell Canada a fermé sa raffinerie de Montréal en 2010, Petro Canada en a fait autant de sa raffinerie d'Oakville en 2005, de même que Gulf Canada et sa raffinerie de Point Tupper, en Nouvelle-Écosse, en 1980. De nombreuses autres ont fermé aux États-Unis, en

Europe et en Asie, y compris la raffinerie Philadelphia Energy Solutions, d'une capacité de 335 000 barils par jour, dont la fin des activités en 2019 a laissé un millier de travailleurs sans emploi, sans compter les entrepreneurs locaux qui faisaient affaire avec la raffinerie[18]. Exception faite de la raffinerie Sturgeon, située près d'Edmonton, en Alberta, aucune raffinerie n'a été construite au Canada depuis plus de 30 ans[19].

De nos jours, non seulement les raffineries exigent beaucoup de capitaux, mais aussi leur exploitation est très coûteuse. Elles nécessitent des investissements considérables en entretien et il existe une demande constante au niveau de l'équipement destiné à améliorer l'efficacité et à répondre aux normes environnementales et de sécurité[20].

Certaines raffineries qui sont encore en activité ont eu un bilan inégal par le passé et continuent d'éprouver des difficultés. Rappelons que John Shaheen avait négocié un accord avec l'ancien premier ministre de Terre-Neuve Joey Smallwood en vue de construire une raffinerie de pétrole à Come By Chance au milieu des années 1960. La raffinerie devait importer du pétrole brut du Moyen Orient, produire une gamme de produits grâce à sa capacité de production de 100 000 barils par jour, employer un millier de personnes et exporter la plupart de ses produits à différents endroits en Amérique du Nord. Du moins, c'est ce qui était prévu. Smallwood accepta d'accorder un prêt de 30 millions de dollars pour aider à la construction et un autre de cinq millions de dollars non garantis pour commencer les travaux. Deux membres chevronnés de son Cabinet, John Crosbie et Clyde Wells, s'opposèrent à l'accord et traversèrent le parquet de l'Assemblée pour siéger comme libéraux indépendants[21].

Comme l'histoire l'a révélé, Shaheen était manifestement un bon promoteur bien plus qu'un homme d'affaires avisé. Il prédit que la raffinerie se paierait d'elle-même en six ans. Elle fit faillite en trois ans. Shaheen loua le *Queen Elizabeth II* pour transporter 1 200 dignitaires de New York à Come By Chance afin qu'ils assistent à l'ouverture officielle de la raffinerie. Arthur Irving et Joey Smallwood étaient à bord du paquebot luxueux, sur lequel on servit de la fine cuisine et des bons vins en abondance. Arthur se rappelle avoir eu plusieurs discussions avec Smallwood au cours du voyage. Frank Moores et John Crosbie étaient également du voyage et n'hésitaient pas à s'attribuer le mérite politique de la construction de la raffinerie. Smallwood était renversé par leur hypocrisie et il décida, une fois rendu à Come By Chance, de ne pas assister à la cérémonie. Je mentionne que Shaheen n'a jamais payé le million de dollars qu'il devait aux propriétaires du *Queen Elizabeth II*.

La raffinerie de Come By Chance a connu une existence mouvementée dès le premier jour. Elle perdit 58 millions de dollars en 1974 et ne fonctionnait toujours pas à plein régime en 1976. Elle fut mise sous séquestre à la fin des années 1970. Ses dettes s'élevaient alors à 500 millions de dollars, dont 42 millions que Shaheen devait au gouvernement provincial et 40 millions au gouvernement fédéral. Elle ferma ses portes durant quatre ans, puis Petro Canada, alors une société d'État, en fit l'acquisition pour 10 millions de dollars en 1980. On rapporte que Shaheen fit remarquer que « Petro Canada s'était payé le plus gros citron au monde[22] ».

Petro Canada décida de ne pas rouvrir la raffinerie, la vendant plutôt à Newfoundland Energy, une entreprise des Bermudes, pour un dollar en 1986. Newfoundland Energy procéda à la mise à niveau de la raffinerie et entra en activité en 1987. Harvest Energy Trust de Calgary acheta les installations en 2006 pour 1,6 milliard de dollars. La raffinerie fut revendue en 2014 à Silverpeak Strategic Partners, une banque d'investissement de New York. Même si elle transformait 115 000 barils par jour, son avenir était incertain. Certains jours, les propriétaires disaient vouloir vendre la raffinerie à cause de ses coûts de production plus élevés que ceux de la concurrence et, d'autres jours, ils affirmaient vouloir la moderniser. À la fin de 2016, l'entreprise a annoncé la mise à pied de 128 travailleurs. Elle a expliqué que les mises à pied étaient rendues nécessaires en raison des « pressions économiques » qui ont « forcé de nombreuses raffineries de partout dans le monde à fermer leurs portes »[23].

Irving Oil a affronté les mêmes « pressions économiques » mais, au lieu de fermer sa raffinerie ou de mettre des employés à pied et de réduire la taille de l'entreprise, elle a pris de l'expansion. Sous la direction de Kenneth, elle a procédé à des travaux de modernisation ambitieux au coût de 1,5 milliard de dollars en 2000. Plus récemment, sous le leadership de l'équipe de gestion actuelle, l'entreprise poursuit sa croissance des deux côtés de l'Atlantique. En bref, les travailleurs de la raffinerie Irving Oil de Saint John ont beaucoup plus confiance dans la durabilité de leurs emplois à long terme que ceux de Come By Chance, et ce, pour une bonne raison.

J'ajouterais que, contrairement à la raffinerie de Come By Chance ou à la raffinerie Imperial Oil de Dartmouth, fermée récemment, Irving Oil lance régulièrement des projets de modernisation, de mise à niveau ou d'entretien destinés à assurer la compétitivité à long terme de sa raffinerie. Par exemple, elle a réalisé l'« Opération Falcon » à l'automne 2015, investissant 200 millions de dollars et appelant 3 000 travailleurs supplémentaires à entreprendre l'initiative de modernisation la plus ambitieuse de son histoire. L'Opération Falcon visait à améliorer la sécurité, la fiabilité et la compétitivité de la raffinerie[24]. Ce faisant, Irving Oil a injecté beaucoup d'argent dans l'économie locale.

En ce qui concerne la raffinerie de Come By Chance, ses investisseurs de New York ont envoyé récemment des messages contradictoires[25]. Dans le passé, il est arrivé qu'Irving Oil achète certains de ses produits de la raffinerie Come By Chance, spécialement lorsqu'elle a dû fermer sa raffinerie de Saint John ou une partie de celle-ci, comme cela s'est produit au lendemain de l'explosion de 2018[26].

Irving Oil a acquis la raffinerie de Whitegate, d'une capacité de 75 000 barils par jour, en 2016. La raffinerie éprouvait des difficultés et avait subi une perte de 148 millions de dollars en 2014[27], mais elle a rapporté un profit appréciable au cours de sa première année complète d'exploitation au sein d'Irving Oil. Deux ans plus tard, Irving Oil a également acheté l'entreprise familiale Top Oil, qui vit le jour en

Irlande au 19ᵉ siècle. L'entreprise, maintenant intégrée à Irving Oil, est l'un des principaux fournisseurs de mazout domestique, d'essence et de carburant diesel en Irlande[28]. Malgré son solide chiffre d'affaires, l'entreprise a enregistré une perte modeste dans l'année qui s'est terminée le 31 décembre 2018 en raison des marges plus étroites dues à la différence de prix entre le pétrole brut et les produits vendus[29].

Irving Oil n'a pas toujours navigué en eaux calmes. La société a dû relever sa part de défis. Comme il a été noté, elle ne possède pas ses propres sources de pétrole brut et, aux yeux de certains observateurs, Saint John n'est pas vraiment l'endroit idéal où construire une raffinerie de pétrole. La ville est reconnue comme étant une « ville ouvrière » et il n'est pas facile d'y attirer les talents les plus prometteurs étant donné que le taux d'imposition sur le revenu des particuliers au Nouveau-Brunswick est l'un des plus élevés au Canada. K.C. et Arthur Irving ont tous deux dû faire face à des questions importantes liées aux relations patronales-syndicales. En somme, la gestion d'une entreprise du secteur pétrolier et gazier et l'exploitation de la plus grande raffinerie au Canada ne sont pas pour les faibles. Il faut posséder un sens aigu des affaires et savoir prendre des décisions difficiles.

LA GESTION DES RESSOURCES HUMAINES

LA GESTION DE RESSOURCES HUMAINES N'EST JAMAIS UNE TÂCHE facile. Elle est encore plus exigeante, en fait, pour des entreprises qui se trouvent loin des grands centres urbains. Les cadres supérieurs les plus talentueux sont toujours très en demande et il suffit d'un moment de réflexion pour comprendre qu'il est plus facile de les attirer dans les grands centres urbains. Les entreprises du Canada atlantique doivent également répondre aux attentes des employés qui estiment que les normes salariales nationales devraient s'appliquer dans la région. Le gouvernement fédéral a beaucoup de comptes à rendre sur cette question.

J'ai fait valoir dans d'autres publications qu'il n'est pas dans l'intérêt économique du Canada atlantique de mettre en place les normes salariales nationales dans tous les secteurs. J'ai soutenu dans mon livre *Visiting Grandchildren*, paru en 2006, que le gouvernement fédéral devrait concevoir sur mesure ses politiques et programmes pour tenir compte des circonstances particulières de la région et, parallèlement, que la région elle-même devra reconnaître qu'elle doit ajuster ses attentes à l'égard des traitements et salaires nationaux. Plus précisément, les salaires ne devraient pas être déterminés par des échelles salariales nationales qui s'appliquent uniformément dans l'ensemble du pays. Les salaires au Canada atlantique sont plus élevés que ce que la région pourrait générer si elle devait se débrouiller par ses propres moyens, en raison des pressions en faveur de la parité salariale au sein de l'administration fédérale. Une échelle salariale nationale est incompatible avec le fait que l'économie du Canada atlantique est différente de celle de l'Ontario, par exemple, et que des politiques adaptées à la région sont requises. Qui plus est, elle n'est pas compatible avec les pratiques du secteur privé dans l'économie régionale. Nous savons que 40 % des manufacturiers canadiens établissent leur système de rémunération d'après les écarts de salaires entre les régions, une méthode aussi largement employée aux États-Unis. La rémunération des employés du secteur manufacturier demeure plus élevée à Fort McMurray, en Alberta, ou à Windsor, en Ontario, que dans les Maritimes[30].

Bien sûr, on peut comprendre que les employés de la fonction publique fédérale dans les Maritimes préféreraient que leur salaire soit lié à des normes nationales. Je le sais parce que plusieurs d'entre eux et elles m'ont contacté pour exprimer leur profond désaccord avec ma position après la parution de *Visiting Grandchildren*. Il faut toutefois évaluer leurs arguments en tenant compte du fait qu'aucun salaire n'est versé aux personnes sans emploi aux Maritimes ou aux personnes qui ont quitté la région en quête de meilleures perspectives. L'application d'un niveau de rémunération national serait logique si elle était nécessaire pour attirer des travailleurs et des travailleuses qualifiés mais, sinon, elle risque de créer du chômage.

L'essentiel, c'est que le gouvernement fédéral doit suivre le secteur privé, non le devancer. Autrement dit, si le secteur privé décide qu'il doit offrir un niveau de rémunération national pour attirer certaines compétences, le gouvernement doit alors en faire autant. Mais l'inverse s'applique également. Présentement, le gouvernement fédéral freine le développement économique et la création d'emplois dans la région en versant des salaires et traitements supérieurs à ceux du secteur privé. S'ils étaient moins élevés que les normes nationales, la région serait plus concurrentielle dans le secteur public lui-même, ce qui renforcerait la thèse qui préconise qu'un nombre accru d'unités administratives fédérales soient situées dans la région. Les niveaux de rémunération élevés risquent de créer une tendance à la hausse des traitements et salaires et, par ricochet, de réduire la demande de main-d'œuvre et de rendre la région moins concurrentielle.

Par ailleurs, les salaires des fonctionnaires fédéraux sont relativement élevés même par rapport aux normes nationales. Le directeur parlementaire du budget rapporte que la rémunération totale des employés de la fonction publique fédérale en 2013 se situait à 114 000 $ par année en moyenne[31]. Dans le cadre d'un examen exhaustif, James Lahey, un haut fonctionnaire du Secrétariat du Conseil du Trésor, a conclu que les employés du secteur public fédéral bénéficiaient d'une prime de 8 à 9 % par rapport à leurs homologues du secteur privé et que la prime de rémunération totale des fonctionnaires fédéraux s'établissait entre 15 et 20 % lorsqu'on tient compte des avantages non salariaux tels que les prestations de retraite[32]. De plus, le salaire moyen des fonctionnaires fédéraux se situait dans le 95e percentile des salaires dans l'ensemble du secteur des services la même année[33].

En novembre 2019, le gouvernement fédéral a annoncé qu'un poste de gestionnaire des opérations comptables était vacant à Fredericton, au Nouveau-Brunswick. Le poste exigeait de l'expérience en finance et en comptabilité et un diplôme d'un établissement postsecondaire. L'emploi était assorti d'un salaire allant jusqu'à 109 683 $, qui faisait alors l'objet d'un examen. Le poste prévoyait également des avantages sociaux selon la norme reconnue, y compris un généreux régime de retraite et d'autres avantages que la grande majorité des entreprises du secteur privé au Canada atlantique n'a pas les moyens d'offrir[34].

En septembre 2019, le gouvernement du Canada a annoncé un poste d'analyste financier de niveau supérieur à Saint John, dont le salaire était entre 69 908 $ et 96 580 $, plus de généreux avantages sociaux[35]. Je ne connais aucun poste du secteur privé au Canada atlantique dont la rémunération s'approche, même de loin, de ces salaires, pour des responsabilités semblables et des connaissances, une expérience et des compétences comparables. Les coûts, y compris les salaires, les traitements et la main-d'œuvre qualifiée, sont un facteur important pour les entreprises locales et les aspirants entrepreneurs dans les efforts qu'ils déploient pour bâtir des entreprises viables. Les salaires des fonctionnaires fédéraux dans la région, établis selon une échelle salariale nationale, accroissent la difficulté qu'ont les entreprises locales à attirer du personnel qualifié.

RETOUR EN ARRIÈRE

ARTHUR IRVING, COMME SES DEUX FRÈRES, A APPRIS LA FAÇON DE FAIRE des affaires de ses parents à un très jeune âge. Si les garçons avaient promis de livrer une douzaine d'œufs à une certaine heure, ils devaient tenir promesse, même s'il leur fallait livrer les œufs après minuit. Arthur, pas plus que ses deux frères, ne s'est lancé en affaires à contre-cœur. Il a décidé, dès sa tendre enfance, qu'il avait la vocation pour l'entrepreneuriat et qu'Irving Oil était l'endroit où il ferait sa marque.

Il s'est attelé à la tâche avec détermination et enthousiasme. Il a appris son métier en observant son père au travail et il est toujours prêt à affronter la concurrence, comme son père l'était. Pour bien comprendre

K.C., Arthur et Irving Oil, il faut savoir comment K.C. voyait le monde et comment Arthur le voit encore maintenant.

En décidant de se consacrer au secteur du pétrole et du gaz, Arthur Irving a dû apprendre toutes les facettes de ce secteur sous l'œil vigilant de son père. Les gens qui ont travaillé avec Arthur m'ont dit qu'il est naturellement doué pour un certain nombre de choses. Ils mentionnent qu'il est un vendeur né et qu'il n'a jamais besoin de se faire prier pour fournir un effort supplémentaire, qu'il peut passer de l'examen de questions de portée générale à celui des détails des affaires quotidiennes avec une facilité remarquable et qu'il est toujours disposé à faire de longues journées pour accomplir le travail. Ils rapportent aussi qu'il ne recule jamais devant la concurrence; au contraire, il l'accueille favorablement. De plus, il ne se défile jamais devant les décisions difficiles.

De nos jours, Arthur Irving considère, comme K.C. autrefois, qu'Irving Oil est une entreprise familiale qui doit faire concurrence aux géants mondiaux de l'industrie pétrolière. L'entreprise et ses dirigeants étaient et demeurent fermement ancrés à Saint John, au Nouveau-Brunswick, où ils doivent constamment lutter contre la force de gravité ou contre un pouvoir politique et économique puissant exercé de l'extérieur. Il y a lieu de répéter le commentaire qu'Arthur a formulé au sujet de son père et qui témoigne autant de sa motivation que de celle de son père. Il a dit que « tous les jours, au travail, il y avait quelque chose d'excitant. Tous les jours, il y avait quelque chose de nouveau. [...] Chaque jour, une nouvelle partie se jouait. Le score était de trois à deux. Nous avions deux et l'adversaire avait trois. [...] Il tirait une grande satisfaction de ses succès[36]. » C'est également ainsi qu'Arthur Irving et Irving Oil voient le secteur pétrolier et gazier. Ils sont le petit bétail qui cherche à avoir sa part du marché dans un monde où le gros bétail se sert en premier.

Notes

1 Voir, par exemple, Douglas How et Ralph Costello, *K.C.: The Biography of K.C. Irving* (Toronto : Key Porter, 1993), 71.
2 *Ibid.*
3 *Ibid.*, 70.
4 Kevin Leman, *The Birth Order Book: Why You Are the Way You Are* (Grand Rapids : Revell, 2009).
5 Frank J. Sulloway, *Born to Rebel: Birth Order, Family Dynamics, and Creative Lives* (New York : Vintage, 1997).
6 Voir, par exemple, How et Costello, *K.C.*, 74.
7 *Ibid.*, 71.
8 *Ibid.*, 72.
9 Alan Farnham, « The Children of the Rich and Famous », *Fortune*, 10 septembre 1990, money.cnn.com/magazines/fortune/fortune_archive/1990/09/10/73985/index.htm (traduction libre).
10 How et Costello, *K.C.*, 74 (traduction libre).
11 John DeMont, *Citizens Irving: K.C. Irving and His Legacy* (Toronto : McClelland and Stewart, 1992), 141 (traduction libre).
12 *Ibid.*, 142.
13 Alain Deneault, « The Irvings, Canada's robber barons », *Le Monde diplomatique*, avril 2019, mondediplo.com/2019/04/13canada (traduction libre).
14 Voir, par exemple, Toby D. Couture, « Without Favour: The Concentration of Ownership in New Brunswick's Print Media Industry », *Canadian Journal of Communication*, vol. 38, no 1 (2013), 57-81.
15 DeMont, *Citizens Irving*, 147-148.
16 *Ibid.*, 147 et 148.
17 Marvin Dumont, « Why Public Companies Go Private », *Investopedia*, 25 juin 2019, investopedia.com/articles/stocks/08/public-companies-privatize-go-private.asp.
18 Laila Kearney, Jarrett Renshaw et Noah Browning, « PES refinery expected to shut down remaining units as crude dwindles: sources », *Reuters*, 17 juillet 2019, reuters.com/article/us-refinery-operations-pes-philadelphia/pes-refinery-expected-to-shut-remaining-units-as-crude-supply-dwindles-sources-idUSKCN1UC2ID.

19 Canada, *Aperçu des raffineries au Canada : évaluation du marché de l'énergie, avril 2018* (Ottawa : Office national de l'énergie, 2018), 8.

20 Canada, *Le secteur canadien du raffinage pétrolier : un contributeur important face à des défis mondiaux* (Ottawa : Conference Board du Canada, 2011), 9.

21 Jenny Higgins, assistée de Melanie Martin, « La raffinerie de pétrole de Come By Chance », *Heritage Newfoundland & Labrador*, mise à jour en janvier 2018, heritage.nf.ca/articles/politics/come-by-chance.php.

22 *Ibid.* (traduction libre).

23 Garrett Barry, « Come By Chance refinery owner lays off 128, citing economy », *CBC News*, 10 novembre 2016, cbc.ca/news/canada/newfoundland-labrador/come-by-chance-refinery-cuts-1.3843847 (traduction libre).

24 « Irving Oil Announces $200-million Refinery Project », *Oil & Gas Product News*, 25 août 2015, oilandgasproductnews.com/article/21412/irving-oil-announces-dollar200-million-refinery-project.

25 Voir, par exemple, « Come By Chance refinery sale falls through after pricetag squabble: report », *CBC News*, 11 juillet 2018, cbc.ca/news/canada/newfoundland-labrador/sale-come-by-chance-refinery-falls-through-1.4742057.

26 Bobbi-Jean MacKinnon et Elizabeth Fraser, « Following Saint John oil refinery blast and fire, Irving Oil to focus on cause », *CBC News*, 10 octobre 2018, cbc.ca/news/canada/new-brunswick/explosion-fire-saint-john-oil-refinery-1.4854460.

27 Barry O'Halloran, « Canadian group Irving Oil to buy Cork's Whitegate Refinery », *The Irish Times*, 3 août 2016, irishtimes.com/business/energy-and-resources/canadian-group-irving-oil-to-buy-cork-s-whitegate-refinery-1.2743671.

28 Sean Galea-Pace, « Canada's Irving Oil to acquire Top Oil to expand into Ireland », *Business Chief*, 21 août 2018, canada.businesschief.com/leadership/2860/Canadas-Irving-Oil-to-acquire-Top-Oil-to-expand-into-Ireland.

29 « Arthur Irving Posts Irish Refinery Losses », 4 décembre 2019, allnovascotia.com.

30 Virginia Galt, « Regional pay differences becoming common: study », *Globe and Mail*, 16 novembre 2004, theglobeandmail.com/amp/report-on-business/regional-pay-differences-becoming-common-study/article1007043/.

31 Julian Beltrame, « Public Service Salaries: Canada Pays Average Bureaucrat $114,000, Watchdog Finds », *The Canadian Press*, 11 décembre 2012.

32 James Lahey, « Controlling Federal Compensation Costs: Towards a Fairer and More Sustainable System », dans Christopher Stoney et G. Bruce Doern (dir.), *How Ottawa Spends 2011-2012* (Montréal : McGill-Queen's University Press, 2012), 84-109.

33 Canada, Statistique Canada, *Les estimations annuelles de l'emploi, des gains et des heures, 1991-2004*, d'après le Système de classification des industries de l'Amérique du Nord (SCIAN) 2002.

34 Gouvernement du Canada, « Manager Accounting Operations », *Canada Government Jobs*, 1er novembre 2019, canadagovernmentjobs.ca/3528/manager-accouting-operations/.

35 Gouvernement du Canada, « Analyste financier principal, Saint-Jean, Nouveau-Brunswick », Agence du revenu du Canada, date de fermeture le 13 septembre 2019, careers-carrieres.cra-arc.gc.ca/gol-ged/wcis/pub/rtrvjbpst.action?pi=3863BB41B6A41ED9AF9EBC1273EF8BD2.

36 Cité dans How et Costello, *K.C.*, 381 (traduction libre).

CHAPITRE 6

LE FLAMBEAU PASSE À ARTHUR

ARTHUR IRVING S'EST JOINT À IRVING OIL EN 1951. JE LUI AI demandé pourquoi il avait opté pour le secteur pétrolier et gazier plutôt que pour l'industrie forestière, par exemple. Était-ce son idée ou celle de K.C.? Il m'a répondu que ce n'était l'idée de personne, mais plutôt une transition naturelle. Arthur souhaitait travailler dans ce secteur et son père était tout à fait en faveur de son choix, tout comme ses deux frères. Personne ne s'est dit pour ou contre; la transition s'est faite tout simplement et toutes les parties en étaient bien heureuses. Par ailleurs, Arthur voyait que la vente était une importante composante du secteur pétrolier et gazier, et la vente est ce qu'il aime le plus faire et il y excelle. Bref, se diriger vers le secteur pétrolier et gazier était un choix naturel pour Arthur, et cela était évident pour tous.

Arthur m'a confié que les arbres ont toujours été la vraie passion de son père. K.C. s'intéressait vivement à la foresterie et il a jeté les bases d'une entreprise très prospère qui a survécu à de nombreux revirements et qui continue de prospérer aujourd'hui. K.C. Irving a été le premier au Canada atlantique à créer un programme de plantation d'arbres en 1957. Quelque 60 ans plus tard, l'entreprise qu'il a dirigée pendant près de trois décennies a planté son milliardième arbre[1]. K.C. a planté son premier arbre à Black Brook, une petite localité du Nouveau-Brunswick. Un an plus tard, il a établi la première pépinière d'arbres de son entreprise à Juniper, une autre petite localité du Nouveau-Brunswick.

J'ai survolé le Nouveau-Brunswick de nombreuses fois et j'ai constaté qu'on peut facilement distinguer les terres forestières d'Irving de celles de la concurrence, ou de ce qu'il en reste. Il n'y a pas de chemins en zigzag sur les terres d'Irving – toutes les lignes sont droites, tout est bien carré là où il le faut et tout est parfaitement bien ordonné. Il n'en est pas de même pour les autres entreprises forestières, du moins les quelques-unes qui possèdent des terres dans la province et qui les exploitent encore.

On peut dire sans risque d'exagérer que les entreprises forestières de l'extérieur qui sont venues au Nouveau-Brunswick n'étaient guère plus que des opportunistes. Elles sont venues, ont exploité la ressource et, quand les choses sont devenues trop difficiles, elles sont parties. Je pense notamment à International Paper, Consolidated Bathurst, Smurfit-Stone, Repap et UPM-Kymmene à Miramichi. On se rappellera que Smurfit-Stone a simplement quitté Bathurst en 2005, sans réel préavis, laissant derrière elle 300 personnes sans emploi et d'horribles terrains au milieu de la ville. Ensuite, le groupe américain Green Investment a acheté la propriété, a vendu ses éléments d'actif et s'est enfui sans payer ses impôts fonciers[2].

J'invite le lecteur à aller à Miramichi et à Dalhousie, entre autres endroits, pour voir les vides que ces entreprises ont laissés derrière elles, parfois même sans se donner la peine de nettoyer le gâchis. J.D. Irving (JDI) est encore dans la province, tout comme son siège social. Elle exploite plusieurs entreprises dans le secteur forestier – de Saint

John jusqu'à Saint-Léonard, dans le Madawaska, en passant par bon nombre d'endroits entre les deux – et elle s'est étendue sur d'autres territoires, notamment dans le Maine.

Même si la foresterie était la véritable passion de K.C., Arthur m'a rapporté que son père pouvait très rapidement « passer à un autre sujet » et qu'il le faisait en un instant lorsqu'il devait voir à ses affaires dans le secteur pétrolier et gazier. Arthur a aussi souligné que K.C. savait détecter et régler les problèmes importants au bon moment, peu importe le secteur ou le problème.

Arthur s'est familiarisé avec le secteur pétrolier et gazier en regardant son père travailler. Il faisait le nécessaire, et aucune tâche n'était trop petite ou trop grande. Au moment où il est devenu PDG, il avait déjà une profonde connaissance d'Irving Oil et de ses activités, autant sa raffinerie et ses points de vente au détail que tout le reste. Arthur a été nommé PDG en 1972 de manière très discrète. Le monde des affaires l'a seulement appris lorsque Irving Oil a annoncé qu'elle avait signé un protocole d'entente pour lancer un programme d'exploration de pétrole en Nouvelle-Écosse. L'entente avait été signée par A.B. Bristow, président de Chevron, et par Arthur Irving en tant que président du conseil, président et chef de la direction d'Irving Oil. Il n'y a pas eu de grande annonce, pas même un communiqué de presse. Ni K.C. ni Arthur n'en voyaient la nécessité. Comme Arthur le dirait : il n'était pas nécessaire de s'en vanter.

LE DÉMÉNAGEMENT AUX BERMUDES

On a écrit et dit beaucoup de choses sur la décision de K.C. Irving de déménager aux Bahamas, puis aux Bermudes. À ce sujet, il a simplement publié un énoncé bref et précis disant : « Je ne réside plus au Nouveau-Brunswick. Mes fils continuent de gérer les diverses entreprises. Pour tout le reste, je ne souhaite pas en discuter davantage[3]. »

La décision de K.C. de déménager coïncidait avec les décisions d'Ottawa et du Nouveau-Brunswick d'imposer, respectivement, les gains en capital et les biens transmis par décès. Le gouvernement fédéral avait aussi signifié son intention de lancer une poursuite contre K.C. en raison de la forte concentration de la propriété des médias entre ses mains. Des agents de la GRC étaient entrés dans les bureaux des journaux d'Irving avec un mandat de perquisition et avaient saisi près de 4 000 pages de matériel qu'ils ont passé environ neuf mois à étudier.

Le gouvernement fédéral finit par accuser K.C. Irving et sa société de portefeuille de contrevenir à la législation sur la concurrence. S'ensuivirent des poursuites acerbes, longues et coûteuses pour les deux parties. La cause était aussi fortement teintée de politique. Un sénateur libéral du Nouveau-Brunswick, Charles McElman, mena la charge contre les journaux Irving, soutenant qu'ils étaient incapables de couvrir adéquatement les questions liées à leur propriétaire. K.C. Irving expliqua qu'il avait acheté les journaux parce qu'il ne voulait pas qu'ils tombent entre les mains d'entreprises de l'extérieur de la province. Il précisa aussi qu'il ne se prenait pas de salaire des journaux, qu'il n'en recevait pas de dividendes, que tous les profits étaient réinvestis dans les journaux et qu'il ne parlait jamais à qui que ce soit pour exercer une influence sur le contenu rédactionnel. Il ne parlait aux dirigeants des journaux que pour des décisions d'affaires[4].

Pour K.C. Irving, l'entreprise de presse était simplement une autre entreprise et il a toujours insisté pour dire qu'il ne s'intéressait pas au contenu rédactionnel des journaux[5]. L'affaire finit par se rendre en Cour suprême du Canada. Quatre ans après le départ de K.C. du Nouveau-Brunswick, la Cour suprême entérina la décision de la Cour d'appel du Nouveau-Brunswick. Les tribunaux conclurent que la concentration de la propriété de K.C. dans les journaux de la province avait donné lieu à une amélioration considérable de tous les journaux visés après que K.C. en eut fait l'acquisition, que « les directeurs et les rédacteurs en chef respectifs des journaux avaient une autonomie complète à l'égard du contenu rédactionnel » et que le « juge de première instance avait conclu que le public n'avait subi aucun préjudice »[6].

Pour beaucoup dans le milieu des affaires, le jugement n'était pas seulement une victoire pour K.C. Irving, mais aussi une victoire pour la libre entreprise. Selon eux, ce jugement disait aux Canadiens que personne, ni le gouvernement fédéral ni même les tribunaux, ne pouvait enlever à un entrepreneur ce qu'il avait bâti et gagné[7].

Je peux facilement imaginer que cette histoire a laissé un goût amer dans la bouche de K.C. Irving. Il ne pouvait probablement pas concevoir qu'il était possible d'enfreindre la loi en achetant une entreprise et en l'exploitant avec succès. Il avait probablement de la difficulté à comprendre que le fédéral pouvait dépenser des millions de dollars de fonds publics pour continuer de s'adresser aux tribunaux dans une affaire qu'il avait déjà perdue devant la Cour d'appel du Nouveau-Brunswick, et qu'il allait de nouveau perdre devant la Cour suprême du Canada. Harrison McCain m'a dit un jour que K.C. n'était pas aussi dérangé par le fait de payer des impôts que par l'usage que le gouvernement en faisait. À son avis, en plus d'avoir dépensé un montant considérable pour engager des avocats réputés, dont J.J. Robinette, pour défendre son entreprise en cour, il avait aussi couvert, par ses impôts, une partie des honoraires des avocats et des conseillers juridiques externes du gouvernement.

Au dire de plusieurs, la question des impôts était la principale préoccupation de K.C. Irving lorsqu'il quitta le Nouveau-Brunswick pour les Bahamas, puis les Bermudes, et ce qui l'amena à se poser des questions existentielles sur ses entreprises et son héritage.

K.C. comprenait les conséquences qu'entraîneraient ces mesures gouvernementales. S'il restait, lui ou sa succession aurait un jour ou l'autre à renoncer à une bonne partie de ses avoirs pour payer les nouveaux impôts. Allait-il devoir vendre Irving Oil ou son entreprise forestière pour léguer l'une ou l'autre à ses fils? Il avait passé sa vie à bâtir ses entreprises et pensait sans doute qu'il serait injuste de devoir en vendre une bonne partie afin de payer des impôts et de nourrir ainsi l'appétit insatiable du gouvernement pour les recettes fiscales. Il pensait peut-être aussi que des acheteurs de l'extérieur de la province s'empareraient de la moitié de l'entreprise que lui ou sa succession devrait vendre. Si cela arrivait, il savait, prenant l'histoire à témoin, que les sièges sociaux étrangers finiraient par sortir la haute direction de la province. L'histoire nous montre aussi qu'ils auraient démantelé les meilleurs actifs et les auraient vendus pour faire des profits qui auraient eu peu d'importance pour eux, mais beaucoup pour la province.

K.C. a peu parlé, même après coup, de sa décision de quitter la province. Il a émis un seul commentaire : « Il se passait beaucoup de choses à ce moment-là[8]. » On lui a demandé par la suite s'il allait revenir dans la province après que le gouvernement du Nouveau-Brunswick eut suspendu son impôt sur les successions en 1974 sans toutefois changer la loi. Il a simplement répondu qu'il n'en avait pas l'intention[9].

Ses trois fils approchaient alors la quarantaine ou l'avaient déjà franchie et ils étaient prêts à prendre les rênes. Même si K.C. s'était éloigné des affaires quotidiennes, il ne faut absolument pas en conclure qu'il hésitait à parler affaires avec ses enfants. Il était en constante communication avec eux et passait beaucoup de temps au Nouveau-Brunswick. Lorsqu'il était à Saint John, il logeait dans un appartement en haut de l'immeuble de JDI, sur la rue Union, en face de l'immeuble Golden Ball. Lui et ses trois fils se parlaient et se rencontraient souvent.

La transition du père aux fils s'est faite tout en douceur. Les trois fils avaient déjà à ce moment-là acquis une vaste expérience en affaires – plus de 20 ans dans les trois cas. J.K. dans l'entreprise forestière, Arthur à Irving Oil et Jack dans les affaires immobilières avaient tous été témoins d'une croissance de leur volume d'affaires. Ils avaient tous participé directement à la gestion et à l'expansion de toutes les entreprises.

Arthur a pris la barre d'Irving Oil à un moment crucial de son développement. La raffinerie fonctionnait efficacement et, en rétrospective, on voyait clairement que la décision de la construire avait été un investissement judicieux. Le commerce de détail d'Irving Oil se portait aussi fort bien et grandissait. Bref, K.C. avait réuni tous les ingrédients pour assurer à Irving Oil un grand succès. Il revenait maintenant à Arthur de bâtir sur ce succès et de faire grandir l'entreprise.

Les enfants d'entrepreneurs très prospères ressentent souvent le besoin de sortir de l'ombre de leurs parents. Arthur, lui, voyait que son père était extrêmement ambitieux, absorbé par son travail et largement respecté de ses employés et de la population et il voulait la même chose. Il est bien connu qu'il n'est pas toujours facile d'être l'enfant d'un grand entrepreneur, et il est certain que K.C. était un grand entrepreneur et plus encore. De nombreux livres ont été écrits sur les difficultés que les fils et les filles de pères très prospères doivent affronter lorsque vient leur tour de diriger l'entreprise familiale. Certains réussissent à développer l'entreprise, d'autres n'y parviennent pas[10].

Certains réussissent aussi à sortir de l'ombre de leur père, d'autres non. Arthur Irving devait savoir que tous les regards étaient tournés vers lui et qu'on se demandait s'il parviendrait à tracer son propre chemin. J'ai l'impression qu'il ne s'est pas vraiment arrêté à cette question. Il admirait son père, et c'est encore le cas, et il adorait sa mère, et c'est encore le cas. N'étant pas du genre à compliquer les choses, Arthur s'est simplement attelé à la tâche sans perdre un instant lorsqu'il est entré à Irving Oil. Il ne s'est jamais arrêté pour analyser les avantages et les inconvénients qu'il y a à travailler dans l'ombre de son père. Il en était heureux. Il n'a jamais été intimidé par le succès et les accomplissements de son père; bien au contraire, il s'en réjouissait et était impatient d'en faire partie et de poursuivre le travail. Il m'a confié que dès un très jeune âge il avait hâte de passer à l'action et de contribuer à la croissance de l'entreprise que son père avait fondée et guidée pendant près de 50 ans. Comme je l'ai déjà souligné, il m'a aussi dit que le jour où il avait reçu les clés d'une Ford, y avait collé le diamant Irving et avait pris la route pour vendre des produits pétroliers et gaziers avait été un très heureux jour.

ARTHUR, L'HOMME D'AFFAIRES

ARTHUR, COMME SON PÈRE ET SES DEUX FRÈRES, EST UN HOMME d'affaires rigoureux, ambitieux, travailleur et très compétitif. Il joue pour gagner et l'histoire nous montre qu'il a plus souvent gagné que perdu. Sous sa direction, l'entreprise familiale créée par son père dans l'industrie pétrolière et gazière est devenue encore plus imposante et plus prospère. Irving Oil est aujourd'hui considérablement plus grande que lorsque Arthur en a pris la barre, et ce, sous tous les aspects, de la raffinerie jusqu'à sa part du marché en passant par son chiffre d'affaires et le nombre de ses points de vente au détail.

Arthur a participé à tous les grands projets d'expansion d'Irving Oil à partir du moment où il y est entré. Lorsqu'il a été nommé PDG de l'entreprise, il en connaissait tous les rouages. Il n'a jamais perdu de vue ce qui était important, ce qui reste important et ce qu'il faut pour continuer à développer l'entreprise. Comme son père, il s'efforce toujours d'avoir la situation bien en main. Et pour lui, comme ce l'était le cas pour son père, chaque jour est un nouveau jour. Il vaut la peine de répéter ce qu'Arthur a dit lorsque l'Atlantic Canada Plus Association a rendu hommage à son père : « Le score était de trois à deux. Nous avions deux et l'adversaire, trois. Il ne restait plus que 10 secondes à jouer – et nous devions gagner[11]. »

ARTHUR ET SON PERSONNEL

POUR ÉCRIRE CE LIVRE, J'AI CONSULTÉ DIVERSES PERSONNES QUI travaillent ou qui ont travaillé chez Irving Oil, notamment des cadres. Deux choses m'ont frappé. Premièrement, l'uniformité des avis. J'entendais souvent la même chose d'une entrevue à l'autre. Deuxièmement, les employés sont aussi loyaux envers Arthur que ce dernier l'est envers eux. En effet, les cadres d'Irving Oil sont très fidèles à Arthur et à son héritage.

À la direction d'Irving Oil, Arthur Irving a adopté la méthode de travail qu'utilisait K.C. et qui avait fait ses preuves. Des employés de longue date de l'entreprise m'ont raconté que, lorsque K.C. est parti au début des années 1970, il n'a pas essayé de faire de la microgestion, ni même de la macrogestion, à distance ou des Bermudes. Il était toujours disponible pour Arthur, mais il l'a laissé gérer Irving Oil à sa guise.

Il est fort possible que K.C. ne sentait pas le besoin de gérer Irving Oil à distance parce qu'il voyait qu'Arthur utilisait la même stratégie que lui-même avait utilisée pour amener Irving Oil là où elle était rendue à l'époque. K.C. a rapidement constaté qu'Arthur réussissait bien lui aussi à gérer et à développer l'entreprise. Comme son père, Arthur a toujours insisté sur l'importance d'offrir un meilleur service à la clientèle que la concurrence, de prêter une grande attention aux détails, de traiter tout le monde avec respect et politesse, d'engager des employés productifs et d'être loyaux envers eux et de réinvestir les profits dans la croissance de l'entreprise. Arthur a fait sienne cette approche de K.C.

Lors des réunions de la direction et du personnel, Arthur soulignait constamment que le service est un ingrédient fondamental. Il le répétait encore et encore. Dans les entrevues, les employés d'Irving Oil ont eux aussi souligné de nombreuses fois l'importance d'offrir un excellent service aux consommateurs. De plus, Arthur poussait constamment les employés à trouver de nouveaux clients, à arracher des clients à la concurrence et, une fois qu'ils les avaient recrutés, à leur assurer un service de première qualité.

Arthur Irving s'est toujours fait un devoir de visiter ses stations-service, souvent sans s'annoncer. Il aime faire cela, et surtout parler avec les travailleurs de première ligne. Ils savent ce que les consommateurs veulent et apprécient, et Arthur leur pose toujours un tas de questions, une question menant souvent à une autre. Il répète sans cesse que la meilleure manière de savoir ce que veulent les consommateurs et d'identifier les changements qui s'imposent, c'est de discuter avec les gens qui les servent.

C'est sous la gouverne d'Arthur qu'Irving Oil a créé les relais « Big Stop », justement pour répondre aux souhaits des consommateurs. Le concept a été un franc succès dès le départ. Arthur Irving a ouvert le premier Big Stop en 1984 à Aulds Cove, en Nouvelle-Écosse. Aujourd'hui, il y a près de 30 Big Stop répartis dans les Maritimes, en Ontario et en Nouvelle-Angleterre, et leur nombre continue de croître.

Les Big Stop bourdonnent d'une activité constante. J'ai fait escale à deux de ces commerces pendant que je travaillais au présent livre. Tous ont des points d'intérêt qui alimentent les conversations, un grand terrain de stationnement et un personnel très sympathique. Tous offrent aussi un accès facile aux pompes à essence et à diésel et certains offrent des bornes de recharge rapide pour les véhicules électriques. Harvey Sawler qualifie les Big Stop d'Irving de Wal-Mart miniatures[12]. C'est une bonne comparaison. J'ai vu dans des Big Stop des produits qu'on voyait autrefois dans les magasins généraux de petites localités, par exemple des gants de travail ou encore des accessoires pour autos et camions.

Les relais Big Stop portent des noms inspirés de l'histoire de leur localité. Le village de Salisbury au Nouveau-Brunswick était réputé pour l'élevage du renard argenté au début du 20ᵉ siècle et est connu comme étant le « pays du renard argenté ». C'est pourquoi le Big Stop qui s'y trouve est appelé « Silver Fox ». Le Big Stop de Lincoln, près de Fredericton, porte le nom de « Blue Canoe » parce que la construction de canots occupe une grande place dans l'histoire de Fredericton.

Les Big Stop sont tous centrés sur le consommateur, ce qui reflète clairement la philosophie d'Arthur Irving. Par exemple, celui de Salisbury offre 60 espaces de stationnement pour camions, un dépanneur ouvert tous les jours, 24 heures sur 24, cinq pompes à diésel, six douches, trois restaurants (Tim Hortons, Subway et Big Stop), l'accès Internet, une laverie automatique, des postes de pesée certifiés pour camions, une boutique de voyage, un guichet bancaire automatique, un comptoir de crème glacée, des bornes de recharge Tesla et des téléphones publics[13].

À certains Big Stop, les clients peuvent écrire des commentaires sur le site Web. Sawler explique : « Tout dans un Big Stop d'Irving est bien organisé – une place pour chaque chose et chaque chose à sa place. Et avec chaque nouvelle succursale qu'ils construisent, ils apprennent à mieux organiser les choses, ne négligeant aucun détail[14]. » Les toilettes et les restaurants sont propres, la nourriture est excellente et les uniformes des employés ont l'air de sortir tout droit du nettoyeur à sec. Bref, tout est bien entretenu.

Les camionneurs sont « vénérés » dans les Big Stop. Les associations de camionnage recommandent ces relais en raison de la qualité du service et de la réputation de leurs restaurants, où on sert des sandwichs chauds à la dinde « faits de vraie dinde, recouverts de sauce et couronnés de petits pois[15] ». Un concurrent a dit ceci des Big Stop d'Irving : « Leurs stations-service sont plus propres que la plupart des hôpitaux que j'ai vus. Les restaurants Irving, avec leurs pains frais, leurs soupes et leurs tartes faites maison, sont de manière constante parmi les meilleurs restaurants ruraux partout dans les provinces de l'Atlantique et au Maine[16]. »

Arthur Irving a participé directement à l'élaboration du concept des Big Stop et a surveillé de près le projet. Sous la plume de John DeMont, on peut lire qu'« un gérant se souvient d'avoir été impressionné de voir Arthur refuser d'ouvrir un complexe de station-service Big Stop d'un million de dollars avant d'avoir lui-même vérifié les cabines de douche destinées aux camionneurs pour être certain qu'il y avait de gros pains de savon et non pas les minuscules savonnettes qu'on trouve dans les hôtels[17]. » On voit encore une fois que l'attention aux détails est importante pour Arthur Irving. C'est pour lui aussi important que ce l'était pour son père autrefois, et c'est tout aussi important pour la direction d'Irving Oil aujourd'hui.

Le concept des Big Stop est une formule gagnante qui a rapporté gros. C'est un chef-d'œuvre de commerce au détail qui a réussi grâce à une attention particulière portée aux consommateurs et aux détails.

Ainsi, les relais Big Stop ont gagné la faveur des consommateurs partout où ils ont été construits. Les consommateurs savent qu'ils existent, ne serait-ce que par le bouche à oreille. Comme Sawler le conclut, « le stationnement rempli montre que ça marche », et les consommateurs le savent, notamment les « camionneurs d'aussi loin que la Californie »[18].

Arthur Irving ne veut pas s'attribuer le mérite du succès de l'enseigne Big Stop. Il insiste pour dire qu'il faut être entouré d'une équipe des plus performantes pour réussir en affaires. Il explique que, dès les années 1980, l'équipe avait remarqué que la vente au détail d'hydrocarbures s'éloignait du modèle des aires de service au profit de dépanneurs combinés à la vente d'essence au détail. Arthur et son équipe de direction ont compris qu'il était temps pour Irving Oil de se réinventer. Ainsi fut créé le concept des Big Stop.

UNE ATTENTION AUX DÉTAILS

AU RISQUE DE ME RÉPÉTER, LES EMPLOYÉS D'IRVING OIL QUE J'AI consultés ont souligné qu'Arthur Irving prête toujours une grande attention aux détails, tout comme le faisait son père. Aucun détail n'est trop petit ou trop banal. Il faut aussi que tout soit en ordre. La même philosophie prévaut encore maintenant. Je me souviens d'avoir remarqué, en passant devant le vestiaire du personnel à la raffinerie Irving Oil, que l'endroit et les uniformes étaient extrêmement propres et que les uniformes étaient tous suspendus dans un ordre parfait.

Lorsqu'il était PDG, Arthur Irving n'a jamais hésité à se pencher sur le moindre détail administratif. Un cadre supérieur qui a travaillé directement pour lui m'a confié qu'Arthur a longtemps signé tous les chèques de plus de 1 000 $. Il passait autant de temps qu'il le fallait à s'occuper des affaires pressantes, mais il trouvait toujours le temps de voir aux détails et signer une multitude de chèques. Ce cadre a précisé qu'Arthur ne cherchait pas tant à contrôler les dépenses qu'à comprendre tous les rouages des activités d'Irving Oil. La signature des chèques l'amenait à poser des questions sur tous les aspects de l'entreprise.

Ce même cadre supérieur m'a aussi dit qu'il s'assurait d'avoir les réponses à toutes les questions possibles lorsqu'il allait voir Arthur. Mais il ne s'est jamais senti intimidé – ce n'était pas du tout le style de gestion d'Arthur. Il m'a raconté qu'il y avait une règle d'or pour traiter avec Arthur Irving : « Soyez franc avec lui et il sera franc avec vous. Si vous jouez au plus fin avec lui ou essayez d'éviter les questions difficiles, vous ne resterez pas longtemps dans son bureau. »

Steve McLaughlin, un cadre supérieur chez Irving Oil, se souvient d'être allé voir Arthur pour lui dire qu'Irving Oil allait perdre 300 000 $ dans une cause. Pour atténuer le coup, il a décidé de lui dire « eh bien, c'est seulement 300 000 $ ». Arthur lui a répondu : « Tu devrais seulement utiliser le mot "seulement" quand il s'agit de ton propre argent. » McLaughlin a bien compris le message.

Darren Gillis, un autre cadre supérieur chez Irving Oil, m'a dit que ce qu'il a appris de plus important d'Arthur Irving, c'est que le succès en affaires est directement lié à la qualité du service à la clientèle, à la loyauté envers les employés et au degré de ténacité à poursuivre les objectifs. Ainsi, dans une situation où d'autres auraient depuis longtemps abandonné, il a vu Arthur s'acharner pendant des mois pour conquérir un client, n'acceptant jamais de se faire dire non. Il s'agissait de vendre du lubrifiant à une entreprise de pâtes et papiers. Selon Gillis, rien n'est plus difficile que d'arracher à la concurrence un client utilisateur de machinerie lourde. Ces entreprises n'aiment pas changer leurs lubrifiants de crainte que les nouveaux produits n'endommagent leur équipement. Mais Arthur n'a jamais lâché prise, et un jour le client a cédé et a finalement décidé d'acheter d'Irving Oil. Ce client fait toujours affaire avec Irving Oil aujourd'hui.

Gillis m'a aussi parlé de l'attitude positive, fonceuse et contagieuse d'Arthur, pour qui absolument tout est possible. Peu importe l'objectif et les difficultés à l'atteindre, Arthur Irving pense toujours que c'est faisable. De plus, Arthur est réputé pour sa capacité à motiver les gens à surpasser même leurs propres attentes.

On a déjà vu qu'Arthur Irving se fait un devoir d'aller à la rencontre de ses travailleurs de première ligne. Comme il l'a expliqué à Gillis, il vaut mieux rencontrer d'abord l'huileur plutôt que le capitaine lorsqu'on monte à bord d'un navire. L'huileur est un petit ouvrier sur un navire qui s'occupe du fonctionnement de la machinerie dans la salle des chaudières. Arthur maintenait que c'est cette personne qui peut vous dire comment le navire fonctionne vraiment et s'il a besoin de réparations. Lorsque Arthur visite une station-service Irving, il va immédiatement voir le caissier, puis il va voir le gérant – et non l'inverse, comme le font la plupart des propriétaires d'entreprise.

Des cadres supérieurs d'Irving Oil m'ont raconté avoir été témoins de la capacité d'Arthur de poser question après question, parfois en rafale. Ils croient qu'il y a deux raisons qui poussent Arthur à constamment poser des questions. D'une part, il veut tout savoir sur les affaires et aucun détail n'est trop petit. D'autre part, c'est sa manière d'évaluer les employés. Ces cadres m'ont aussi dit qu'Arthur Irving était très souvent la dernière personne à partir lors d'une visite sur le terrain, ce qui illustre sa soif insatiable d'apprendre.

J'ai demandé à un cadre supérieur chez Irving Oil s'il avait déjà vu Arthur perdre son calme, comme certaines publications l'ont allégué dans le passé[19]. « Oui, a-t-il répondu, mais pas aussi souvent que moi. » Et il a ajouté qu'il est probablement impossible pour quelqu'un qui dirige une entreprise tentaculaire présente dans plusieurs territoires et qui a une solide éthique du travail ainsi qu'une tendance au perfectionnisme de ne jamais perdre son sang-froid.

Autant les cadres d'Irving Oil qu'Arthur Irving mentionnent très souvent le rôle important que joue l'équipe de gestion, en mettant l'accent sur « l'équipe ». Les cadres rapportent que, sous la direction d'Arthur comme PDG, tout le monde autour de la table était prié de donner son point de vue au moment de prendre les décisions importantes, et cette pratique continue de nos jours. La décision devient alors une décision de l'équipe, et tous sont appelés à contribuer à sa mise en œuvre.

Arthur Irving a créé une organisation horizontale pendant qu'il était PDG. Il jugeait utile que diverses personnes relèvent directement de lui, car cela lui permettait de mieux comprendre les différentes facettes de l'entreprise. De plus, il n'a jamais cru à l'utilité de gérer Irving Oil derrière des portes closes. Il pensait et pense encore qu'il est bon de se faire remettre en cause. Il était aussi toujours l'un des premiers à faire ressortir les bonnes idées des membres de l'équipe de gestion sur les moyens de développer l'entreprise. Il voyait à ce que ces idées soient mises à l'essai et demandait l'avis de tous. De l'avis général, Arthur n'est pas du genre à s'adjoindre des favoris ou à mettre en avant de telles personnes. Avec lui, les promotions s'obtiennent de la bonne vieille manière... par le mérite.

LES GRANDS DOSSIERS

ARTHUR IRVING EST AUSSI À L'AISE DE S'OCCUPER DES DÉTAILS DE l'entreprise que de discuter de grandes politiques publiques et de questions d'affaires complexes. Dès le départ, il a été un ardent défenseur de l'Accord de libre-échange de 1988 entre le Canada et les États-Unis. On se souviendra que son père a lui aussi exercé beaucoup de pressions pour que de meilleurs accords commerciaux soient conclus avec les États-Unis. Chaque fois qu'il en avait l'occasion, K.C. soulignait que les Maritimes sont plus proches de New York et de Boston que de Toronto et qu'il était naturel de vouloir se tourner vers ces marchés[20].

Arthur a rapidement vu la possibilité d'accroître les activités d'Irving Oil sur le marché de la Nouvelle-Angleterre grâce à l'Accord de libre-échange canado-américain. Il est certain que cet accord a grandement facilité l'accès à ce vaste marché. Par exemple, il permettait à Irving Oil d'acheter plus de commerces de détail et de faire des acquisitions dans le secteur pétrolier et gazier aux États-Unis. Ainsi, Irving Oil a considérablement amélioré son infrastructure en Nouvelle-Angleterre en prévision d'une croissance future. De nos jours, l'entreprise possède notamment un terminal hautement efficace à Revere, au Massachusetts, pour recevoir et stocker ses produits, puis les distribuer dans l'ensemble de la Nouvelle-Angleterre.

Arthur Irving, en collaboration avec ses fils Kenneth et Arthur Leigh, a lancé à Saint John l'ambitieux chantier de modernisation de la raffinerie de 1,5 milliard de dollars que j'ai déjà mentionné. Ce projet d'agrandissement visait à augmenter l'efficacité de la raffinerie et sa capacité de convertir les mazouts de faible valeur en carburants de transport de grande valeur, comme l'essence et le diésel. Il a aussi augmenté sa capacité de traitement d'une gamme élargie de pétroles bruts légers et de pétroles bruts lourds. Enfin, les travaux ont permis à la raffinerie de réduire son empreinte écologique en diminuant ses émissions de soufre[21].

Irving Oil a l'habitude d'investir considérablement dans des opérations d'entretien régulières et autres travaux d'amélioration. Bien qu'ils soient coûteux, ces travaux sont essentiels pour la viabilité à long terme de la raffinerie. La décision de ne pas investir dans de tels travaux explique pourquoi le Canada atlantique, qui avait six raffineries à une certaine époque, n'en compte maintenant plus que deux.

Steve McLaughlin, qui a travaillé de près avec Arthur Irving pendant trois décennies, a expliqué pourquoi Arthur a décidé d'investir gros pour agrandir la raffinerie et pourquoi il n'hésite jamais à dépenser les ressources nécessaires pour qu'elle fasse régulièrement l'objet d'opérations d'entretien. McLaughlin maintient qu'Arthur Irving est profondément attaché à la région et qu'il est toujours prêt à faire les investissements qui s'imposent pour qu'Irving Oil reste en affaires et reste dans la région[22]. Il importe de noter que les travaux de modernisation de 1,5 milliard de dollars exécutés en 2000 étaient loin d'être le seul investissement majeur réalisé pour assurer le succès continu de la raffinerie.

En 2003, d'autres travaux s'élevant à 150 millions de dollars ont permis à la raffinerie de produire du diésel à très faible teneur en soufre. L'usine est aussi devenue la première au Canada à produire du carburant à indice d'octane élevé sans l'utilisation d'additifs au plomb. De plus, des travaux de 100 millions de dollars ont eu lieu en 2011, cette fois pour réduire la quantité de benzène dans l'essence selon les exigences de la réglementation américaine et canadienne[23].

Comme nous l'avons déjà vu, Irving Oil a réalisé en 2015 la plus importante remise à neuf de la raffinerie de son histoire. L'initiative de 200 millions de dollars nommée Opération Falcon était entièrement financée par Irving Oil, sans aucun apport de fonds publics. Elle a mené à la création de 2 700 emplois et s'est étendue sur deux mois pendant lesquels les employés ont travaillé jour et nuit pour terminer les travaux dans les délais prévus. L'initiative n'a toutefois pas augmenté la capacité de la raffinerie. À ce sujet, Mark Sherman, qui dirigeait la raffinerie à l'époque, a expliqué que l'ampleur du projet et la taille de l'investissement reflétaient l'engagement d'Irving Oil à assurer son exploitation à long terme à Saint John et au Canada atlantique et préparaient l'entreprise pour les possibilités de croissance futures[24]. Bref, l'investissement visait à permettre à Irving Oil de garder une longueur d'avance sur la concurrence et d'assurer sa viabilité à long terme.

C'est sous la gouverne de Kenneth qu'Irving Oil s'est associée à la société espagnole Repsol pour construire un terminal de gaz naturel liquéfié (GNL) et une usine de regazéification. Repsol détenait 75 % des actions et Irving Oil, 25 %. Le chantier, lancé en novembre 2005, comptait quelque 1 500 ouvriers à un certain moment. Le plan était de transporter du gaz naturel par un gazoduc qui s'étendrait sur 145 kilomètres jusqu'au gazoduc de Maritimes and Northeast Pipeline, puis traverserait la rivière Sainte-Croix au nord de St. Stephen pour atteindre l'important marché des États-Unis[25].

Irving Oil était la plus avantagée par l'entente. Repsol ne souhaitait pas faire concurrence à Irving Oil sur son marché. Elle voulait contrôler le partenariat, en échange de quoi elle acceptait de prendre tous les risques. C'était sa décision. Irving Oil, pour sa part, obtenait la garantie d'un rendement du capital peu importe les revenus. Une poursuite judiciaire intentée par Repsol contre l'Agence du revenu du Canada a révélé que l'entente Repsol-Irving Oil garantissait à Irving Oil au moins 20 millions de dollars (américains) par année en profits générés par le terminal de GNL en plus du loyer et des dividendes sur les actions à un taux fixe de 14 % que Repsol lui versait[26].

Le terminal Canaport GNL, entré en service en 2008, a eu des difficultés dès le premier jour en raison des conditions du marché. À cause des faibles prix du gaz aux États-Unis, il fonctionne maintenant à seulement 20 à 40 % de sa capacité[27]. À un moment donné, Repsol a essayé de vendre sa participation dans les activités de GNL et a tenté de regrouper ses actifs à Saint John avec d'autres actifs qu'elle détenait à Trinité-et-Tobago et au Pérou et de vendre le tout à Shell, mais cette dernière n'a pas voulu des activités de Saint John. Repsol a rapidement réduit la valeur de son terminal Canaport d'importation de GNL de 1,3 milliard de dollars. Le problème se résume en quelques mots : les États-Unis étaient loin d'avoir besoin d'autant de gaz naturel que ce qu'on avait pensé lorsque les négociations entourant le terminal de GNL ont commencé[28]. Repsol a envisagé de convertir le terminal de GNL Canaport en terminal d'exportation mais a abandonné ce projet, n'ayant pas réussi à trouver des investisseurs extérieurs. L'entreprise a fini par conclure qu'une conversion n'était pas économiquement possible à ce moment-là mais s'est dite ouverte à la possibilité de reconsidérer le projet à un autre moment[29].

On se rappellera qu'Irving Oil s'apprêtait à construire un terminal pour recevoir du pétrole brut arrivant par l'oléoduc Énergie Est. Elle s'était associée à la société TransCanada pour construire le terminal maritime Canaport d'Énergie Est au coût de 300 millions de dollars américains. On se souviendra également qu'Irving Oil avait consacré plus de 10 millions de dollars aux travaux d'ingénierie et de conception avant que tout soit complètement arrêté.

Ce qui précède n'est pas une liste exhaustive des grands projets qu'Arthur Irving et Irving Oil ont menés. Arthur Irving a mené la charge dans les années 1980 pour acheter les actions de Chevron dans la raffinerie de Saint John. Avant de partir pour la Californie, il a indiqué à des membres de sa famille et à des cadres supérieurs d'Irving le prix qu'il avait en tête. On lui a dit qu'il allait devoir augmenter sensiblement son offre. Il a néanmoins réussi à conclure l'affaire au prix qu'il s'était fixé, et Irving Oil est maintenant l'unique propriétaire de la raffinerie de Saint John. En 2004, la société a procédé à la construction de la centrale de cogénération Grandview. Cette centrale produit de l'électricité et de la vapeur pour la raffinerie à partir du gaz naturel[30], ce qui permet de réduire à la fois les coûts de production et les effets sur l'environnement. L'installation produit aussi de l'électricité pour la collectivité.

Aujourd'hui, Irving Oil appartient à une fiducie établie au profit de la famille d'Arthur Irving. En créant la fiducie, l'entreprise a aussi créé un conseil d'administration pour superviser ses activités et jouir des avantages que prévoient les exigences de gouvernance applicables aux sociétés cotées en bourse.

LE RETRAIT DES ACTIVITÉS QUOTIDIENNES

ARTHUR IRVING S'EST GRADUELLEMENT RETIRÉ DES ACTIVITÉS d'exploitation quotidiennes il y a une vingtaine d'années. Au tournant des années 1990, il ne signait plus tous les chèques de plus de 1 000 $ ni se penchait sur les détails du quotidien. Son fils Kenneth Irving a pris la relève comme PDG en 2000, suivi de Mayank (Mike) Ashar (2010-2013) et de Paul Browning (2013-2014). Ian Whitcomb a pris la direction de l'entreprise à titre de président en 2015. Diriger Irving Oil est une tâche extrêmement exigeante qui a eu de lourdes conséquences sur Kenneth Irving, comme il l'a reconnu au début de 2017[31].

Ashar et Browning, venant de grands centres urbains des États-Unis et de l'Ouest canadien, ont eu un important ajustement à faire en déménageant à Saint John. La transition a probablement été d'autant plus difficile qu'ils passaient de sociétés cotées en bourse à une société privée familiale. Les différences sont considérables. L'école de commerce Wharton a résumé en quoi elles consistent : « Les cadres qui apprennent leur métier à la barre de sociétés privées ont tendance à être plus déterminés, plus axés sur la rentabilité et ont beaucoup plus de souplesse que les PDG des entreprises de propriété publique, qui eux sont freinés par la nécessité d'équilibrer de multiples objectifs dans l'écosystème de l'entreprise[32]. » Il y a aussi de grandes différences dans les exigences de reddition des comptes des deux types d'entreprises. Le PDG d'une société privée voit le propriétaire souvent, ou aussi souvent que le propriétaire ou les propriétaires le veulent. Pour sa part, le PDG d'une entreprise dont des titres sont détenus par le public doit rendre des comptes à un conseil d'administration et à de nombreux actionnaires. Le conseil d'administration se réunit aux trois mois ou au besoin. Il ne s'agit pas de dire qu'un contexte est plus difficile que l'autre, mais simplement de souligner que les deux contextes sont différents, même très différents. Il peut être tout aussi difficile pour le PDG d'une société privée de passer à une entreprise par actions que l'inverse.

Arthur Irving, en qualité de président du conseil d'administration d'Irving Oil, participe encore aux grandes décisions, mais il laisse la gestion au quotidien à Ian Whitcomb. Ce dernier a des liens étroits avec Irving Oil depuis plus de 30 ans, alors il connaît bien le fonctionnement d'une société privée familiale. De l'avis général, la relation fonctionne très bien depuis 2015.

Beaucoup se demandent si Arthur Irving a continué à participer aux affaires de l'entreprise au fil des ans. Oui, pour ce qui est des décisions importantes et des projets qui lui tiennent personnellement à cœur – la construction du nouveau siège social en est un exemple, comme nous le verrons, – mais non pour ce qui est des décisions liées à la gestion quotidienne. Dans ce domaine, Whitcomb et l'équipe de la haute direction ont les coudées franches pour mener la barque et voir aux activités de tous les jours. Ils relèvent d'Arthur et du conseil d'administration.

Quiconque connaît Arthur Irving sait que la retraite n'est pas pour lui. Dans le texte rédigé pour son intronisation au Temple de la renommée de l'entreprise canadienne, on peut lire qu'il se passionne pour ses chiens, les motocyclettes, le jardinage et les activités de plein air[33]. Ses journées sont longues et toujours bien remplies d'activités.

Arthur est un grand amateur de motocyclettes. Il m'a montré sa collection de motos, qui inclut notamment une Harley-Davidson et une Indian. J'ai appris de connaisseurs de motos qu'une Indian est la crème de la crème des motos. Après avoir quitté le poste de PDG d'Irving Oil, Arthur a fait de nombreux longs voyages en moto en Nouvelle-Zélande, en Italie et aux États-Unis. Selon des cadres supérieurs d'Irving Oil, Arthur faisait ces voyages parce qu'il aimait faire de la moto, mais aussi parce qu'il ne voulait pas toujours être en train de suivre à la trace ceux et celles qui étaient chargés de diriger Irving Oil.

Arthur Irving continue de s'occuper de grands dossiers chez Irving Oil. Lui et sa fille Sarah participent activement aux travaux du conseil d'administration pour élaborer l'orientation stratégique, les objectifs de fonctionnement, le système d'évaluation de l'efficacité administrative et les budgets annuels de l'entreprise. Arthur a une excellente relation avec Ian Whitcomb, qui siège lui aussi au conseil. Arthur a aussi joué un rôle direct dans la décision d'acheter les actions d'Irving Oil qui appartenaient à la famille de Jack Irving. Grâce à cette mesure, qu'Arthur a qualifiée de majeure pour l'avenir de l'entreprise[34], Irving Oil peut prendre des décisions stratégiques en étant libre de considérations autres que celles qui touchent directement les intérêts commerciaux de l'entreprise.

Arthur Irving n'a jamais cessé de visiter les points de vente au détail d'Irving Oil pour rencontrer les employés de première ligne. Il ne cesse jamais non plus de chercher de nouvelles possibilités d'affaires. Je l'ai vu à l'œuvre de nombreuses fois et je ne pense pas que quelqu'un ou quelque chose puisse le freiner. Il a trop d'énergie pour être inactif pendant bien longtemps. De plus, il prend plaisir à encadrer sa fille Sarah et à lui enseigner tous les aspects de l'entreprise, un peu comme son père l'a fait pour lui. Lorsqu'il décide de se pencher sur un projet, il y va encore à fond.

RETOUR EN ARRIÈRE

LE DÉFI POUR LE FILS OU LA FILLE D'UN ENTREPRENEUR QUI A CONNU beaucoup de succès est de continuer à faire rouler et à faire grandir l'entreprise. Arthur Irving a relevé ce défi haut la main. Selon un cadre supérieur de longue date chez Irving Oil, Arthur a tellement développé l'entreprise que même son père lui demandait comment il s'y était pris. Arthur lui répondait probablement qu'il avait suivi sa recette : mettre l'accent sur la clientèle, faire attention aux détails, travailler de longues heures, embaucher de bonnes personnes, ne pas avoir peur de prendre des risques, se mesurer aux gros joueurs lorsqu'il le faut et toujours réinvestir les profits dans la croissance de l'entreprise. Voilà en quelques mots la formule du succès en affaires d'Arthur.

Par ailleurs, certains événements qui ont eu lieu pendant qu'Arthur Irving était PDG d'Irving Oil lui ont facilité la tâche de développer l'entreprise. L'Accord de libre-échange entre le Canada et les États-Unis, par exemple, a permis à Irving Oil de pénétrer le riche marché de la Nouvelle-Angleterre. Si on combine la ténacité, un solide sens des affaires, une bonne éthique du travail et la chance, on a la recette parfaite du succès, et Arthur Irving sait mieux que quiconque comment la mettre à profit.

Notes

1 J.D. Irving, Limited, Woodlands Division, « JK Irving plante le milliardième arbre de la compagnie avec ses fils Jim et Robert », communiqué de presse, 27 juillet 2018, irvingwoodlands.com/Custom_ Templates/Stories.aspx?id=1443&LangType=1036.

2 Allison Roy, « Smurfit-Stone à Bathurst : la petite histoire d'un gros gâchis », *Acadie Nouvelle*, 1er août 2019, 5.

3 Cité dans Douglas How et Ralph Costello, *K.C.: The Biography of K.C. Irving* (Toronto : Key Porter, 1993), 299 (traduction libre).

4 Jacques Poitras, *Irving vs. Irving: Canada's Feuding Billionaires and the Stories They Won't Tell* (Toronto : Viking Canada, 2014), 42-43.

5 How et Costello, *K.C.*, 295.

6 Andrew Paul Prokopich, « Regina versus K.C. Irving: A case study in Canadian media ownership », *Electronic Theses and Dissertations*, 6725 (1979) : 75, scholar.uwindsor.ca/cgi/viewcontent. cgi?article=7727&context=etd (traduction libre).

7 John DeMont fait également cette observation dans *Citizens Irving: K.C. Irving and His Legacy* (Toronto: McClelland and Stewart, 1992), 116.

8 Cité dans How et Costello, *K.C.*, 299 (traduction libre).

9 *Ibid.*, 300.

10 Voir, par exemple, Roy H. Park Jr., *Sons in the Shadow: Surviving the Family Business as an SOB-Son of the Boss* (Oakland : Elderberry Press, 2016).

11 Cité dans How et Costello, *K.C.*, 381-382 (traduction libre).

12 Harvey Sawler, *Twenty-first-Century Irvings* (Halifax : Nimbus, 2007), 96.

13 « Irving Salisbury Big Stop », s.d., allstays.com/truckstops-details/92344. php.

14 Sawler, *Twenty-first-Century Irvings*, 97 (traduction libre).

15 « Sur la route des camionneurs : Stations Cardlock et relais routiers », *Association canadienne des carburants*, 3 octobre 2018, canadianfuels.ca/ Blogue/2018/octobre-2018/Sur-la-route-des-camionneurs-Stations-Cardlock-et-relais-routiers/.

16 DeMont, *Citizens Irving*, 166 (traduction libre).

17 Cité dans *ibid*. (traduction libre).

18 Sawler, *Twenty-First-Century Irvings*, 98 (traduction libre).

19 Voir, entre autres, DeMont, *Citizens Irving*.

20 Jacques Poitras, *Pipe Dreams: The Fight for Canada's Energy Future* (Toronto : Penguin Canada, 2018).

21 « Saint John Refinery, New Brunswick », *Hydrocarbons Technology*, s.d., hydrocarbons-technology.com/projects/saint-john-refinery-new-brunswick/.

22 Cité dans « Pumped and primed », *Atlantic Business*, 23 juin 2016, atlanticbusinessmagazine.net/article/pumped-and-primed/.

23 « Saint John Refinery, New Brunswick ».

24 Mark Sherman, cité dans « Pumped and primed ».

25 Atlantic Institute for Market Studies, « Energy Irving/Repsol Partnership Plans to Send First Natural Gas Down Pipeline in March », 23 octobre 2008, aims.ca/in-the-media/energy-irvingrepsol-partnership-plans-to-send-first-natural-gas-down-pipeline-in-march/.

26 Bruce Livesey, « Company province, provincial company », *Globe and Mail*, 26 février 2016, theglobeandmail.com/report-on-business/rob-magazine/is-the-secretive-irving-family-ready-for-itscloseup/article28917978/.

27 Voir, par exemple, « Repsol holds onto Canaport GNL after Shell deal », *CBC News*, 27 février 2013, cbc.ca/news/canada/new-brunswick/repsol-holds-onto-canaport-gnl-after-shell-deal-1.1336866.

28 Jeff Lewis, « Repsol writes down Canaport by $1.3B after failing to sell LNG terminal in blockbuster Shell deal », *Financial Post*, 26 février 2013, business.financialpost.com/commodities/energy/no-buyers-for-canaport-as-shell-picks-up-repsols-lng-stakes. Voir aussi Jennifer Winter et coll., « The Potential for Canadian LNG Exports to Europe », vol. 11, no 20, (Calgary : The School of Public Policy Publications, juillet 2018).

29 Robert Jones, « Repsol scraps plans to convert Canaport LNG to export gas », *CBC News*, 16 mars 2016, cbc.ca/news/canada/new-brunswick/repsol-canaport-conversion-scrapped-1.3493617.

30 Irving Oil, « The Irving Difference », s.d., theirving.com/default.aspx?pageid=9.

31 Erin Anderssen, « Irving family's fortunate son explains how he fell into a dark depression, and rose again », *Globe and Mail*, 28 janvier 2017, theglobeandmail.com/report-on-business/kenneth-irving/article33791019/.

32 Wharton School, « Public vs. Private Company Managers: Which Are More Likely to Impact the Bottom Line? », *Knowledge @ Wharton*, University of Pennsylvania, 15 octobre 2008, knowledge.wharton.upenn.edu/article/public-vs-private-company-managers-which-are-more-likely-to-impact-the-bottom-line/ (traduction libre).

33 « Arthur Irving », *The Canadian Business Hall of Fame*, s.d., cbhf.ca/arthur-irving-oc-cbhf-class-2008.

34 Cité dans Jacques Poitras, « Jack Irving's family sells stake in major Irving Oil shakeup », *CBC News*, 1er juin 2018, cbc.ca/news/canada/new-brunswick/irving-oil-jack-irving-buyout-1.4688059.

K.C. Irving partant de son bureau, immeuble de la rue Dock,
Saint John (N.-B.), années 1920.

En haut : K.C. Irving au travail, rue Dock, Saint John (N.-B.), années 1950.
En bas : Arthur Irving (à gauche) et K.C. Irving lors d'un congrès de vendeurs, années 1960.

En haut, de gauche à droite : Jack, K.C. et Arthur Irving, Canaport, Saint John (N.-B.), décembre 1969.
En bas, de gauche à droite : Harriet, Arthur, K.C., Jim et Jack Irving.

En haut : La raffinerie Irving Oil, Saint John (N.-B.).
En bas : K.C. Irving était originaire de la petite localité de Bouctouche, au Nouveau-Brunswick.

En haut : Arthur Irving, 2019.
En bas : L'immeuble Golden Ball à Saint John (N.-B.), vers 1930.

En haut : Le nouveau siège social d'Irving Oil à Saint John (N.-B.), ouvert en 2019.
En bas, de gauche à droite : Sandra, Sarah et Arthur Irving au pique-nique d'Irving Oil, 2019.

Arthur Irving, été 2019.

En haut, de gauche à droite : Sandra, Sarah et Arthur Irving en compagnie de l'auteur au Fenway Park, Boston, 2019.
En bas : L'auteur (à gauche) en compagnie d'Arthur Irving devant une église en Écosse, en 2018.

CHAPITRE 7

LES ENSEIGNEMENTS DE L'ÉCOLE DE COMMERCE IRVING

A RTHUR IRVING ADMET VOLONTIERS QUE C'EST DE SON PÈRE
qu'il a acquis ses compétences en affaires. Nous avons vu
plus tôt qu'il a travaillé de près avec lui et qu'il a assisté à
pratiquement toutes les réunions importantes touchant Irving Oil
depuis le jour où il s'est joint à la compagnie. Il était notamment présent à la réunion au Ritz-Carlton de Montréal lorsque K.C. a rompu
les négociations avec BP au sujet du projet de construction d'une
raffinerie à Saint John. Puisque Arthur était aux côtés de K.C. Irving
lorsque celui-ci a développé Irving Oil, je lui ai demandé de me dire
en quelques mots pourquoi son père avait réussi en affaires. D'après
lui, c'est parce que son père donnait toujours le meilleur de lui-même.
On peut en dire autant d'Arthur Irving aujourd'hui.

Indéniablement, Arthur, son père et ses deux frères ont tous connu
beaucoup de succès en affaires. Arthur m'a dit de nombreuses fois

que K.C. Irving ne brassait pas des affaires pour faire de l'argent, mais plutôt pour l'action, pour rivaliser et gagner et pour créer des emplois localement. Cela est aussi vrai pour Arthur Irving. Comme je l'ai déjà souligné, le père et le fils ont tous les deux choisi de réinvestir les profits pour faire grandir leurs affaires au lieu d'acheter des produits de luxe.

Qu'est-ce qui les incitait à toujours se donner au maximum? Comment peut-on expliquer le succès remarquable d'Irving Oil depuis 1924? Quel genre de personnes réussissent dans cette entreprise? À quoi ressemble le programme de l'école de commerce Irving?

Tout d'abord, on peut clairement affirmer qu'Arthur Irving, comme son père et ses frères, est un homme d'affaires pragmatique qui n'hésite jamais à affronter durement la concurrence. Comme eux, il est très compétitif, repousse les limites, travaille de longues heures et n'arrête pas avant d'avoir remporté le premier prix. Les quatre hommes ont la réputation d'être tenaces et de jouer pour gagner partout, toujours, contre n'importe qui leur fait concurrence. Ils ont toujours négocié durement. Par définition, les gens d'affaires prospères sont des négociateurs déterminés, impitoyables et coriaces. On aurait tort de prendre leur courtoisie pour de la faiblesse. S'ils ne sont pas déterminés et impitoyables, alors ils doivent être chanceux ou bien offrir le bon produit au bon moment pour réussir. La chance peut expliquer une partie du succès de K.C. et d'Arthur, mais une partie seulement. Comme Harrison McCain l'a découvert lorsqu'il travaillait chez Irving Oil, pour K.C., il ne suffit pas de remporter 90 % du prix – 100 %, c'est toujours mieux. Arthur pense de la même manière.

Arthur Irving n'est pas très différent d'autres hommes d'affaires qui ont connu beaucoup de succès. Il est concentré, poursuit ses objectifs avec obstination et voit souvent le monde des affaires comme un jeu à somme nulle, particulièrement le secteur pétrolier et gazier, où il y a en général des gagnants et des perdants. Il est indéniable que ce secteur a été et continue d'être particulièrement concurrentiel.

Irving Oil doit affronter de grandes multinationales très rentables qui voient elles aussi le monde des affaires, et surtout leur secteur, comme un jeu à somme nulle. Pour ces sociétés, telles Exxon et Shell, Irving Oil n'est qu'une petite entreprise familiale régionale dont le marché se limite à l'Est du Canada, à la Nouvelle-Angleterre et à l'Irlande. Notons que l'entreprise la plus rentable au monde se trouve dans le secteur pétrolier et gazier; il s'agit de Saudi Aramco, dont le chiffre d'affaires était de 111,1 milliards de dollars en 2018. Les grandes multinationales ont des capacités de marketing bien plus imposantes que le service de marketing et de stratégie de marque d'Irving Oil. À l'exemple de K.C. et d'Arthur Irving, Irving Oil doit elle aussi avoir la situation bien en main pour garder et, mieux encore, augmenter sa part du marché dans une industrie à ce point concurrentielle. Alors, comment fait-elle pour tirer son épingle du jeu? Une solide gestion répond en partie à cette question.

L'ÉCOLE DE COMMERCE IRVING

Irving Oil a un style de gestion tout à fait particulier qui a ses racines dans une culture organisationnelle façonnée en grande partie par K.C. et Arthur Irving et par les pratiques commerciales d'une société familiale. Blaine Higgs, qui a occupé divers postes de haute direction au cours de ses 33 ans chez Irving Oil et qui est ensuite devenu premier ministre du Nouveau-Brunswick, m'a expliqué que l'école de commerce Irving exige notamment du travail acharné, un souci du détail et de la loyauté, ce qui donne lieu à une « culture familiale bâtie sur la confiance ». La confiance et le succès sont toujours chaudement accueillis chez Irving Oil. Higgs m'a raconté que, dans tous les événements d'Irving, on rendait hommage à des personnes qui avaient contribué à bâtir, à faire grandir et à soutenir la compagnie[1].

J'ai demandé à un cadre supérieur d'Irving Oil de me décrire le programme de l'école de commerce Irving. Il a commencé par souligner qu'Arthur Irving en a été le principal architecte. Pour ce dirigeant, la première chose qu'il faut savoir sur l'école de commerce Irving, c'est qu'Arthur attache une très grande importance aux clients et aux employés d'Irving Oil. Il a ajouté qu'il a appris d'Arthur à être « aussi tenace qu'un bulldog » et à « ne jamais, jamais abandonner ».

Ce cadre supérieur m'a expliqué qu'Arthur Irving évite toujours de compliquer les choses. Arthur soutient qu'il faut commencer par s'entourer d'employés honnêtes, travailleurs et très motivés, et que ces employés donneront des résultats si on leur en donne la possibilité et si on les motive. De nombreux autres cadres qui ont travaillé pour Arthur Irving, ou qui travaillent encore pour lui, m'ont dit qu'il n'hésite jamais à poser des questions. Peu importe avec qui il traite, il pose des questions. Une question mène souvent à d'autres questions, qui sont toujours pertinentes et précises. Arthur a décidé il y a fort longtemps qu'il y a toujours quelque chose de nouveau à apprendre dans le secteur pétrolier et gazier et dans l'exploitation d'Irving Oil, et que la meilleure manière d'apprendre est de poser des questions.

J'en ai été témoin à quelques occasions en m'arrêtant avec Arthur à une station-service Irving. Il posait des questions à tout le monde, avec simplicité et sans provocation. Une réponse menait souvent à une autre question. De l'avis de diverses personnes qui ont travaillé ou qui travaillent encore pour Irving Oil comme cadres supérieurs, quand Arthur vous pose une question, il faut lui répondre sans verbiage et, si on ignore la réponse, il faut éviter d'en inventer une. À ce sujet, un ancien haut dirigeant a dit : « Les questions de M. Irving étaient simples et directes et il n'était jamais nécessaire de maquiller les réponses. Si vous ne connaissiez pas la réponse, vous n'en inventiez pas une. Il s'en rendait compte rapidement si on disait des balivernes ou si quelqu'un essayait de gagner du temps en s'étendant sur un sujet sans lien avec ses questions. » Ce n'était pas là, a-t-il expliqué, la façon de gagner la confiance d'Arthur Irving. Répondre directement, sans détours, était le moyen de gagner l'attention et la confiance d'Arthur Irving. Ross

Gaudreault, qui a travaillé étroitement avec Arthur des années 1960 jusqu'à la fin des années 1980, a aussi dit que ce qui importait le plus pour Arthur était que les employés soient honnêtes et directs et que cela était essentiel pour gagner sa confiance.

Lors des réunions de la direction, Arthur Irving, à l'instar de son père, poussait les gestionnaires à faire plus, à aller chercher d'autres ventes ou de nouveaux clients. Pat Bates, un ancien employé d'Irving Oil, se souvient qu'Arthur Irving avait demandé à un directeur régional à plus d'une occasion s'il avait réussi à arracher un certain client à Imperial Oil dans le Nord-Ouest du Nouveau-Brunswick. Ce directeur avait finalement fait savoir qu'il avait rencontré la personne et qu'il avait essayé très fort d'obtenir sa clientèle, mais que cette personne lui avait répondu : « Vous savez, les Irving ont assez d'argent, nous n'avons pas besoin de leur en donner plus. » Arthur Irving avait alors répondu sans hésiter qu'il ne s'agissait pas de faire de l'argent, mais plutôt de « mettre la rondelle dans le filet ». L'objectif n'est pas uniquement de faire de l'argent, ni même principalement de faire de l'argent – l'objectif est de gagner. Les personnes présentes à la réunion ont bien compris le message : si vous travaillez chez Irving Oil, vous devez apprendre à compter des buts.

Arthur Irving, encore à l'instar de son père, tient à assister aux funérailles de ses anciens employés. Bates se rappelle l'avoir vu surgir dans le corridor en disant : « Les gars, laissez votre travail. Untel est décédé et nous allons tous aux funérailles. » Bates a précisé que c'est arrivé à plusieurs reprises.

Darren Gillis m'a dit qu'il en est de même encore aujourd'hui. Je lui ai demandé pourquoi Arthur Irving tient à assister aux funérailles de ses anciens employés. Pour M. Irving, m'a-t-il répondu, « c'est une question de loyauté. Les employés ont été loyaux envers Irving Oil, et c'est important pour lui d'en faire autant pour eux. Pour Arthur, la loyauté doit toujours aller dans les deux sens. M. Irving est toujours cohérent à propos d'une chose : les clients et les employés sont très importants pour lui, et je ne sais pas au juste lesquels viennent en premier. »

Je suis loin d'être le premier à écrire au sujet de l'école de commerce Irving. Nous savons que les personnes qui sont compatibles avec la culture organisationnelle et les attentes d'Irving Oil sont typiquement des personnes résolues, prêtes à prendre des risques, acharnées à la tâche, ouvertes au changement et exigeantes envers elles-mêmes[2]. Ces personnes adhèrent à une valeur que K.C. Irving a enracinée dans son entreprise en 1924 : toujours servir la clientèle mieux que la concurrence.

K.C. et Arthur ont aussi épousé d'autres valeurs qui sont aujourd'hui omniprésentes chez Irving Oil : une solide éthique du travail, une vie saine, un haut degré d'intégrité et de courtoisie envers tous, peu importe leur place dans la société, et la ténacité. Les Irving ont toujours mené une vie saine, loin de l'alcool et du tabac. Ross Gaudreault m'a raconté que K.C. disait souvent que si Dieu avait voulu que les êtres humains fument, il leur aurait mis une cheminée sur la tête. Il m'a aussi dit que l'alcool n'avait sa place nulle part dans l'entreprise, pas même sur les comptes de frais.

Arthur préfère que ce soit noir ou blanc plutôt que gris. Il recherche des cadres dirigeants et des gestionnaires résolus, sûrs d'eux, capables de tracer une voie et passionnés par leur travail. S'il doit corriger des erreurs, il préfère que ce soit des erreurs d'action, pourvu qu'elles ne soient pas trop coûteuses. Les entreprises privées ont souvent tendance à privilégier l'action et n'apprécient pas que des employés ne fassent rien lorsqu'il se présente clairement une occasion d'agir. Les sociétés cotées en bourse, en revanche, se préoccupent toujours du prochain rapport trimestriel et de ce que le conseil d'administration ou les médias diront si un cadre supérieur commet une erreur coûteuse ou importante. Bref, les sociétés cotées en bourse sont parfois beaucoup plus réticentes à prendre des risques que les compagnies privées et elles ont souvent une perspective à court terme pour répondre aux attentes de leurs actionnaires.

Il est certain que la culture organisationnelle d'Irving Oil et la stricte éthique du travail qu'on préconise dans cette entreprise ne conviennent pas à tous. D'anciens employés d'Irving Oil qui n'ont pas tenu le coup seront peu enclins à faire un examen de conscience pour comprendre pourquoi. Ils rejetteront sur Irving Oil plutôt que sur eux-mêmes la faute de leur manque de succès dans cette entreprise. Cependant, ceux et celles qui réussissent chez Irving Oil y demeurent fidèles et dévoués. De l'avis de Joel Levesque, de Moosehead Breweries, les gens qui ont naturellement une solide éthique du travail et qui ont affaire aux Irving finissent par n'avoir que de l'admiration pour eux[3].

Lorsque j'ai consulté un site Web d'emplois (www.indeed.ca) où des gens commentent leur expérience de travail dans différentes compagnies, j'ai constaté que les avis sur Irving Oil couvrent toute la gamme. En parlant de son emploi chez Irving Oil, un usager a écrit que son travail n'était pas dur, mais qu'il était devenu surchargé à la longue. Une autre personne a écrit ceci : « Excellent endroit où travailler. Il y a un formidable dynamisme ici. L'orientation de la haute direction est claire et elle est clairement communiquée à tous les employés. » Dans l'ensemble, il y a plus de commentaires positifs que de commentaires négatifs.

Ross Gaudreault m'a raconté que lui et huit ou neuf autres hauts dirigeants rencontraient Arthur Irving tous les samedis matin de 9 h à midi. Ces réunions étaient plus décontractées que les réunions ordinaires tenues en semaine au bureau et tous y venaient en chemise sport. Il s'agissait de faire le point sur ce qui s'était passé durant la semaine et de préparer la semaine suivante. Mais il n'était pas rare qu'on y prenne de grandes décisions. « Nous ne fonctionnions pas avec un budget. Nous décidions de ce qui devait être fait, et Arthur approuvait les fonds nécessaires. C'est ainsi que nous fonctionnions à l'époque », m'a dit Gaudreault. Et il a ajouté que tous pouvaient dire leur mot à ces réunions et que, au sortir de ces rencontres, tous savaient ce qu'ils avaient à faire pendant la semaine à venir.

Gaudreault a aussi souligné que même si Irving Oil était une grande entreprise, on la gérait comme une petite entreprise. Arthur était au gouvernail et voyait à tout. Gaudreault est encore émerveillé de l'énergie d'Arthur. Il m'a raconté qu'il avait essayé de convaincre Arthur de cesser de signer tous les chèques de 1 000 $ ou plus et qu'il lui était souvent arrivé de s'asseoir dans son bureau et de regarder Arthur signer des chèques les uns après les autres tout en traitant d'une multitude de questions et de décisions.

UNE QUESTION DE PERCEPTION

La perception est importante en ce qui concerne Irving Oil. Encore au risque de me répéter, Irving Oil est, pour beaucoup de Néo-Brunswickois, une grande entreprise dominante qui exerce un pouvoir considérable sur l'économie de la province. Je peux comprendre que le propriétaire d'un dépanneur perçoive Irving Oil comme une grosse compagnie gérée par de gros joueurs. Pour Arthur Irving, cependant, c'est une entreprise familiale plutôt modeste qui essaie de concurrencer les grands joueurs sur la scène mondiale.

Pour Richard Wilbur, ancien professeur d'histoire à l'Université du Nouveau-Brunswick, le succès phénoménal de K.C. Irving en affaires a été le résultat de sa combativité, de sa ténacité et de son penchant pour le concret plutôt que pour l'abstrait[4]. Une conversation entre K.C. et lord Beaverbrook illustre ce dernier trait de caractère. Lord Beaverbrook, un collectionneur d'art renommé, avait invité K.C. à voir une peinture qu'il avait récemment achetée. K.C. dit à Beaverbrook : « Je me souviens d'avoir lu quelque part que vous avez payé ce tableau 150 000 $. » Lorsque Beaverbrook confirma cette information, K.C. regarda à nouveau le tableau et dit : « Pensez un peu à la quantité de bois à pâte que vous auriez pu acheter pour cette somme[5]. » K.C. préférait clairement le pratique à l'abstrait et s'intéressait davantage à la meilleure manière de développer une entreprise qu'aux subtilités d'une œuvre d'art. Soulignons que K.C. Irving et lord Beaverbrook devinrent de bons amis. Ils se rendaient souvent visite à Saint John, à Fredericton, à Londres et à la maison d'hiver de Beaverbrook aux Bahamas.

Pour K.C., puis pour Arthur et maintenant pour l'équipe dirigeante d'Irving Oil, le secteur pétrolier et gazier est un combat entre David et Goliath dans lequel Irving Oil est toujours David. Considérez ceci : Exxon Mobil réalise un chiffre d'affaires annuel de près de 270 milliards de dollars, a de vastes ressources de pétrole et de gaz, produit 4,1 millions de barils de pétrole par jour, emploie plus de 75 000 personnes et a des activités dans 58 pays[6]. Shell a un chiffre d'affaires de 388 milliards de dollars et 82 000 employés, est présente dans plus de 70 pays et produit environ 3,7 millions de barils de pétrole par jour[7]. Plus près de chez nous, Petro Canada–Suncor exploite des raffineries en Alberta, en Ontario et au Québec, produit 732 000 barils de pétrole par jour, a un chiffre d'affaires annuel de plus de 15 milliards de dollars et plus de 12 000 employés et est présente dans les 10 provinces du Canada[8]. On se souviendra que Petro Canada fut créée par Ottawa en 1975 comme une société d'État et que sa croissance fut alimentée par les fonds publics, du moins en partie. De son côté, Irving Oil n'a pas de ressources de pétrole et de gaz, est seulement active dans cinq provinces canadiennes, en Nouvelle-Angleterre et maintenant en Irlande, emploie quelque 4 000 personnes et possède une infrastructure de détail regroupant à peine plus de 1 100 stations-service.

Mais ce n'est pas tout. Comme nous le verrons plus loin, il est beaucoup plus facile d'attirer les plus grands talents dans un grand centre urbain où le taux d'imposition sur le revenu est faible que dans une petite ville d'une province comme le Nouveau-Brunswick où le taux d'imposition sur le revenu des particuliers est l'un des plus élevés au Canada. Calgary, la capitale de l'industrie pétrolière et gazière canadienne, a pu pendant longtemps attirer les meilleurs dirigeants grâce à ses excellentes institutions et aux taux peu élevés de l'impôt sur le revenu et de la taxe à la consommation de l'Alberta. Du point de vue d'un petit dépanneur au Nouveau-Brunswick, Irving Oil et ses points de vente situés dans les magasins Circle K sont Goliath, dominant facilement le marché local et ayant un pouvoir d'achat qui éclipse celui du petit dépanneur.

Toutefois, les choses sont perçues bien différemment au siège social d'Irving Oil sur King's Square, à Saint John. Pour les cadres supérieurs de l'entreprise, la concurrence n'est pas le dépanneur du coin, mais plutôt les gros joueurs de l'extérieur, et il faut avoir la situation bien en main pour se battre contre eux. Les gestionnaires d'Irving Oil doivent constamment se surpasser et apprendre à gérer efficacement. Ils ne disposent pas des ressources financières ou de la structure de gestion complexe de Shell ou d'Exxon. Bref, pour concurrencer, Irving Oil doit fonctionner avec une équipe de gestion minimale et efficace et offrir aux consommateurs un service de qualité supérieure.

Tout en s'efforçant de rivaliser avec les grandes multinationales, l'équipe de direction d'Irving Oil doit aussi considérer l'incidence de l'entreprise sur l'économie locale. Les cadres supérieurs de sièges sociaux situés à Toronto ou Calgary, par exemple, n'ont pas un tel souci. La distance qui les sépare du propriétaire d'un magasin local est beaucoup plus grande que celle qui sépare les cadres d'Irving Oil à Saint John des petites collectivités des Maritimes. Cela ajoute une autre difficulté au programme de formation de l'école de commerce Irving. Les gestionnaires d'Irving Oil doivent apprendre à travailler de près avec les collectivités et les exploitants de stations-service locales en même temps qu'ils acquièrent leurs compétences en gestion pour livrer concurrence à des entreprises plus grandes et plus riches.

Quand le propriétaire d'une entreprise manufacturière de Moncton m'a raconté que ses affaires allaient extrêmement bien depuis qu'il avait engagé un gestionnaire de talent comme vice-président à l'exploitation, je lui ai demandé qui était cette personne et d'où elle venait. « Il était chez les Irving; il voulait déménager à Moncton », m'a-t-il répondu. Il a dit que ce nouveau cadre, qui avait acquis ses compétences en gestion à l'école de commerce Irving, s'était révélé débordant d'énergie. J'ai alors demandé à cet entrepreneur ce qui distinguait ce gestionnaire des autres. « Il n'est pas question pour lui de rester en arrière. Il est direct, il sait ce qui doit être fait et il le fait. Avec lui, il n'y a pas de taponnage », m'a-t-il expliqué. Il a ajouté que cet homme a une solide éthique du travail, ne perd jamais son temps sur des questions sans importance pour l'entreprise et voit à ce que tous rament dans la même direction. Autrement dit, comme les autres diplômés de l'école de commerce Irving, il se concentre sur le concret, le physique, plutôt que sur l'abstrait et il sait ce qu'il faut pour soutenir la concurrence.

UNE STRUCTURE LÉGÈRE

La méthode de gestion Irving met en relief l'importance de la simplicité, du concret et de la productivité. K.C. et Arthur Irving ont tous les deux toujours évité de transformer leurs organisations en une lourde bureaucratie. Ils ont aussi évité de s'aventurer dans des sphères qu'ils ne comprenaient pas, préférant garder le nez dans leurs casseroles, comme Arthur Irving m'a dit un jour. Les Irving ont de l'estime pour les gestionnaires de première ligne qui sont capables de saisir le moment et de faire avancer diligemment les projets. La distance organisationnelle entre la haute direction et les gestionnaires de première ligne est délibérément courte. S'il faut prendre une décision rapidement, on peut le faire.

Ian Whitcomb, président d'Irving Oil depuis 2015, m'a dit un jour que les gestionnaires chez Irving Oil doivent valoriser le travail d'équipe. Si ce n'est pas le cas, ils n'ont tout simplement pas leur place dans l'organisation. Faire cavalier seul n'est pas bien vu. Autrement dit, chez Irving Oil, il n'y a de la place que pour ceux et celles qui ont l'esprit d'équipe[9].

Chez Irving Oil, les employés comprennent vite qu'il faut appliquer le principe que K.C. Irving a professé dès ses débuts en affaires : le client est roi. Ce principe, un autre élément clé de l'école de commerce Irving, exige de toujours servir les clients nettement mieux que ne le fait la concurrence. Chez Irving Oil, les gestionnaires qui ne sont pas prêts à suivre ce principe ont bien peu de chances de réussir dans l'entreprise. En outre, les gestionnaires doivent apprendre à faire appel aux employés de première ligne afin de bien cerner ce que les clients veulent ou ce qui est important pour eux.

Il est faux de penser que toutes les entreprises consultent leur personnel de première ligne pour trouver des idées sur la meilleure façon de servir leur clientèle. J'ai personnellement vécu une expérience qui indique le contraire. En 2013, j'ai publié *Harrison McCain: Single-Minded Purpose*, qui a été distribué par les librairies Chapters, entre autres. En visitant la succursale de Moncton, où mon livre était classé dans la section des biographies, j'ai remarqué qu'il y avait une table d'« intérêt local » sur laquelle étaient disposés divers ouvrages portant sur le Nouveau-Brunswick. Interrogé à savoir pourquoi mon livre sur McCain n'était pas sur cette table, un représentant du service à la clientèle m'a répondu qu'il devrait effectivement l'être, mais que les employés n'avaient pas leur mot à dire sur le placement des livres et que c'était un ordinateur au siège social quelque part à Toronto qui en décidait. Alors j'ai demandé : « Ne pouvez-vous pas parler à quelqu'un à Toronto? » Sans hésiter, il m'a répondu : « Avez-vous déjà essayé de parler à un ordinateur? » Je vais souvent au magasin Chapters de ma localité et je sais que mon livre n'a jamais été placé sur la table d'« intérêt local ». Le siège social de Chapters et son ordinateur étaient incapables de comprendre que Harrison McCain venait de Florenceville, au Nouveau-Brunswick, et que moi, j'habite à Moncton, à seulement sept kilomètres de la librairie.

Le secteur public n'a guère la capacité ou peut-être le désir de consulter les clients pour bien comprendre ce qu'ils veulent. J'ai déjà dit que l'un des défauts de la fonction publique fédérale est le trop grand nombre de niveaux de gestion – de sept à 11, selon la manière de compter et le type d'organisation – entre le sommet de la structure ministérielle et les postes de première ligne. Cela diffère nettement même de l'Église catholique romaine, qui a cinq échelons entre le pape à Rome et les prêtres dans les paroisses[10].

Le problème pour la fonction publique fédérale est qu'il y a, trop souvent, une disjonction entre les personnes en haut de l'échelle et les fonctionnaires de première ligne. Parce que ces derniers ne savent pas toujours ce qu'on attend d'eux, beaucoup sont occupés à actionner des manivelles qui tournent dans le vide[11]. Je reconnais toutefois que les secteurs public et privé sont profondément différents et qu'il faut être prudent en faisant des comparaisons entre les deux.

Il reste qu'il y a bien peu d'employés à Irving Oil qui sont occupés à actionner des manivelles qui tournent dans le vide. Cela est aussi vrai pour d'autres entreprises de fabrication de biens. Irving Oil est une organisation horizontale, et l'information y circule facilement entre la haute direction et les employés de première ligne. S'ils le souhaitent et si cela est nécessaire, ces derniers peuvent rapidement avoir accès à n'importe quel niveau de la gestion. Comme nous l'avons vu, Arthur Irving a toujours senti l'intérêt de communiquer expressément avec les travailleurs de première ligne. Cette pratique qu'il a est largement connue dans l'organisation et fait maintenant partie de la culture organisationnelle et des attentes. Encore aujourd'hui, on raconte dans l'entreprise des histoires de visites qu'Arthur Irving a effectuées à l'improviste dans les stations-service.

Bref, la structure de gestion chez Irving Oil est horizontale et légère. Mis à part la beauté physique et le coût du nouvel édifice de son siège social, Irving Oil prône également une culture de parcimonie qui remonte à l'époque où Arthur, patiemment, signait tous les chèques de 1 000 $ et plus. Les gestionnaires et le personnel d'Irving Oil ont bien appris de l'exemple, et l'esprit de parcimonie fait maintenant partie de la culture organisationnelle de l'entreprise et du programme de formation de l'école de commerce Irving.

LE SOUCI DE LA SÉCURITÉ DU PERSONNEL

DÈS QU'ON ARRIVE À LA RAFFINERIE IRVING OIL À SAINT JOHN, on constate toute l'importance qu'on y accorde à la sécurité. J'invite le lecteur à consulter différents sites Web qui présentent des commentaires de gestionnaires et d'employés sur les mesures de sécurité chez leurs employeurs[12]. Irving Oil est bien cotée pour la sécurité comparativement à beaucoup d'autres entreprises, notamment celles du secteur pétrolier et gazier. Elle dispose d'employés à temps plein qui sont affectés à la sécurité et à la santé du personnel[13].

La sécurité du personnel occupe toujours une grande place dans toutes les publications internes d'Irving Oil. Dans le numéro d'octobre 2019 de sa revue *People Matters*, l'entreprise a souligné qu'elle avait enregistré cinq années sans blessure entraînant une perte de temps dans son réseau de terminaux au Canada atlantique et en Nouvelle-Angleterre, un réseau qui emploie 200 personnes[14]. La même publication présentait aussi un bulletin détaillant les bons résultats de l'entreprise en matière de sécurité dans tous ses domaines d'activité[15].

La direction d'Irving Oil affirme que l'entreprise a un bilan enviable en matière de sécurité et qu'elle a les données pour étayer cette affirmation. Mark Sherman, l'ancien directeur de la raffinerie, a déclaré que la sécurité est « une valeur fondamentale, un principe selon lequel chaque employé est responsable de sa sécurité et de celle des autres [...] Notre travail n'est jamais urgent ou important au point de compromettre notre santé, notre sécurité ou l'environnement[16]. » Je souligne que la raffinerie de Saint John affiche un bilan de sécurité qui se compare avantageusement à celui d'autres raffineries en Amérique du Nord.

En octobre 2018, une explosion massive à la raffinerie secoua les travailleurs et les résidents des alentours. Comme cela s'est produit au beau milieu d'importants travaux d'entretien, environ 2 000 personnes se trouvaient sur les lieux au moment de la déflagration. L'incident fut causé par un dysfonctionnement de l'unité de traitement du diésel de la raffinerie[17], et a incité la direction et le personnel à mener un examen exhaustif des consignes de sécurité de l'usine. De hauts responsables d'Irving Oil ont fait savoir que l'exercice avait donné lieu à l'amélioration de diverses mesures de sécurité et à l'adoption d'un certain nombre de nouvelles mesures.

LES BONNES ACTIONS

Depuis l'époque d'Arthur Irving, la haute direction d'Irving Oil encourage les employés à redonner à leur collectivité ou à soutenir de bonnes causes, et ces derniers répondent bien à l'invitation. Comme le nombre de demandes de dons dépasse toujours les ressources disponibles, Irving Oil a créé un comité des dons et des commandites composé d'employés des diverses sections de l'entreprise pour coordonner les contributions et voir à ce qu'elles soient en harmonie avec les priorités que sont les familles, l'éducation et l'environnement.

Outre les nombreux dons sous forme d'argent et de bénévolat que l'entreprise et les employés accordent aux collectivités locales, Irving Oil entretient depuis longtemps des liens avec des partenaires de responsabilité sociale, dont Canards Illimités, le New England Aquarium et, plus particulièrement, sept hôpitaux dans les régions où Irving Oil et ses partenaires de responsabilité sociale ont des activités. Depuis 2002, Irving Oil a aussi donné des cartes-cadeaux d'essence à plus de 65 000 familles pour leurs déplacements entre leur domicile et l'hôpital. Le programme, appelé « Faites le plein d'amour », est une initiative dont les employés d'Irving Oil sont particulièrement fiers. Ce programme s'ajoute aux généreux dons que font chaque année Arthur et Sandra Irving et l'Arthur L. Irving Family Foundation, comme nous le verrons au chapitre 9.

Irving Oil a aussi une publication interne qui renseigne le personnel sur l'actualité au sein de l'entreprise. Il y a une section sur le programme

« Bonne énergie en action » qui décrit les efforts déployés par les employés pour aider les collectivités et les causes locales. Au cours du troisième trimestre de 2018, 65 % des employés d'Irving Oil au Canada, 58 % en Irlande et 56 % aux États-Unis ont participé à une initiative « Bonne énergie ». En tout, près de 11 000 heures de bénévolat ont été consacrées, à l'intérieur comme à l'extérieur des heures de travail, à 419 causes. Parmi ces causes, on trouve des banques alimentaires communautaires de Saint John, la Société canadienne du cancer et des hôpitaux locaux[18]. Comme nous l'avons vu plus tôt, Irving Oil a aussi d'autres moyens d'encourager ses employés à soutenir leurs collectivités et les bonnes causes.

LA GESTION

IRVING OIL S'EST CLASSÉE AU PALMARÈS DES 100 MEILLEURS employés du Canada quatre années de suite, de 2016 à 2019, et aussi à celui des meilleurs employeurs du Canada atlantique. Au niveau national, le concours est géré par les rédacteurs de Mediacorp Canada de Toronto et est ouvert à toutes les entreprises qui ont leur siège social au Canada ainsi qu'aux organismes du secteur public.

Les concurrents sont évalués en fonction de huit critères : lieu de travail physique, climat professionnel et social, avantages sociaux (santé et famille) et financiers, vacances et congés, communications avec les employés, gestion du rendement, formation et perfectionnement des compétences, engagement au sein de la communauté[19]. Irving Oil était au nombre des 7 500 organisations qui avaient présenté leur candidature. Elle a obtenu un A+ pour l'engagement au sein de la communauté et un A pour trois autres des huit critères, soit le lieu de travail physique (j'ai l'impression que la cote pour ce critère montera à A+ lorsque le nouvel édifice sera pris en considération), les avantages sociaux liés à la santé et à la famille, et la formation et le perfectionnement des compétences. Ce sont les mêmes critères qui servent pour le concours des 30 meilleurs employeurs du Canada atlantique, qui, lui, est géré par le magazine *Atlantic Business* de St. John's, à Terre-Neuve.

Ces résultats représentent tout un exploit étant donné qu'Irving Oil a dû surmonter des difficultés de taille dans les dernières années. Les hauts responsables doivent maintenant gérer des activités dans plusieurs territoires, dont certains qui ont des situations politiques complexes. On pense par exemple à la place que l'Irlande occupera dans le nouvel ordre européen post-Brexit. Par ailleurs, le secteur pétrolier et gazier n'est certes pas un secteur où il est facile de manœuvrer en cette ère où le débat sur les changements climatiques continue à prendre de l'ampleur partout. Enfin, la direction d'Irving Oil doit aussi s'occuper de toute une panoplie de questions ayant trait autant à l'exploitation de la plus grande raffinerie au Canada qu'aux relations avec ses petits commerces de détail dans les localités isolées.

J'ai demandé à un cadre supérieur d'Irving Oil si l'entreprise offrait des possibilités de formation en gestion. Il m'a dit que oui et m'a expliqué qu'Irving Oil détermine ce dont les gestionnaires ont besoin individuellement pour atteindre leur plein potentiel. L'entreprise peut offrir un cours sur mesure ou encore affecter un gestionnaire à une tâche particulière ou à un poste pendant une certaine période pour lui permettre de relever de nouveaux défis ou d'acquérir de l'expérience dans une différente partie de l'organisation. Autrement dit, Irving Oil n'offre pas un programme universel de formation en gestion mais vise plutôt à développer le potentiel des cadres supérieurs et des gestionnaires en fonction des besoins en gestion de l'entreprise.

Des cadres supérieurs d'Irving Oil m'ont indiqué que les gestionnaires ne perdent jamais de vue la nécessité de promouvoir un avantage entrepreneurial à tous les échelons de l'organisation. Selon l'un d'eux, c'est là l'approche de base d'Irving Oil en gestion. « Nous faisons toujours des efforts pour conquérir de nouveaux marchés et de nouveaux clients et pour obtenir une plus grande part des affaires de nos clients existants, si cela est possible. C'est l'affaire de tout le monde. »

RETOUR EN ARRIÈRE

LES HAUTS DIRIGEANTS DE LONGUE DATE CHEZ IRVING OIL QUE J'AI consultés insistent pour dire que cette dernière a une philosophie de gestion qui lui est propre et qui est solidement ancrée dans des croyances inébranlables mises en avant par K.C., puis par Arthur Irving lorsqu'ils en étaient le PDG. Ils ont bien raison. Je reconnais néanmoins que les hauts dirigeants et les gestionnaires racontent toujours l'histoire comme ils veulent qu'elle soit racontée.

En tête de liste de ces croyances, on trouve chez les hauts dirigeants actuels et passés d'Irving Oil la ferme conviction que le succès en affaires est directement lié à la qualité du service offert aux clients. Et cette croyance a été transmise à toute personne qui travaille chez Irving Oil depuis un certain temps. Dans une entrevue accordée à un magazine d'affaires, Darren Gillis a déclaré que l'entreprise croit dans la nécessité d'offrir à ses clients un service exemplaire dès qu'ils mettent les pieds dans l'un de ses établissements, ce qui exige qu'une grande attention soit accordée à tous les détails – qu'il s'agisse d'assurer la propreté des toilettes ou de fournir aux camionneurs les serviettes blanches les plus moelleuses et des douches propres[20]. Il était très important pour K.C. Irving d'être attentif aux détails, comme ce l'est maintenant pour Arthur Irving, et ce souci se perpétue encore aujourd'hui chez Irving Oil. Bref, c'est l'un des principaux enseignements au programme de l'école de commerce Irving.

Peut-être parce que K.C. et Arthur ont toujours senti qu'ils se battaient à armes inégales contre des forces qui les dépassaient – que ce soit de grandes entreprises internationales ou le gouvernement fédéral et son obsession pour les deux provinces du centre, riches en électeurs –, la ténacité est aussi devenue une autre caractéristique de la philosophie de gestion chez Irving Oil. Arthur ne ménage certainement aucun effort pour saisir les occasions d'affaires, et les cadres dirigeants d'Irving Oil ont tous appris à faire la même chose.

Ian Whitcomb affirme que seules les personnes ayant un bon esprit d'équipe ont leur place chez Irving Oil, faisant ainsi ressortir l'importance d'une autre exigence de base en gestion dans cette entreprise. Je l'ai clairement constaté dans mes entrevues avec d'ex-employés et des employés actuels d'Irving Oil. Encore une fois, peut-être parce qu'elles se sentent dans une position défavorable, toutes les personnes interrogées ont souligné l'importance pour tous de ramer dans la même direction pour assurer le succès, sachant qu'il faut livrer concurrence à de grandes multinationales bien nanties.

En visitant la raffinerie comme en discutant avec des employés, j'ai aussi constaté que la direction d'Irving Oil prend très au sérieux la santé et la sécurité du personnel. C'est peut-être parce que l'exploitation d'une raffinerie de pétrole et de gaz présente beaucoup plus de risques que bien d'autres activités commerciales. Chez Irving Oil, comme c'est sans doute le cas pour toutes les entreprises qui exploitent une raffinerie, la sécurité est une priorité. Cet engagement engendre une loyauté réciproque entre les travailleurs et la direction. Arthur Irving a souvent souligné de manière spontanée l'importance de la sécurité lorsqu'il parlait du travail à la raffinerie.

On ne saurait trop insister sur la profonde influence que la nature même d'Irving Oil comme société privée familiale a exercée sur le programme de l'école de commerce Irving. Les différences entre une société privée familiale et une société cotée en bourse sont immenses et ont une grande incidence sur la façon dont on gère l'entreprise. Une entreprise privée comporte de nombreux avantages pour la direction. La relation entre celle-ci et les actionnaires est claire, tout comme les exigences de reddition de comptes. Dans une compagnie privée, les décisions peuvent se prendre beaucoup plus facilement et rapidement que dans une société cotée en bourse. Il y est aussi plus facile de promouvoir une attitude du « nous » plutôt que du « ils » à tous les niveaux de l'entreprise, une attitude qui est d'ailleurs évidente chez Irving Oil. Enfin, il est beaucoup plus facile d'obtenir une rétroaction de la part des propriétaires actionnaires d'une société privée que de ceux d'une société cotée en bourse.

VINGT-QUATRE HEURES

L'UN DES ÉVALUATEURS QUI ONT LU LE MANUSCRIT DU PRÉSENT ouvrage m'a fait la remarque qu'il serait intéressant de savoir ce qu'Arthur Irving fait en 24 heures. Je ne connaissais pas Arthur Irving du temps qu'il était le PDG d'Irving Oil, mais ceux qui ont travaillé avec lui à cette époque m'ont indiqué qu'il n'arrêtait jamais, depuis tôt le matin jusqu'à tard le soir. À ce sujet, un ancien cadre supérieur chez Irving Oil m'a dit : « il n'arrêtait tout simplement jamais et il nous tenait très occupés jour après jour ».

On peut certainement dire qu'il n'y a pas de « journée typique » pour Arthur. Lorsqu'il a accepté le prix de l'Atlantic Canada Plus Association au nom de son père, il a lui-même dit que, pendant qu'il travaillait à ses côtés, chaque jour était différent. Les journées d'Arthur sont toutes bien remplies du matin au soir. Il se lève tôt et commence habituellement sa journée en faisant de l'exercice. Ensuite, ses occupations peuvent varier – il peut avoir une série de réunions à Toronto, Boston ou Saint John. Il y a bien peu de temps morts dans ses journées. Il rend visite à des établissements régionaux et à d'importants clients et il assiste à des réunions du personnel. Il fait le point sur les engagements pris envers des projets communautaires ou universitaires, se rendant souvent à l'Université Acadia ou au Dartmouth College. Il fait attention à son alimentation et n'a jamais bu ni fumé. Parfois, il finit sa journée en écoutant une partie de hockey. Normalement, sa journée commence vers 6 h et se termine à plus de 22 h.

Le 5 novembre 2019 était une autre journée bien remplie pour Arthur Irving, qui était revenu à Saint John tard la veille après avoir assisté à des réunions d'affaires à New York. Il s'est levé à 5 h et était au gymnase à 5 h 30. Il a pris son déjeuner, puis a rejoint Sarah et d'autres cadres d'Irving Oil à l'aéroport à 7 h pour se rendre à Québec. De là, le groupe est allé à Drummondville voir des concessionnaires, parler au personnel de première ligne et vérifier le respect des normes et la propreté des installations. L'un des cadres m'a raconté qu'à un moment donné Arthur a quitté le groupe pour aller voir un camionneur. Il a parlé avec ce camionneur de Terre-Neuve-et-Labrador pendant une quinzaine de minutes, lui demandant d'où il venait, quel était son trajet et ce qu'il transportait.

Ensuite, le groupe a examiné de nouvelles possibilités d'affaires et visité de nouveaux emplacements potentiels dans la région de Drummondville et a aussi jeté un coup d'œil sur des établissements appartenant à la concurrence. Puis le groupe est retourné à Québec pour visiter des terrains susceptibles d'accueillir des stations-service. Enfin, il y a eu un repas de travail avec des concessionnaires où Arthur et Sarah ont pris la parole. Le groupe est revenu à Saint John le même jour vers 22 h. Quelques jours plus tard, Arthur, Sarah et quelques cadres supérieurs d'Irving Oil s'envolaient pour l'Irlande afin de passer en revue l'état de la situation là-bas. Quel que soit le jour, Arthur pense toujours à l'avenir d'Irving Oil.

UN REGARD VERS L'AVENIR

IRVING OIL EST NÉE AU NOUVEAU-BRUNSWICK. K.C. EST RESTÉ DANS la province, tout comme Arthur Irving. Tout porte à croire qu'Arthur souhaite garder Irving Oil au Nouveau-Brunswick et dans sa famille. Sa décision de construire à Saint John le siège social sans doute le plus élégant et le mieux conçu du Canada atlantique traduit son désir d'ancrer Irving Oil dans la province pour longtemps. Nous reviendrons sur ce point et sur le siège social de l'entreprise dans le prochain chapitre.

Arthur a suivi la voie que son père a tracée en construisant Irving Oil. Il a appris de son père le secret du succès en affaires : une profonde loyauté envers les clients et les employés. Je pense que l'actuel président d'Irving Oil, Ian Whitcomb, et Sarah Irving, vice-présidente administrative et cheffe de la gestion de la marque, ont la ferme intention de continuer à faire croître Irving Oil en cultivant les mêmes valeurs que celles qu'Arthur lui-même a véhiculées et qui remontent à 1924.

J'ai parlé plusieurs fois d'Irving Oil et de son avenir avec Arthur et Sarah Irving et avec Ian Whitcomb. Quatre thèmes se dégagent invariablement des discussions sur la gestion de cette entreprise : les clients et les employés sont au cœur de la méthode de gestion; la sécurité dans toutes les activités d'exploitation est une priorité; il est important de soutenir les collectivités et les bonnes causes sans égard à la reconnaissance que ce soutien apporte ou non (en fait, la plupart du temps, l'entreprise et les Irving minimisent l'importance de leurs actes de bienfaisance); et il faut toujours chercher des moyens de respecter l'environnement. Ce faisant, l'entreprise est demeurée fidèle à la région en établissant de manière durable son siège social au Nouveau-Brunswick.

Notes

1 Blaine Higgs cité dans Bruce Livesey, « Company province, provincial company », *Globe and Mail*, 26 février 2016, theglobeandmail.com/report-on-business/rob-magazine/is-the-secretive-irving-family-ready-for-itscloseup/article28917978/.

2 Voir, par exemple, Harvey Sawler, *Twenty-First-Century Irvings* (Halifax : Nimbus Publishing, 2007), 77–8.

3 *Ibid.*, 77.

4 Richard Wilbur, « K.C. Irving: The Man Who Built an Empire – But Why? », *Financial Post*, 17 novembre 1973, C-4.

5 Cité dans John DeMont, *Citizens Irving: K.C. Irving and His Legacy* (Toronto : McClelland and Stewart, 1992), 58 (traduction libre).

6 Adam Taylor, « If ExxonMobil were a country, its economy would be bigger than Ireland's », *Washington Post*, 13 décembre 2016, washingtonpost.com/news/worldviews/wp/2016/12/12/if-exxonmobil-were-a-country-it-would-be-the-worlds-41st-largest-economy/.

7 Shell, *Annual Report and Form 20-F 2018*, 13 mars 2019, reports.shell.com/annual-report/2018/servicepages/download-centre.php.

8 Suncor, *Rapport annuel 2018*, 27 février 2019, suncor.com/fr-ca/centre-des-investisseurs/rapports-financiers/rapport-annuel.

9 John DeMont fait aussi cette remarque dans son ouvrage *Citizens Irving*, 166.

10 Donald J. Savoie, *What is Government Good At? A Canadian Answer* (Montréal : McGill-Queen's University Press, 2015).

11 Donald J. Savoie, *La démocratie au Canada : l'effritement de nos institutions* (Montréal : McGill-Queen's University Press, 2019), chapitre 13.

12 Voir, par exemple, indeed.ca.

13 Voir, par exemple, Irving Oil « Environmental Health and Safety Project Coordinator », *LinkedIn*, juillet 2019, ca.linkedin.com/jobs/view/environmental-health-and-safety-project-coordinator-at-irving-oil-1374274111.

14 *People Matters* (Saint John, N.-B.: Irving Oil, octobre 2019), 6.

15 *Ibid.*, 11.

16 Irving Oil, « La raffinerie d'Irving Oil bat tous ses records de sécurité », 15 mai 2012, irvingoil.com/fr-CA/press-room/la-raffinerie-dirving-oil-bat-tous-ses-records-de-securite.

17   Kevin Bissett, « Irving Oil says refinery safe after "malfunction" shakes Saint John », *BNN Bloomberg*, 9 octobre 2018, bnnbloomberg.ca/irving-oil-says-refinery-safe-after-malfunction-shakes-saint-john-1.1149028.

18   *People Matters* (Saint John, N.-B. : Irving Oil, mai 2019), 18-9.

19   Voir, entre autres, Diane Jermyn, « Canada's Top 100 Employers redefine how people work and live », *Globe and Mail*, 14 décembre 2017, theglobeandmail.com/report-on-business/careers/top-employers/canadas-top-100-employers-redefine-how-people-work-and-live/article37326224/.

20   Cité dans « Pumped and primed », *Atlantic Business*, 23 juin 2016, atlanticbusinessmagazine.net/article/pumped-and-primed/.

CHAPITRE 8

ON NE POURRAIT PAS TROUVER MEILLEUR ENDROIT QUE LES MARITIMES

JE SAVAIS ÉVIDEMMENT, DÈS MON PLUS JEUNE ÂGE, QUI ÉTAIT K.C. Irving. Je savais aussi qu'il avait trois fils à ses côtés dans ses entreprises. Je le savais ne serait-ce qu'en raison de mes racines bouctouchoises. En grandissant, je voyais que les entreprises Irving poursuivaient leur croissance dans les mauvaises périodes comme dans les bonnes.

Les fils ont suivi les traces de leur père de bien des façons. Eux aussi ont cherché à éviter l'attention du public et ont fait preuve d'une grande discrétion. C'est encore le cas. J'avais entendu dire, comme tout le monde, qu'ils s'abstenaient de consommer de l'alcool et du tabac, et qu'ils étaient des travailleurs infatigables et des hommes d'affaires accomplis. Cependant, c'est à peu près tout ce que je savais à leur sujet jusqu'à ce que je me lie d'amitié avec Sandra Irving et, plus tard, avec

Arthur et Sarah Irving. Comme je l'ai mentionné plus tôt, même si je suis loin d'avoir aussi bien connu J.D. Irving, j'ai eu de nombreuses discussions avec lui et son fils Jamie au cours des 10 dernières années.

Je n'avais pas saisi, toutefois, avant d'avoir l'occasion de mieux les connaître, à quel point ils sont profondément attachés à la région des Maritimes, bien plus que je ne l'aurais imaginé et que ne l'auraient probablement imaginé de nombreux habitants des Maritimes. Je sais maintenant que ce sentiment puissant remonte à K.C. Irving. J'admets volontiers que c'est seulement lors de ma recherche en préparation du présent livre que j'ai découvert combien K.C. Irving était profondément engagé envers le Nouveau-Brunswick et le Canada atlantique.

Je soupçonne que cela a été un puissant facteur de motivation dans le succès de K.C. en affaires. Il est certain que ce profond sentiment de responsabilité envers la région n'a pas perdu de vigueur avec Arthur. Au contraire, il n'a fait que grandir. Arthur Irving a dirigé les travaux d'agrandissement de la raffinerie qui en ont fait la plus grande au Canada. Il a également mené la charge dans les efforts d'Irving Oil pour faire venir l'oléoduc Énergie Est dans les Maritimes. De plus, il a supervisé dans ses moindres détails la construction de l'immeuble qui abrite le siège social à Saint John. Il est demeuré ferme au fil des ans dans sa décision d'établir toutes les activités importantes du siège social à Saint John alors que la situation économique aurait peut-être voulu qu'il en soit autrement.

LA RAFFINERIE

PLUSIEURS ANNÉES AVANT QUE JE NE COMMENCE À TRAVAILLER À LA rédaction de ce livre, j'ai été invité à visiter la raffinerie Irving Oil. J'avoue d'entrée de jeu que je savais peu de choses à l'époque, comme maintenant d'ailleurs, sur les raffineries de pétrole et leur fonctionnement. J'ai néanmoins été vivement impressionné par cette merveille d'ingénierie. Voici ce que je sais à propos de la raffinerie Irving.

Elle est la plus grande raffinerie au Canada, dotée d'une capacité de traitement de plus de 300 000 barils de pétrole brut par jour. Les plus grandes raffineries suivantes pour leur capacité de traitement sont celle de Lévis, au Québec, avec 235 000 barils, et la raffinerie Strathcona à Edmonton, avec 191 000 barils par jour[1]. La raffinerie Irving représente environ 15 % du pétrole transformé chaque jour au Canada et 75 % des exportations d'essence du Canada aux États-Unis[2]. C'est aussi l'une des raffineries les mieux exploitées en Amérique du Nord.

La raffinerie Irving Oil fabrique une vaste gamme de produits, y compris de l'essence pour les automobiles, du carburéacteur, du mazout domestique, du kérosène, du butane, du propane et du pétrole brut lourd pour la production d'asphalte. Le processus de fabrication de ces produits est très complexe, encore plus aux yeux d'un profane. Je ne peux qu'en donner un aperçu en disant que la raffinerie se compose d'unités de distillation, de craquage, de reformage (réaménagement moléculaire), de traitement des produits, de production de vapeur et d'hydrogène, de récupération du soufre et de réservoirs pour le mélange et le stockage des produits[3].

La raffinerie permet à Irving Oil de produire de nombreux lubri- fiants et produits chimiques qui sont vendus partout dans le monde[4]. Il y a une armée de travailleurs qui en surveillent le fonctionnement, décident du moment où il faut réaffecter les ressources de la fabrication d'un produit à un autre et exploitent l'une des plus grandes usines de mélange et de conditionnement en Amérique du Nord. Irving Oil est maintenant en mesure d'adapter un grand nombre de produits pour approvisionner non seulement ses détaillants, mais aussi beaucoup de marques privées.

L'installation à la fine pointe de la technologie abrite aussi les deux laboratoires internes de l'entreprise. Le premier fonctionne tous les jours 24 heures sur 24. On y effectue des essais sur certains produits pour s'assurer qu'ils sont conformes aux spécifications exactes requises par les clients. Ce laboratoire emploie 40 personnes. Le deuxième laboratoire est lié au processus de fabrication et s'occupe du mélange et du conditionnement[5].

De plus, l'usine est reliée à un centre de distribution ultramoderne. Lorsque j'ai visité la raffinerie, j'ai vu un certain nombre de travailleurs très qualifiés assis devant des écrans d'ordinateur, certains suivant le prix du pétrole au comptant et d'autres veillant au bon fonctionnement des activités. J'ai vu aussi à tout bout de champ des signes qui semblaient indiquer qu'Irving Oil accorde une grande importance à la santé et à la sécurité de sa main-d'œuvre.

Construite sur une longue bande étroite qui s'étire sur 1,5 kilomètre, la raffinerie est différente de la plupart des autres raffineries, qui elles, sont des ensembles de structures serrées les unes sur les autres[6]. Une telle configuration non seulement facilite l'expansion de la raffinerie, mais aide aussi à combattre les incendies et à promouvoir la sécurité. Irving Oil a réussi à limiter les dommages causés à la raffinerie lors de l'incendie majeur survenu en octobre 2018 grâce à la façon dont elle a été construite. Cette situation contraste fortement avec l'incendie qui a forcé la fermeture de la raffinerie Philadelphia Energy Solutions en juin 2019[7]. Cette raffinerie était un ensemble de structures serrées.

La société Irving Oil a agrandi sa raffinerie de Saint John en 1971 et à nouveau en 1974, comme on l'a vu. En 2000, elle a terminé un autre projet de modernisation ambitieux au coût de 1,5 milliard de dollars. Pendant que je marchais le long de la raffinerie, je pensais constamment à l'histoire qu'Arthur m'avait racontée au sujet de la réunion à Montréal entre K.C. et BP Petroleum, lors de laquelle K.C. avait expliqué en quelques mots pourquoi il insistait pour la construire à Saint John : « parce que c'est là que j'habite ».

C'est l'unique raison pour laquelle le Nouveau-Brunswick a pu accueillir un jour la plus grande raffinerie au Canada. Aucune entreprise cotée en bourse ni aucune société privée de l'extérieur n'aurait songé à établir une raffinerie à Saint John il y a 60 ans, comme la décision de BP l'a clairement démontré. La raffinerie est située à Saint John parce que K.C. a décidé qu'elle devait se trouver à cet endroit, et elle est maintenant la raffinerie la plus vaste et sans doute la plus prospère au Canada parce qu'Arthur Irving a décidé d'investir dans son développement plutôt que de l'exploiter simplement pour en tirer profit, puis d'empocher les profits et de disparaître.

En revanche, Imperial Oil a annoncé le 21 juillet 2011 qu'elle fermait sa raffinerie de Dartmouth, en Nouvelle-Écosse. Ouverte en 1918, la raffinerie employait 200 travailleurs et donnait du travail à un nombre similaire d'entrepreneurs locaux. Elle avait une capacité de traitement de 88 000 barils de pétrole brut par jour. Imperial Oil a décidé de la fermer parce qu'elle n'arrivait pas à trouver un acheteur et que la raffinerie ne pouvait plus soutenir la concurrence[8]. Contrairement à Irving Oil, Imperial Oil a décidé de ne pas investir dans sa raffinerie de Dartmouth pour la moderniser ou pour réaliser, même à plusieurs années d'intervalle, des initiatives d'entretien qui exigent beaucoup de temps et d'argent. Elle a pris les profits générés par cette raffinerie et les a investis dans ses autres installations. Cette décision, comme toujours, est venue du siège social.

Imperial Oil bénéficiait d'un emplacement de choix ou du moins, cet emplacement semblait bien meilleur que Saint John pour exploiter une raffinerie. Lors de ses négociations infructueuses avec K.C. Irving, BP avait mentionné Halifax, entre autres endroits. La région d'Halifax-Dartmouth dispose d'un port ouvert à l'année, qui n'est toutefois pas aussi accueillant pour les superpétroliers que celui de Saint John. Le port d'Halifax offre aussi un accès facile à la côte est des États-Unis, il peut recevoir du pétrole brut du Moyen Orient et l'agglomération urbaine de plus grande taille est supposément mieux en mesure d'attirer les cadres supérieurs talentueux et les travailleurs qualifiés que Saint John.

La raffinerie de Saint John emploie 1 600 personnes et exporte un pourcentage grandissant de ses produits finis aux États-Unis. Nous avons vu qu'Irving Oil effectue constamment des travaux d'amélioration de sa raffinerie. Ces activités d'entretien régulières et les périodes annuelles d'entretien à l'automne entraînent des coûts élevés et requièrent une main-d'œuvre abondante – jusqu'à 3 000 travailleurs qualifiés.

Irving Oil exploite également le dépôt maritime Canaport, le premier dépôt de pétrole brut en eau profonde de l'hémisphère occidental capable de recevoir des superpétroliers, et disposant d'une capacité de stockage de plus de six millions de barils[9]. À eux deux, la raffinerie et le dépôt maritime Canaport représentent l'une des plus grandes merveilles d'ingénierie au Canada. L'ensemble comprend la raffinerie la plus grande et la plus efficace au Canada et un complexe de transport et de déchargement très perfectionné.

La majeure partie du pétrole brut qui entre dans la raffinerie est transportée par bateau. Canaport a été ouvert en 1970 et se trouve à courte distance de la raffinerie. Le terminal ne sert qu'à une seule fin, recevoir le pétrole brut qui approvisionne la raffinerie, et il est relié à un pipeline sous-marin de plus d'un kilomètre qui transfère le pétrole brut depuis une bouée flottante à laquelle les pétroliers s'amarrent pour le déchargement. Le pipeline est relié à un certain nombre de réservoirs de stockage situés sur la rive. Les réservoirs sont eux-mêmes reliés à la raffinerie par des pipelines qui couvrent le parcours de huit kilomètres[10].

L'INFRASTRUCTURE

K.C. a décidé de construire la raffinerie de Saint John parce que, comme il l'a expliqué et comme nous l'avons vu à quelques reprises, c'était là qu'il habitait. De l'avis général à l'époque et pendant longtemps, une meilleure décision d'affaires aurait été de choisir d'établir la raffinerie ailleurs. Mais c'était une autre époque. En rétrospective, il semble de plus en plus que le choix d'établir la raffinerie à Saint John était une décision d'affaires bien inspirée.

La raffinerie est située à seulement 60 milles ou 100 kilomètres de la frontière américaine. Le Nord-Est des États-Unis constitue un riche marché de 100 millions de personnes sur lequel Irving Oil vend maintenant 80 % de ses produits[11]. Le manque de capacité de raffinage se fait désespérément sentir dans la région, qui n'a guère le choix d'importer la plus grande partie de ses produits pétroliers de raffineries situées à l'étranger[12]. Il n'y a aucune raffinerie en Nouvelle-Angleterre ou à New York. Pour en trouver, il faut aller au New Jersey, où l'on en compte cinq. Toutes sont plus petites que la raffinerie de Saint John; la plus grosse, la raffinerie de Bayway, a une capacité de traitement de 230 000 barils par jour[13]. En raison de la situation géographique de la raffinerie Irving Oil, ses produits n'ont qu'une courte distance à parcourir pour atteindre ce marché. Les navires de la raffinerie Irving Oil peuvent atteindre Boston en 20 heures et demie et New York en 37 heures, comparativement à six jours depuis la côte américaine du golfe du Mexique jusqu'à Boston ou à 16 jours par pipeline[14].

La distance deviendra de plus en plus importante dans les années à venir, et la courte distance qui la sépare du marché de la Nouvelle-Angleterre continuera de favoriser Irving Oil par rapport à la concurrence. Kenneth Irving a bien résumé la situation en disant : « dans un avenir où tous les gestes de consommation entraîneront des coûts établis en fonction de leur impact sur l'environnement, la distance sera un facteur important dans la décision de déplacer des barils qui viennent de beaucoup plus loin[15] ». Ce n'est qu'une raison, parmi plusieurs autres, pour laquelle l'oléoduc Énergie Est était un choix logique.

Avec l'avènement des superpétroliers, Saint John est devenue un endroit de choix pour une raffinerie. Son port en eau profonde est le meilleur port libre de glaces toute l'année entre Saint John et la Louisiane. À marée basse, la profondeur de l'eau y est de 128 pieds (39 mètres). Malgré les fortes marées de la baie de Fundy, les pétroliers ont pu entrer et sortir du havre sans provoquer de déversement de pétrole.

L'infrastructure a permis à Irving Oil d'acheter du pétrole brut de tous les coins de la planète. Les navires les plus gros du monde peuvent faire appel au terminal de Canaport à tout moment, s'amarrer à une bouée flottante et pomper le pétrole brut dans un tuyau pour l'acheminer vers une rangée de grands réservoirs qui arborent le nom Irving. Il est maintenant largement reconnu que la capacité pour les pétroliers d'accéder au terminal à longueur d'année procure à la raffinerie de Saint John un avantage par rapport à beaucoup d'autres raffineries du Canada et des États-Unis.

Les grandes raffineries ont tendance à être situées près des cours d'eau, ce qui leur permet de recevoir du pétrole brut et d'expédier des produits finis transportés par des pétroliers et des superpétroliers. Les raffineries américaines ont un avantage comparatif en raison notamment du prix inférieur du pétrole brut américain, ce qui a entraîné une augmentation importante de la production américaine de pétrole, de gaz naturel et de liquides de gaz naturel ces dernières années. Les États-Unis, qui étaient le plus grand importateur net de produits pétroliers raffinés avant 2008, sont devenus le plus grand exportateur net de pétrole raffiné en 2013[16].

Irving Oil doit rivaliser sur le marché mondial. Elle doit acheter son pétrole brut parce qu'elle n'a pas la capacité d'en produire elle-même. C'est pourquoi l'oléoduc Énergie Est, qui lui aurait permis d'acheter du pétrole brut canadien au lieu d'en importer du Moyen Orient ou d'Afrique de l'Ouest, présentait un grand intérêt. La mort du projet Énergie Est, on le sait, ne signifiait pas pour autant que la consommation de pétrole au Canada diminuerait. Elle signifiait que nous continuerions à importer du pétrole brut d'autres régions du globe au lieu de miser sur la production pétrolière du Canada.

Certes, la facilité d'accès au marché de la Nouvelle-Angleterre donne à Irving Oil un grand avantage comparatif. Mais ce n'est pas son seul avantage. Irving Oil bénéficie d'une solide gestion et elle appartient à des intérêts privés, ce qui facilite sa planification à long terme et le réinvestissement des profits dans l'entreprise. Au lieu de serrer les rangs pour tenter de protéger ses acquis, l'entreprise a choisi de prendre de l'expansion sur d'autres marchés.

CAP SUR L'IRLANDE

Depuis son siège social de Saint John, Irving Oil supervise également les activités d'une autre raffinerie située en Irlande, à une distance de quelque 4 000 kilomètres. Il s'agit d'un nouveau virage pour le Nouveau-Brunswick, étant donné que la province compte de nombreux établissements gérés par des entreprises dont le siège social se trouve dans d'autres régions du monde. Il reste que le siège social d'Irving Oil de Saint John a su exploiter avec succès, à distance, une raffinerie et une entreprise destinée à la vente au détail d'essence et d'huile en Irlande.

Comme je l'ai mentionné, Irving Oil a fait l'acquisition de la raffinerie de Whitegate, de Phillips, en 2016. Des observateurs de l'industrie ont rapporté que Phillips exploitait la raffinerie à perte – jusqu'à 280 millions de dollars (américains) en une année (2014)[17]. La population de Cork s'inquiétait à l'époque des pertes d'emplois possibles. Arthur Irving m'a confié qu'Irving Oil a réussi à redresser la situation de la raffinerie d'Irlande en relativement en peu de temps.

La raffinerie de Whitegate traite jusqu'à 75 000 barils de pétrole brut par jour et s'approvisionne en mer du Nord et ailleurs. Elle emploie 160 personnes et embauche aussi des travailleurs à contrat. « C'est un grand jour pour notre entreprise, a déclaré Arthur Irving. Nous avons hâte d'accueillir l'équipe de Whitegate chez Irving Oil[18]. »

En Irlande, on craignait qu'une grande multinationale n'achète la raffinerie pour ensuite la fermer puisque c'était une petite raffinerie qui avait besoin d'être modernisée. Irving Oil, une entreprise familiale de taille relativement modeste, du moins dans le contexte international, a vu les choses différemment, au grand soulagement de la population locale et des 160 employés. Irving Oil y a vu l'occasion de s'étendre de l'autre côté de l'Atlantique et a rapidement donné aux travailleurs l'assurance que leurs emplois étaient maintenus[19].

Quelques années plus tard, Irving Oil a fait l'acquisition du groupe

Tedcastle, une organisation de distribution et de commercialisation établie en Irlande qui agit sous la marque Top Oil. L'organisation, qui compte plus de 200 ans d'histoire et dont le siège social se trouve à Dublin, vendait 1,3 milliard de litres de carburant par année avant son acquisition par Irving Oil. Top Oil compte 180 détaillants situés un peu partout en Irlande et un réseau de points de vente de mazout domestique. Les stations-service Top Oil sont écologiques, ainsi que les camions de l'entreprise, et faciles à reconnaître. Elles sont bien présentes sur le réseau routier irlandais. Arthur Irving a déclaré que la transaction marquait une « journée historique » pour Irving Oil. Sarah Irving a ajouté : « nous sommes très heureux de compter l'équipe de Top Oil au sein de la grande famille Irving[20] ». Il s'agit d'un exemple où une famille a vendu son entreprise à une autre entreprise familiale.

L'achat de Top Oil s'inscrit parfaitement dans la foulée de l'acquisition de la raffinerie de Whitegate. Les deux entreprises peuvent maintenant profiter du succès l'une de l'autre. La tâche de la haute direction d'Irving Oil consistait à assurer une transition en douceur des deux entreprises ainsi que leur intégration harmonieuse au sein d'Irving Oil.

LES MARITIMES AU CENTRE DE L'ACTION

IRVING OIL EST MAINTENANT EN MESURE DE CONQUÉRIR DE NOU-veaux marchés en Nouvelle-Angleterre et en Irlande. Mais le cœur de ses activités demeure à Saint John, au Nouveau-Brunswick. Bien entendu, l'incursion de l'entreprise en Irlande et son expansion en Nouvelle-Angleterre ont exigé de nouveaux investissements.

Cependant, Irving Oil continue aussi de se concentrer sur le Canada atlantique. Par exemple, elle a décidé d'investir 80 millions de dollars pour rouvrir le terminal maritime du port d'Halifax. Les fonds investis dans le projet entièrement financé par le secteur privé étaient réservés pour des actifs existants, raison pour laquelle on parle d'un « projet de remise en service ». Les actifs comprennent des installations de stockage, de l'équipement de chargement, une jetée et une infrastructure de soutien. Arthur Irving a indiqué qu'Irving Oil aimait brasser des affaires en Nouvelle-Écosse et qu'elle était prête à continuer de réaliser des investissements importants dans la province[21]. Quelques mois plus tard, Irving Oil a annoncé qu'elle avait conclu une convention d'achat avec Valero Energy Inc. pour l'acquisition de quatre installations de stockage en Nouvelle-Écosse. Les installations sont situées à Port Hawkesbury, New Glasgow, Yarmouth et Bridgewater[22].

Par ailleurs, Irving Oil a très tôt contribué activement à promouvoir l'industrie du gaz naturel au Canada atlantique et elle continue d'en faire la promotion. Elle a été l'une des premières entreprises à investir dans le gaz naturel en s'engageant à acheter pour un milliard de dollars de la production de gaz naturel provenant de l'île de Sable[23]. La raffinerie de Saint John utilise le gaz naturel de plusieurs façons, notamment pour se doter d'une capacité de cogénération sur place. Irving Oil a fait équipe avec un partenaire, TransCanada Énergie, dans le cadre d'un projet de réaménagement énergétique qui utilise le gaz naturel pour la cogénération[24]. Les nouvelles installations, comme il a été mentionné plus tôt, produisent deux formes d'énergie : de l'électricité et de la vapeur.

En juillet 2018, Irving Oil a acquis 13 stations-service Ultramar, dont huit se trouvent dans la région métropolitaine d'Halifax, et 23 autres détaillants sont passés sous sa marque au Canada atlantique. Je signale qu'il existe une différence entre une situation où l'on est propriétaire de stations-service et de leur emplacement, et une autre où l'on gère des stations-service (sous une marque) pour un autre propriétaire.

Un an plus tôt, Irving Oil a annoncé qu'elle avait terminé des travaux de remise à neuf du terminal maritime de St. John's, à Terre-Neuve-et-Labrador, financés par des sources privées grâce à un investissement de 20 millions de dollars. La remise à neuf comprenait l'ajout d'un nouveau poste de remplissage et l'amélioration de la logistique du port. Lors de l'annonce de l'investissement, Irving Oil a rappelé aux gens de

Terre-Neuve que la société servait fièrement leur province depuis 1949[25].

De plus, Irving Oil a essayé de trouver du pétrole brut dans chacune des Provinces maritimes. Le lecteur sera peut-être intéressé d'apprendre que le Nouveau-Brunswick compte l'une des plus anciennes régions productrices de pétrole dans le monde. L'un des premiers puits de pétrole en Amérique du Nord a été foré en 1859 sur la rive est de la rivière Petitcodiac, à l'extérieur de Moncton, mais n'a produit qu'une petite quantité de pétrole. Dans les années 1980, Irving Oil a fait équipe avec Chevron pour tenter de trouver du pétrole brut dans le sous-bassin de Moncton.

Les partenaires ont foré trois autres puits d'exploration dans la région. Ces forages ont mené à la découverte d'un gisement de gaz naturel près de Moncton en 1985. Les partenaires ont cependant estimé qu'il n'était pas assez viable et ont abandonné et cimenté les puits en 1993. Ils ont effectué plusieurs autres tentatives au Nouveau-Brunswick, en Nouvelle-Écosse et à l'Île-du-Prince-Édouard, mais en vain.

L'IMMEUBLE

QUICONQUE VEUT DES PREUVES DE L'ENGAGEMENT PROFOND ET soutenu d'Irving Oil envers le Nouveau-Brunswick n'a qu'à regarder le nouveau bâtiment qui héberge son siège social à Saint John. L'immeuble est un véritable bijou, moderne, élégant, dispendieux, situé en plein cœur de Saint John, à côté du Théâtre Impérial (construit en 1912) et à quelques pas de l'édifice historique de l'hôtel Admiral Beatty.

Irving Oil, comme toutes les entreprises très prospères, ne prend pas de décisions importantes à la légère, en particulier les décisions coûteuses. Elle a déterminé que le temps était venu de construire un nouveau siège social à distance de marche de l'immeuble Golden Ball.

Il s'agit d'un bâtiment remarquable à maints égards qui a insufflé un élan de dynamisme au centre-ville de Saint John, qui en avait bien besoin. On n'a pas regardé à la dépense pour ériger cet immeuble ultramoderne. L'immeuble sert à plusieurs fins. Il rassemble sous un même toit pratiquement tous les employés d'Irving Oil à Saint John, du moins ceux et celles qui ne travaillent pas à la raffinerie. Il est doté des commodités les plus modernes allant d'installations de soins de santé aux espaces de réunion et aux postes de travail. Toutes les personnes qui pénètrent dans l'immeuble sont frappées par sa beauté physique, l'agencement de ses espaces et ses installations de pointe[26].

J'aime certainement l'élégance de l'immeuble – qui ne l'aimerait pas? Cependant, le message que la présence de l'immeuble envoie est beaucoup plus important selon moi. En engageant les fonds nécessaires à l'érection d'un immeuble de 11 étages, la société Irving Oil a signifié ses intentions pour les années à venir : le siège social d'Irving Oil est à Saint John et y restera à long terme. Je souligne que, mis à part Irving Oil, le marché pour un tel immeuble à Saint John est presque inexistant. Au moment de la construction de l'immeuble, le taux d'inoccupation à Saint John s'établissait à 21,5 % et était le plus élevé au Nouveau-Brunswick[27]. Voilà manifestement une situation où l'action parle plus fort que les mots.

Irving Oil a procédé à la première pelletée de terre pour la construction du nouveau bâtiment le 6 juin 2016. Plus de 50 entreprises locales ont été embauchées dans la construction de l'immeuble et il a fallu trois ans pour compléter la structure de 317 323 pieds carrés. Le rez-de-chaussée et les deux premiers étages mesurent chacun 30 138 pieds carrés, le quatrième étage a une superficie de 24 003 pieds carrés et les autres étages font 21 366 pieds carrés. La construction a nécessité 2 000 tonnes d'acier de structures, 8 000 mètres cubes de ciment et environ 11 000 morceaux de calcaire. Le calcaire provient de la même mine que celle des pierres qui ont servi à la construction de l'Empire State Building à New York. On compte 275 marches d'escalier dans l'atrium de l'édifice et 553 fenêtres extérieures. Le siège social emploie environ un millier de personnes, quoique leur nombre varie de jour en jour.

J'ai accompagné Arthur Irving et l'architecte paysagiste Alex Novell à Boston et à Toronto pour y visiter des immeubles à bureaux alors qu'ils cherchaient encore à déterminer la forme la plus appropriée pour l'extérieur du bâtiment. Je n'ai pas été d'un grand secours. J'ai balayé des yeux l'horizon du centre-ville de Boston et de Toronto, et tout ce que je voyais, c'était de hauts immeubles revêtus de ciment ou de verre, rien qui n'avait l'air trop compliqué. C'était l'un ou l'autre. J'ai appris cependant que, si les immeubles à surfaces vitrées sont moins coûteux à construire, ils posent un problème pour l'environnement : des études révèlent maintenant que les tours de verre ont des conséquence désastreuses pour les oiseaux, causant leur mort par milliers. Alors, dès le départ, Arthur a clairement précisé qu'il ne voulait rien savoir d'un bâtiment en verre et en acier. Il a insisté pour que l'immeuble présente un style classique qui s'harmoniserait avec King's Square, le quartier historique de Saint John. Une fois la vision de l'immeuble établie, la recherche fût lancée pour trouver les meilleurs architectes pour le projet. Après que la société eut choisi le cabinet B+H Architects de Toronto et l'entreprise FCC/EllisDon Joint Venture, Alex Novell a collaboré de près avec Arthur Irving et les hauts dirigeants d'Irving Oil à la conception du nouveau bâtiment. Arthur a insisté pour que des entrepreneurs locaux et des produits locaux soient employés autant que possible dans la construction.

Alex Novell décrit comment Arthur a abordé le projet, une approche qui témoigne de son style de gestion. D'abord, Arthur posait sans cesse des questions à propos de tout. Alex a l'impression que, parfois, Arthur voulait ainsi s'assurer que tout le monde comprenait bien ce qu'il voulait. Ensuite, il a soigneusement choisi l'équipe qui travaillerait sur le projet. Ses critères étaient les suivants : les membres de l'équipe devaient être les meilleurs dans leur domaine, pouvoir travailler ensemble efficacement et mettre leur orgueil de côté. Il a insisté pour que chaque membre de l'équipe ait son mot à dire. Lors des réunions, il demandait à chacun et à chacune d'exprimer son opinion, peu importe son rang dans la hiérarchie. Il traitait toujours les autres avec courtoisie, quel que soit leur rôle. Quiconque travaille avec Arthur ne peut qu'être impressionné par l'énergie dont il déborde. « Il épuisait tout le monde autour de lui », a ajouté Alex.

Arthur Irving s'est assuré de participer à la prise de toutes les décisions importantes et, parfois même, de certaines moins importantes relativement à la construction du nouveau siège social. Les employés d'Irving Oil qui ont contribué à la conception et à la construction de l'immeuble s'émerveillent encore devant le temps et les efforts qu'Arthur y a consacrés, ainsi que les connaissances détaillées et le dévouement qu'il y a apportés.

Arthur Irving accordait beaucoup d'importance à l'extérieur des immeubles, et je comprends maintenant pourquoi. Ce n'était pas une décision à prendre à la légère, car il supervisait la construction d'un bâtiment voué à traverser les âges. C'était l'engagement qu'il prenait envers l'avenir d'Irving Oil et de Saint John en tant que lieu de son siège social. « Si tu dois faire quelque chose, fais-le bien », répétait souvent sa mère à K.C. Irving, une leçon que K.C. avait transmise à Arthur. Celui-ci a certainement pris ce conseil à cœur lorsqu'il a entrepris de construire le nouveau siège social. Alex Novell raconte qu'Arthur, comme il le fait toujours pour les projets qui lui tiennent à cœur, a consacré beaucoup de temps et d'efforts à la planification du projet avant qu'il n'en soit à l'étape de la conception. Alex indique qu'Arthur a fait la même chose dans le cas du Centre des sciences de l'environnement K.C. Irving et des Jardins botaniques Harriet Irving à l'Université Acadia.

L'extérieur du bâtiment était important pour Arthur pour diverses raisons. Premièrement, il voulait que l'immeuble s'intègre bien dans son milieu environnant et, en particulier, qu'il respecte la culture et l'histoire de Saint John, notamment en étant à l'échelle de King's Square et conforme au caractère historique du lieu[28]. Deuxièmement, l'extérieur d'un immeuble en dit long sur la qualité de sa construction. Troisièmement, c'est ce que le visiteur voit en premier lorsqu'il s'en approche. L'extérieur de l'immeuble est magnifique et rehausse le caractère historique de King's Square. Une tour en verre de 11 étages aurait tout simplement détonné dans ce décor.

L'imposant bâtiment revêtu de calcaire produit deux effets : il se démarque dans le centre-ville de Saint John et, en même temps, il se marie agréablement avec King's Square, ce qui n'est sûrement pas un mince exploit. Arthur Irving a lui-même participé au choix de la carrière d'où le granit de qualité supérieure a été extrait. Cet élément était important, car c'est le calcaire qui donne à l'immeuble son style classique.

Le bâtiment a aussi été conçu pour répondre à des normes environ-nementales exigeantes, il est enregistré auprès du Conseil du bâtiment durable du Canada, et cherche à répondre aux exigences du Système d'évaluation des bâtiments écologiques (LEED). Les normes associées au système LEED sont reconnues par 152 pays et constituent la marque d'excellence des bâtiments durables[29].

L'intérieur de l'immeuble n'est pas moins impressionnant. Le rez-de-chaussée est spacieux et comprend un atrium qui s'élève sur les 11 étages. On trouve également une large pièce de granit au rez-de-chaussée. Arthur et moi nous sommes assis dessus pour admirer la qualité du granit. Les architectes de Toronto, m'a-t-il raconté, avaient dit qu'ils trouveraient le granit dans une carrière en Ontario. Arthur a répondu qu'ils allaient plutôt le trouver dans une carrière au Nouveau-Brunswick. Les architectes ont persisté, soulignant que la carrière du Nouveau-Brunswick était fermée. « Eh bien, a répondu Arthur, nous allons l'ouvrir. » À nouveau, les architectes n'ont pas lâché prise, affirmant qu'il n'avait pas les outils pour accéder au granit. Encore une fois, Arthur n'a pas voulu en démordre. « Aucun problème, nous allons trouver les outils. » La pièce de granit provient d'une carrière néo-brunswickoise.

Arthur a obtenu ce qu'il voulait : le Nouveau-Brunswick et le Canada atlantique sont très présents partout dans l'immeuble. Le mobilier, y compris les tables basses et les tables de salle à manger, a été fabriqué à Saint John, Fredericton, Charlottetown, Crousetown (N.-É.) et Paradise (T.-N.-L.). Les panneaux de bois viennent de Lunenburg (N.-É.), le fer forgé de New Glasgow (N.-É.), l'escalier de l'atrium de Borden (Î.-P.-É.) et la plinthe de granit de Hampstead (N.-B.).

Le décor est sobre et épuré, tout comme l'ameublement. Le rez-de-chaussée ramène le visiteur aux premières années d'Irving Oil. On y trouve des pompes à essence avec globe en verre et de vieilles enseignes semblables à celles qu'on aurait pu voir à l'avant de la première station-service Irving à Bouctouche.

De grandes fenêtres s'élèvent de chaque côté de l'immeuble. Du haut du 11e étage, la vue est à la fois magnifique et saisissante. D'un côté, on voit le port et le centre-ville de Saint John. De l'autre, on voit la raffinerie. Du bureau d'Arthur, on aperçoit la baie de Fundy jusqu'en Nouvelle-Écosse. On a fait tous les efforts possibles pour laisser entrer la lumière naturelle à chaque étage. Le bâtiment comprend un puits de lumière au 11e étage et une terrasse extérieure au cinquième étage.

Les bureaux ont essentiellement tous la même taille. Le bureau d'Arthur Irving n'est pas plus grand que celui des autres cadres supérieurs. Les bureaux sont de petite taille sans donner l'impression de se sentir écrasé. La salle du conseil, par contre, est spacieuse, élégante et dotée d'un mobilier raffiné. Elle est aussi étroitement liée à l'histoire de K.C. Irving et aux premiers temps d'Irving Oil. Les panneaux en noyer ont été retirés du premier bureau de K.C. sur la rue Dock pour être installés dans l'immeuble Golden Ball et, maintenant, au nouveau siège social. Il va sans dire que l'immeuble possède toute l'infrastructure filaire pour accommoder les technologies de communication les plus avancées et répondre à tous les besoins en technologies de l'information.

L'immeuble abrite un gymnase moderne et entièrement équipé, qui est ouvert à tout le personnel, à toute heure. Lors de ma visite de l'immeuble, il était plein à craquer. De plus, le siège social d'Irving Oil possède un centre de soins de santé assurés par des professionnels, qui est accessible à tous les employés. On y trouve aussi un café spacieux et conçu avec soin.

Je fais remarquer encore une fois qu'Arthur Irving a été impliqué dans tous les aspects de la planification et de la construction du bâtiment. Il se fait une fierté de montrer les composantes de l'immeuble qui ont été produites ou fabriquées au Nouveau-Brunswick. Il a insisté pour choisir des produits du Canada atlantique chaque fois qu'ils étaient disponibles ou qu'il était possible d'en fabriquer localement.

Plus d'un millier de personnes, auparavant dispersées dans cinq endroits, travaillent maintenant dans l'immeuble. Ian Whitcomb observe que le regroupement de toute l'équipe sous un même toit procure un gain d'efficacité et permet d'améliorer la coordination entre les diverses unités[30].

On ne saurait surestimer les retombées du siège social d'Irving Oil sur le centre-ville de Saint John. Le déménagement a doublé le nombre d'employés d'Irving Oil qui travaillent au centre-ville. Par conséquent, ces 1 000 employés effectueront de nombreuses courses dans les boutiques du secteur, en plus d'y acheter près de 175 000 dîners et environ 140 000 cafés chaque année[31].

RETOUR EN ARRIÈRE

Moi qui m'intéresse depuis toujours au développement économique régional et qui ai consacré une grande partie de ma carrière à promouvoir l'économie du Canada atlantique, je me réjouis de voir un siège social situé à Saint John, au Nouveau-Brunswick, qui exploite de grandes entreprises en Nouvelle-Angleterre et maintenant en Irlande. Le présent chapitre documente certains des investissements qu'Irving Oil a réalisés au Canada atlantique. La liste n'est pas complète. On en compte de nombreux autres dans chacune des quatre provinces de l'Atlantique.

J'ai souligné la percée en Irlande parce qu'elle est importante pour le Nouveau-Brunswick, pour la région des Maritimes et pour tout le Canada atlantique. Elle signale que le siège social d'Irving Oil est tout à fait en mesure de gérer un ensemble complexe et grandissant d'entreprises présentes dans plusieurs pays. De plus, elle encourage une nouvelle mentalité dans la région : au lieu de voir des entreprises dans la province qui sont gérées par des sociétés de l'extérieur, la région voit maintenant une de ses propres entreprises gérer des établissements importants dans d'autres parties du monde.

La décision d'Arthur Irving d'investir dans un nouveau siège social pour Irving Oil envoie également un certain nombre de messages importants. D'abord, elle indique qu'Arthur et Irving Oil ont entièrement confiance dans l'avenir économique de Saint John et de la région des Maritimes. Ensuite, Arthur Irving a clairement manifesté ses intentions, non par ses paroles mais par ses actions, en procédant à un investissement massif qui a cimenté le statut durable de Saint John en tant que siège social d'Irving Oil. De plus, sa décision démontre aux employés d'Irving Oil que leur travail est important et que l'entreprise est prête à les accueillir dans un immeuble moderne et à la fine pointe de la technologie. Enfin, le fait que tous les bureaux de la haute direction sont de mêmes dimensions signifie que les cadres supérieurs doivent laisser leur orgueil au vestiaire et que le travail d'équipe est fortement valorisé.

Ce chapitre et ce livre insistent sur le fait que les entrepreneurs sont essentiels pour l'avenir économique du Nouveau-Brunswick et du Canada atlantique. Les gouvernements ne pourront jamais être le moteur de l'économie. J'ai passé une grande partie de ma carrière à étudier deux thèmes en particulier : les rouages du gouvernement dans une perspective canadienne et comparative et le développement économique, surtout du point de vue du Canada atlantique. J'ai écrit dans la préface que ce sont les entrepreneurs qui font progresser les économies. En dépit de leur bureaucratie étendue et coûteuse, les gouvernements ne sont pas en mesure de reconnaître les possibilités économiques. Trop souvent, ils excellent à donner l'impression de progresser et de se transformer tout en restant inactifs, ainsi que l'illustre l'exemple suivant.

En octobre 2019, j'ai rencontré un entrepreneur prospère de l'extérieur qui a décidé d'investir dans des vergers de pommiers près de mon village natal, juste à l'extérieur de Bouctouche. Il avait déjà planté plus de 500 000 pommiers et projetait d'en planter 500 000 autres. Il est aussi propriétaire de vergers aux États-Unis, en Chine et en Inde. Dans quelques années, la valeur de ses exportations de pommes du Nouveau-Brunswick atteindra 200 millions de dollars par année. Il prévoit devenir le plus gros producteur mondial de pommes et faire de son exploitation de Bouctouche la composante la plus productive et la plus importante de son entreprise.

Je lui ai demandé pourquoi il avait choisi Bouctouche. Il a répondu qu'il s'était informé auprès de grands spécialistes en agriculture pour savoir quels étaient les endroits du monde les plus propices à la culture des pommes. Ils lui ont indiqué que la région de Bouctouche était l'une des plus propices, et voici pourquoi. Les sols dans les environs de Bouctouche sont fertiles et conviennent parfaitement à la pomiculture. L'emplacement se trouve à quelques kilomètres du détroit de Northumberland et de l'océan Atlantique, ce qui signifie que ses vergers bénéficieront d'une plus longue période sans gelée que tout autre endroit au Canada. Il avait la possibilité d'acheter des terrains à Bouctouche à bien meilleur prix qu'à d'autres endroits, y compris des emplacements possibles en Italie, dont les sols sont aussi bien adaptés à la pomiculture. Il compte exporter tous ses produits et il a facilement accès au port d'Halifax à partir de Bouctouche. Le gros de ses vergers y sont situés, dans une ancienne ferme d'élevage de bisons, ce qui a contribué à rendre les sols encore plus propices à la culture des pommes.

Le problème, c'est qu'un entrepreneur de la Colombie-Britannique et quelques consultants ont réussi à déterminer que Bouctouche constitue un endroit idéal où cultiver des pommes et à voir un certain nombre de débouchés économiques susceptibles d'en découler. Le gouvernement du Nouveau-Brunswick emploie 150 fonctionnaires qui travaillent dans le domaine du développement économique et l'Agence de promotion économique du Canada atlantique dénombre quelques centaines d'autres fonctionnaires en poste au Nouveau-Brunswick. Ensemble, ils n'ont pas réussi à déceler ces possibilités et, sans cet entrepreneur, les terres seraient restées improductives. Mais ce n'est pas tout. Des centaines d'autres fonctionnaires sont employés au sein de ministères de l'Agriculture et des Ressources naturelles, tant fédéraux que provinciaux, au Nouveau-Brunswick et beaucoup d'autres à Ottawa. Eux non plus n'ont pas du tout su reconnaître les possibilités économiques.

Je me suis entretenu avec des hauts fonctionnaires fédéraux et provinciaux au sujet de cette situation. Tous comprenaient mon argument mais, ont-ils affirmé, il n'appartient pas aux fonctionnaires de prendre des risques. Les fonctionnaires jugent des possibilités de développement économique que des entrepreneurs leur soumettent. Un fonctionnaire m'a dit que la responsabilité en la matière incombait au ministère de l'Agriculture. Un autre a déclaré qu'à une certaine époque il y avait à l'APECA une unité qui examinait de tels débouchés, mais qu'elle a été dissoute. Seuls des fonctionnaires de carrière peuvent trouver que ces arguments ont le moindre sens.

Je mentionne que l'entrepreneur qui a déménagé à Bouctouche pour y cultiver des pommes n'a reçu aucune aide financière de la part des gouvernements fédéral ou provincial pour mettre en œuvre son projet. Si les fonctionnaires ne peuvent pas reconnaître les possibilités de développement économique et si leur rôle se borne largement à poser un jugement sur les possibilités que les entrepreneurs peuvent cerner, il s'ensuit que leur capacité de promouvoir le développement économique est limitée. Cela incite à croire également que les gouvernements devraient songer à rationaliser leurs ministères et leurs agences qui s'occupent du développement économique, en se demandant s'ils ont besoin d'effectifs aussi nombreux vu que leur rôle consiste simplement à juger de ce que les entrepreneurs font ou prévoient faire. S'ils se dérobent à ce devoir, les gouvernements devront amorcer une réflexion approfondie sur leur rôle en matière de développement économique. Les raisons évoquées ci-dessus expliquent en partie pourquoi j'estime que les habitants du Canada atlantique doivent compter sur les entrepreneurs et le secteur privé pour qu'ils assurent l'essor de leur économie.

Notes

1   « Canadian Refineries », *Oil Sands Magazine*, mis à jour le 2 novembre 2019, oilsandsmagazine.com/projects/canadian-refineries.

2   « Pumped and Primed », *Atlantic Business*, 23 juin 2016, atlanticbusinessmagazine.net/article/pumped-and-primed/.

3   J'invite le lecteur qui souhaite acquérir une compréhension plus détaillée du fonctionnement de la raffinerie à consulter le document du Gouvernement du Nouveau-Brunswick, *Profil d'installation : Irving Oil Refining G.P., raffinerie de Saint John* (Fredericton : Ministère de l'Environnement et des Gouvernements locaux, Direction de la gestion des impacts, septembre 2014), 3.

4   Irving Oil, « Découvrez Irving Oil », s.d., irvingoil.com/fr-CA/discover-irving/exploitation (consulté le 2 juillet 2019).

5   Darren Gillis, d'Irving Oil, m'a fourni ce renseignement le 15 novembre 2019.

6   Douglas How et Ralph Costello, *K.C.: The Biography of K.C. Irving* (Toronto : Key Porter, 1993), 142.

7   Jarrett Renshaw et Jessica DiNapoli, « Unit at Philadelphia refinery completely destroyed in fire: sources », *Reuters*, 23 juin 2019, reuters.com/article/us-usa-refinery-blast/unit-at-philadelphia-refinery-completely-destroyed-in-fire-sources-idUSKCN1TO0SZ.

8   Jeff Lewis, « Imperial Oil faces up to $280-million hit in second quarter due to N.S. refinery closure », *Financial Post*, 19 juin 2013, business.financialpost.com/commodities/energy/imperial-oil-refinery-dartmouth.

9   Irving Oil, « Découvrez Irving Oil ».

10 J'ai eu la chance de visiter Canaport avec des amis en 2016, lorsque j'ai eu droit à une séance d'information sur ses activités.

11 Voir, par exemple, Claudia Cattaneo, « Playing the Piper », *Financial Post*, s.d., business.financialpost.com/playing-the-piper-in-an-exclusive-interview-arthur-irving-the-spotlight-shy-head-of-irving-oil-makes-the-case-for-energy-east-a-project-he-believes-isnt-just-good-for-his-company-but.

12 Gordon Pitts, « Irving Oil: Eyeing growth in a time of declining demand », *Globe and Mail*, publié le 22 septembre 2008, mis à jour le 27 avril 2018, theglobeandmail.com/report-on-business/irving-oil-eyeing-growth-in-a-time-of-declining-demand/article660058/.

13 « Oil refineries in the United States », *InflationData*, inflationdata.com/articles/oil-refineries-united-states/ (consulté le 17 septembre 2019).

14 Irving Oil, « Corporate Overview », *TradeWinds*, s.d., tradewindsnews.com/incoming/article262903.ece5/binary/about%20 irv%20aboutirv.

15 Pitts, « Irving Oil: Eyeing growth in a time of declining demand » (traduction libre).

16 Voir, par exemple, Nicholas Sakelaris, « How the shale boom translates into big profits for US refineries », *Dallas Business Journal*, 5 juin 2014, bizjournals.com/dallas/news/2014/06/05/how-the-shale-boom-translates-into-big-profits-for.html.

17 Rachel Cave, « Irving Oil to buy Ireland's only refinery from Phillips 66 », *CBC News*, 3 août 2016, cbc.ca/news/canada/new-brunswick/irving-oil-refinery-ireland-phillips-66-1.3705331.

18 « Irving Oil to buy Ireland's only refinery », *Globe and Mail*, 3 août 2016, theglobeandmail.com/report-on-business/industry-news/energy-and-resources/irving-oil-to-buy-irelands-only-refinery-from-phillips-66/article31253142/ (traduction libre).

19 Irving Oil, « Irving Oil confirme avoir conclu un accord pour acquérir la raffinerie de Whitegate, en Irlande », 3 août 2016, irvingoil.com/fr-CA/press-room/irving-oil-confirme-avoir-conclu-un-accord-pour-acquerir-la-raffinerie-de-whitegate-en.

20 « L'entreprise canadienne Irving Oil annonce son acquisition de la société irlandaise Top Oil », 31 janvier 2019, irvingoil.com/fr-CA/press-room/lentreprise-canadienne-irving-oil-annonce-son-acquisition-de-la-societe-irlandaise-top.

21 Irving Oil, « Irving Oil Announces Successful Commission of its Halifax Harbour Terminal », 20 octobre 2016, irvingoil.com/en-CA/press-room/irving-oil-announces-successful-commission-its-halifax-harbour-terminal.

22 Irving Oil, « Irving Oil annonce l'expansion de son réseau de terminaux en Nouvelle-Écosse », 5 décembre 2016, irvingoil.com/fr-CA/press-room/irving-oil-annonce-lexpansion-de-son-reseau-de-terminaux-en-nouvelle-ecosse.

23 Irving Oil, « Corporate Overview », *TradeWinds*, s.d., tradewindsnews.com/incoming/article262903.ece5/binary/about%20 irv%20aboutirv.

24 Des cadres supérieurs d'Irving Oil m'ont fourni ces renseignements.

25 Irving Oil, « Irving Oil termine l'agrandissement du terminal maritime de St. John's », 7 juin 2017, irvingoil.com/fr-CA/press-room/irving-oil-termine-lagrandissement-du-terminal-maritime-de-saint-johns.

26 Cherise Letson, « A Look Inside the Construction of the New Irving Oil HQ », *Huddle*, 4 avril 2017, huddle.today/a-look-inside-the-construction-of-the-new-irving-oil-hq/.

27 Rachel Cave, « Saint John's vacant offices rate highest in province at 21.5% », *CBC News*, 1er mars 2017, cbc.ca/news/canada/new-brunswick/saint-john-vacant-office-rate-highest-1.4005753.

28 Voir Mulvey & Banani International Inc., « Irving Oil Headquarters », s.d., mbii.com/succes_stories/irving-oil-headquarters/.

29 Voir « Pumped and Primed ».

30 Irving Oil, « Our Team. Our Home – Irving Oil Unveils New Head Office », 17 février 2016, irvingoil.com/en-CA/press-room/our-team-our-home.

31 OSCO Construction Group, « Project Update: Irving Oil Home Office », *Connections*, printemps-été 2017, oceansteel.com/Resources/Docs/connection/Connect-Spring2017.pdf.

CHAPITRE 9

L'APPUI À LA COLLECTIVITÉ

J E SUIS D'ABORD ET AVANT TOUT UN CITOYEN DES MARITIMES. Je me fais un devoir d'acheter des produits d'épicerie chez Sobeys, des chocolats Ganong, de l'essence chez Irving Oil, des pommes de terre du Nouveau-Brunswick ou de l'Île-du-Prince-Édouard, des frites McCain, et ainsi de suite. J'ai exposé plus tôt les raisons pour lesquelles les sièges sociaux de grandes entreprises sont importants pour une économie régionale; inutile de revenir sur cette question dans les pages qui suivent.

Il y a une autre raison pour laquelle je me tourne d'abord vers des entreprises des Maritimes pour faire mes achats. J'ai activement participé à plusieurs activités de financement, y compris trois campagnes au profit de mon université, une pour le Centre de réadaptation Stan Cassidy et une autre pour l'Institut atlantique de recherche sur le cancer. Je souligne que les habitants du Canada atlantique sont généreux. Malgré leur situation défavorisée, les quatre provinces obtiennent toutes de meilleurs résultats que le Québec et trois d'entre elles font mieux que l'Ontario (tandis que le Nouveau-Brunswick se compare à l'Ontario) en ce qui a trait au taux de bénévolat et à la proportion de personnes qui font des dons à des organismes de bienfaisance[1].

Ma participation à ces campagnes de financement m'a permis d'apprendre beaucoup de choses. Tout d'abord, la première réaction de nombreuses personnes que j'ai approchées a été de trouver une raison, n'importe quelle raison, de ne pas contribuer à la campagne. J'ai entendu toutes sortes de raisons de ne pas donner, depuis de vieilles querelles du passé jusqu'aux excuses les plus ridicules. Un homme bien en vue de ma communauté a dit qu'il ne contribuerait pas à une campagne de financement de mon université à moins d'obtenir un permis de stationnement gratuit afin qu'il n'ait pas à payer chaque fois qu'il se rend sur le campus. Un autre a déclaré à un ami qu'il ne ferait pas de don à l'Université parce que celle-ci est trop fermement attachée au statu quo. Il a dit qu'il préférerait venir en aide à une veuve ayant de jeunes enfants. Je doute qu'il ait jamais aidé une seule veuve. J'ai souvent entendu des histoires semblables lorsque je comparais mes notes avec celles d'autres personnes activement engagées dans des collectes de fonds.

J'ai appris aussi à ne pas compter sur les travailleurs du secteur public pour qu'ils se joignent aux efforts de financement. Je fais allusion aux hauts fonctionnaires fédéraux et provinciaux qui ont des salaires supérieurs à la moyenne et de généreux avantages sociaux. On les voit rarement venir donner un coup de main. Je fais allusion aussi aux membres de notre communauté médicale. Les médecins, en particulier les médecins spécialistes, dont certains gagnent plus de 500 000 $ par année, ne se montrent pas pour offrir leur aide. La plupart d'entre eux ont reçu leur éducation dans des universités du Nouveau-Brunswick, du moins leur diplôme de premier cycle. Lors de notre dernière campagne de financement à l'Université, aucun d'entre eux n'est venu prêter main-forte et seulement deux y ont fait une contribution financière.

Nous allons toujours frapper aux portes des entreprises locales, grandes et petites, pour recueillir des fonds. Je ne me souviens pas que des entreprises telles que Shell, Exxon ou même Petro Canada aient été approchées pour qu'elles contribuent, en tout cas pas à mon université. Nous nous adressons toujours à Irving Oil, JDI, Sobeys, Oxford Frozen Foods et McCain Foods, et ces entreprises font toujours un don. Je souhaiterais que les gens des Maritimes s'en souviennent lorsqu'ils achètent des produits d'épicerie ou de l'essence.

CONSERVATION : CANARDS ILLIMITÉS

LEIGH STEVENSON, LE COUSIN ET AMI INTIME DE K.C., A ENCOURAGÉ Arthur à s'impliquer auprès de Canards Illimités. Arthur explique que Stevenson « aimait la chasse, les activités de plein air et son chien. Oncle Leigh a été l'un des premiers directeurs de Canards Illimités Canada, et j'ai été honoré lorsque CIC m'a demandé de siéger au conseil d'administration. À l'époque, CIC était encore un organisme de petite taille financé par Ducks Unlimited (des États-Unis)[2]. » Arthur Irving a été le président canadien de Canards Illimités en 1986-1987.

Lorsqu'Arthur s'est joint à Canards Illimités Canada en 1976, il n'y avait qu'un petit groupe de directeurs et une poignée d'employés. Selon Stewart Morrison, un ancien directeur général de CIC, c'est entièrement à Arthur Irving que l'organisme doit sa croissance. Il a expliqué : « La particularité d'Arthur, c'est qu'il est tellement enthousiaste. C'est un homme d'action. Il est énergique et a une attitude positive. Il est le genre de personne qui réfléchit toujours à une façon d'améliorer les choses[3]. » Canards Illimités Canada a fait des pas de géant depuis 1976 et Arthur Irving a joué un rôle important dans sa croissance. De plus, pendant qu'il apportait son soutien à Canards Illimités, Arthur a toujours veillé à ce que le Canada atlantique fasse partie de cette croissance.

Fredericton héberge maintenant un centre d'apprentissage sur les milieux humides à la fine pointe du progrès. Le Centre de conservation de Canards Illimités est situé dans un bâtiment revêtu de grès et de bardeaux de cèdre qui surplombe le fleuve Saint-Jean[4]. L'immeuble abritant la direction de l'organisme au Nouveau-Brunswick est fait de grès extrait à Memramcook, le bois de ses planchers provient d'arbres de la région qui ont été abattus parce qu'ils étaient atteints de la maladie hollandaise de l'orme et les meubles sont faits de bois local. Irving Oil a été un donateur majeur lors de la construction du Centre de conservation.

Le Centre occupe un emplacement de choix sur la rive nord du fleuve Saint-Jean, en face de la Galerie d'art Beaverbrook et de l'édifice de l'Assemblée législative du Nouveau-Brunswick. Geoffrey Harding, directeur des grands projets à Canards Illimités, rapporte qu'Arthur a non seulement choisi le site, mais aussi fait en sorte que le terrain, qui appartenait à Irving Oil, soit donné à l'organisme. Il est évident qu'Arthur s'est intéressé de près à la construction du Centre dans ses moindres détails. Il a également fait des dons en argent, mais personne ne sait combien, pas même Geoffrey Harding. C'est loin d'être la première fois qu'Arthur Irving a gardé secret le montant de sa contribution financière à une initiative, comme nous le verrons plus loin dans le cas de l'Université Acadia.

La contribution d'Arthur à Canards Illimités va bien au-delà de son rôle dans la construction du Centre de conservation de Fredericton. Comme il le fait en toutes choses, il a également insufflé à l'organisme une attitude dynamique. Pendant longtemps, Canards Illimités Canada n'était guère plus qu'une extension de son homologue américain. La plupart de ses ressources étaient générées par des activités réalisées aux États-Unis, et l'organisme accomplissait tranquillement son travail de restauration de prairies et de bassins versants, surtout dans l'Ouest du Canada, en Ontario et au Québec. Il ne cherchait pas à attirer l'attention du public sur ses actions parce qu'il n'en voyait pas l'intérêt.

Arthur Irving a fait pression pour que Canards Illimités Canada augmente sa notoriété et s'implique davantage dans les collectivités.

Il a dit à Harding : « Si tu ne brandis pas ton drapeau, personne d'autre ne le fera. » L'organisme tient maintenant un certain nombre d'activités de financement qui non seulement permettent de recueillir des fonds, mais aussi accroissent sa visibilité dans de nombreuses localités à travers le Canada.

En 1986, le Canada et les États-Unis ont uni leurs efforts pour promouvoir la conservation de la sauvagine en Amérique du Nord. Le Mexique a signé l'entente à cet effet en 1994. Le *Plan nord-américain de gestion de la sauvagine* indique notamment : « Le maintien des populations abondantes de sauvagine dépend de la protection, de la restauration et de la gestion de l'habitat. Il faut renverser la perte constante d'habitats qui sont importants pour la sauvagine[5]. » Canards Illimités Canada souligne qu'Arthur Irving a été une importante force motrice de l'élaboration du plan. Il a mis à profit ses relations au Canada et aux États-Unis pour inciter les gouvernements canadien et américain à signer l'accord de partenariat.

Tous s'entendent pour dire que l'accord a été très fructueux, ayant généré des investissements tant du secteur public que du secteur privé. Le *Journal of Wildlife Management* a invité trois hauts fonctionnaires à évaluer les progrès accomplis entre 1986 et 1999. Voici ce qu'ils ont conclu : « Depuis 1986, les partenaires ont versé plus de 1,4 milliard de dollars destinés à la conservation d'environ deux millions d'hectares un peu partout en Amérique du Nord. Au cours de la même période, les populations de sauvagine ont connu un rétablissement spectaculaire et de nombreuses espèces ont vu leurs effectifs atteindre ou même dépasser les niveaux de population établis dans le plan[6]. »

CONSERVATION : LA STATION DE RECHERCHE BEAUBASSIN

EN 2012, ARTHUR IRVING M'A INVITÉ À VISITER LA STATION DE RECHERCHE Beaubassin à Aulac, au Nouveau-Brunswick. J'ai été impressionné.

Elle se trouve en plein centre de la région des Maritimes, à la frontière entre le Nouveau-Brunswick et la Nouvelle-Écosse, et, par temps clair, on peut apercevoir l'Île-du-Prince-Édouard depuis l'extrémité est de l'isthme de Chignectou. C'est dans la région de Beaubassin que le canal de Chignectou aurait été construit. Le village acadien de Beaubassin, incendié en 1750, était l'un des endroits d'où les Acadiens furent expulsés vers des contrées lointaines. Les Mi'kmaq ont aussi une longue histoire de présence à Beaubassin[7].

J'ai tout de suite été enchanté par le site de Beaubassin. J'ai rapidement reconnu la valeur historique du lieu et le message important qu'il renferme : des communautés anglaises, acadiennes et mi'kmaq travaillant ensemble à faire passer les anciens fautifs dans l'oubli. Beaubassin a été la capitale de l'Acadie de 1678 à 1684. J'ai aussi vu qu'il serait possible de tenir une rencontre des gouvernements des trois Provinces maritimes à Beaubassin pour qu'ils élaborent une stratégie visant à accroître leur coopération et, peut-être, à réaliser l'union des Maritimes.

Arthur a dirigé l'initiative menant à la création du Centre de recherche Beaubassin et a tracé la voie à un partenariat entre Irving Oil, l'Université Acadia et Canards Illimités. Le Centre a déjà produit d'excellents travaux de recherche portant notamment sur les changements climatiques, les effets de l'activité humaine sur les lacs de la région et les déplacements d'oiseaux à différentes étapes de leur parcours migratoire[8].

Pendant que je me promenais sur le site de Beaubassin en compagnie d'Arthur, je lui ai fait remarquer qu'il fallait que les gens connaissent l'existence de cet endroit. Arthur a parlé d'une ouverture officielle. « Bien, ai-je dit. Alors, il faut faire venir le premier ministre pour qu'il procède à l'ouverture officielle, et je vais voir ce que je peux faire. »

Je savais que la famille du premier ministre de l'époque, Stephen Harper, avait des liens avec Moncton et Beaubassin. J'avais rencontré Harper avant qu'il ne devienne premier ministre, lors des célébrations du 30e anniversaire de l'Institut de recherche en politiques publiques. Je lui avais rappelé qu'il avait des racines dans les Maritimes du côté de son grand-père. Il avait confirmé mes dires, ajoutant que la disparition de son grand-père, dans les années 1950, demeurait un mystère pour sa famille.

Les personnes âgées de Moncton connaissent bien cette histoire, mais de nombreux Canadiens l'ignorent. Harper occupait le poste de directeur à l'école Prince Edward de Moncton en janvier 1950, quand il disparut un après-midi et on ne l'a plus jamais revu. À ce jour, personne ne sait ce qui lui est arrivé. L'oncle de mon épouse se souvient d'avoir parcouru à pied les marais des environs de Moncton avec son père à la recherche du directeur de son école, « Poof » Harper[9].

La famille de mon épouse a des liens avec celle de Harper. Le grand-père de Stephen Harper enseignait à l'oncle de ma femme, Ron Dempsey. De plus, le père de Stephen Harper, Joseph Harper, est allé à l'école avec Corena, la mère de ma femme, qui en garde de bons souvenirs. Elle se rappelle que « Jos » était un très bon élève, très intelligent, et que tout le monde l'aimait bien.

Stephen Harper a aussi des liens familiaux avec Beaubassin. Le premier Harper à s'établir en Amérique du Nord est arrivé à Beaubassin en provenance du Yorkshire au milieu des années 1770. Christopher Harper construisit une maison à distance de marche du fort Beauséjour-Cumberland et de l'endroit où se trouve présentement le Centre de recherche Beaubassin. Comme les autres familles du Yorkshire qui immigrèrent dans la région, Harper demeura loyal envers la Couronne britannique durant la Révolution américaine.

Le déclenchement de la Révolution américaine plongea la région dans une situation politique périlleuse. On ne savait pas trop de quel côté allaient se ranger les *Planters* américains qui s'étaient établis en Nouvelle-Écosse après la déportation des Acadiens pour prendre possession des terres agricoles abandonnées.

Le colonel Jonathan Eddy, avec l'appui du Congrès américain, dirigea une petite troupe de soldats qui se rendirent en Nouvelle-Écosse « dans le but d'ajouter une autre bande au drapeau américain[10] ». Il recruta des patriotes locaux, des Acadiens et des Autochtones, et assiégea le fort Cumberland. Ils brûlèrent des maisons autour du fort qui appartenaient aux Loyalistes, y compris la maison de Harper. Harper se réfugia dans le fort avec sa famille, d'où il regarda sa maison être réduite en cendres.

J'ai écrit au premier ministre le 16 avril 2012 pour lui rappeler encore une fois ses liens avec Moncton et Beaubassin et lui demander de procéder à l'ouverture du Centre de recherche Beaubassin. J'ai expliqué que le réaménagement de Beaubassin comprenait la construction d'une station de recherche à la fine pointe de la technologie et d'un centre de conférence à un endroit appelé île de la Vallière, rebaptisée Tonge's Island, où habitait jadis le gouverneur français. J'ai ajouté que l'île de la Vallière a été reconnue lieu historique national en 1925 et Beaubassin depuis 2005, qu'ils se trouvent au cœur de l'une des régions les plus importantes d'Amérique du Nord sur le plan historique et que cet endroit reflète l'histoire du Canada comme peu d'autres peuvent le faire. J'ai souligné que, compte tenu du rôle que Christopher Harper avait joué à Beaubassin, il était tout indiqué que l'un de ses descendants, à titre de premier ministre du Canada, procède à l'inauguration des installations. J'ai aussi fait remarquer que le projet de réaménagement n'avait nécessité aucune injection de fonds publics.

J'ai reçu peu après un appel téléphonique de son bureau m'informant du vif intérêt du premier ministre à faire l'ouverture officielle du Centre. J'ai demandé à son adjoint s'il pouvait transmettre un message au premier ministre : « Pourriez-vous s'il vous plaît lui dire que les Acadiens n'ont rien eu à voir avec l'incendie qui a détruit la maison de ses ancêtres en 1776? » J'ai ajouté que les responsables étaient d'autres personnes, pas les Acadiens. J'ignore si son adjoint lui a fait le message, mais je sais que ma demande l'a bien fait rire.

Le premier ministre Harper a effectivement procédé à l'ouverture officielle du Centre de recherche Beaubassin par une chaude journée d'août 2012. Il a également visité le lieu où se dressait autrefois la maison de son ancêtre. Il a dévoilé une plaque qui rend hommage à l'histoire de Beaubassin. Dans son allocution, Harper s'est dit heureux de visiter Beaubassin, « où des membres des Premières Nations, des Acadiens et des Anglais se sont établis et ont contribué de façon importante à façonner le Canada[11] ». Beaubassin accueille maintenant à titre temporaire des chercheurs et des étudiants de plusieurs universités de la région qui veulent apporter une contribution à la recherche sur l'environnement et les milieux humides.

ÉDUCATION : L'UNIVERSITÉ ACADIA

ARTHUR IRVING ÉTAIT AU PREMIER PLAN DES EFFORTS DÉPLOYÉS PAR LA famille pour créer le Centre des sciences de l'environnement K.C. Irving et les Jardins botaniques Harriet Irving à l'Université Acadia. Ray Ivany, ancien recteur d'Acadia, qualifie l'édifice d'emblématique et indique que très peu de gens comprennent toute l'ampleur des retombées du Centre. Il me serait impossible de rendre justice au Centre dans le présent livre; c'est pourquoi j'exhorte les lecteurs à visiter l'édifice ou, à défaut, de faire une visite virtuelle sur son site Web : kcirvingcentre.acadiau.ca. Moi qui, au cours de ma carrière, ai eu la chance d'étudier à l'Université d'Oxford, d'être élu boursier à l'All Souls College d'Oxford, d'être boursier sénior aux universités Harvard et Duke, d'être chercheur invité à la London School of Economics et de participer à bon nombre de conférences à diverses universités du Canada, des États-Unis, du Royaume-Uni, du Brésil et de France, je n'ai jamais vu un bâtiment universitaire aussi impressionnant et inspirant que le Centre des sciences de l'environnement K.C. Irving et les Jardins botaniques Harriet Irving adjacents.

Arthur a choisi l'architecte de renom Robert A.M. Stern pour la conception architecturale du bâtiment. Stern est un partenaire fondateur de l'entreprise qui porte son nom et l'ancien doyen de la Yale School of Architecture. Stern a conçu des édifices célèbres en Europe et en Amérique du Nord, dont le Wasserstein Hall de la Harvard Law

School, le George W. Bush Presidential Center à Dallas, le Comcast Center de Philadelphie, l'immeuble résidentiel 30 Park Place à New York et de nombreux projets pour Disneyworld.

Arthur a invité Stern à s'inspirer des plus beaux édifices universitaires d'Europe et d'Amérique du Nord et d'en concevoir un plus beau encore pour l'Université Acadia. Ensemble, ils ont visité bon nombre d'entre eux. On peut facilement reconnaître une influence britannique dans l'édifice du Centre des sciences de l'environnement K.C. Irving, particulièrement dans les Jardins botaniques Harriet Irving.

Arthur, de concert avec Sandra Irving, a contribué à tracer les grandes lignes des deux édifices puis il s'est plongé dans les détails les plus minutieux lorsque les travaux de construction ont débuté. Il est même monté dans le panier d'un camion-grue qui a parcouru de haut en bas une colline du campus d'Acadia, pour choisir l'endroit précis où construire le Centre. Il s'agit d'un emplacement de choix au milieu du campus. Depuis le Centre des sciences de l'environnement K.C. Irving, on a une vue sur le University Hall, un bâtiment historique impressionnant. Du patio à l'arrière, on peut voir le bâtiment historique du Blomidon Inn, qui date des années 1880.

Le Centre, dont la taille lui confère une présence surdimensionnée sur le campus, est un mélange unique en son genre qui reflète les intérêts tant des chercheurs que des étudiants, et qui positionne avantageusement l'Université Acadia dans le domaine des études de l'environnement. Rien n'a été épargné pour construire ce que Ray Ivany qualifie d'édifice majestueux qui unit les étudiants les uns aux autres et au campus. Il ajoute qu'à de nombreuses occasions il a vu des étudiants faire la file pour entrer dans l'édifice.

Seuls des matériaux de qualité supérieure ont été utilisés dans la construction de la structure de 65 000 pieds carrés, depuis ses briques et les ardoises de sa couverture qui ont été moulées ou taillées individuellement, jusqu'à ses ornements en calcaire. De plus, la décoration intérieure et le mobilier sont exquis, à l'image de sa façade extérieure.

Comme dans le cas d'autres projets, Arthur a insisté sur l'achat de matériaux de construction locaux.

Kelvin Ogilvie, ancien recteur de l'Université Acadia, a collaboré de près avec Arthur lors de la planification et de l'exécution des travaux. Ogilvie soutient qu'Arthur a été l'âme dirigeante du projet en esquissant la forme générale du bâtiment et en voyant aux détails de la construction. Ogilvie m'a confié que, dès le premier jour, Arthur Irving a dit qu'il fallait que l'édifice soit conçu pour les étudiants et soit pour eux un lieu de rencontre. Il a maintenu cette ligne directrice du début à la fin.

Une vaste salle de réunion baignée de lumière naturelle se trouve au milieu du Centre des sciences de l'environnement K.C. Irving. C'est l'endroit idéal où les étudiants peuvent se rassembler. Le Centre abrite aussi des laboratoires de recherche des plus perfectionnés, des serres, une serre-jardin d'hiver et des installations à environnement contrôlé. En outre, il comprend un auditorium de 124 places avec câblage complet, une bibliothèque et un centre de vidéoconférence, des salles de classe, des salles de lecture, des espaces de rencontre et des salles de conférence. Le Centre a reçu de nombreux éloges et prix et a été nommé l'un des bâtiments universitaires les plus attrayants au Canada par le *Huffington Post* en 2015[12].

Les Jardins botaniques Harriet Irving, adjacents au Centre, occupent une superficie de six acres sur le campus d'Acadia. Ils renferment plusieurs habitats propres à la région de la forêt acadienne et des spécimens vivants d'espèces en voie de disparition. L'entrée des jardins s'ouvre sur un espace aménagé en jardin anglais dans lequel on ne trouve que des plantes indigènes à la forêt acadienne. Il y a aussi un jardin expérimental où l'on mène des recherches dans diverses planches de culture contenant différents types de sol. Les jardins comptent même un jardin médicinal qui inclut une collection de plantes utilisées par les membres des Premières Nations et les premiers colons européens. Il y a encore beaucoup plus à découvrir aux Jardins botaniques Harriet Irving, et j'invite les lecteurs à consulter diverses publications qui décrivent en détail les jardins et leur contenu[13].

Ogilvie indique qu'Arthur Irving a également été impliqué dans tous les aspects de la création des jardins botaniques. Lorsque des chercheurs qui planifiaient l'aménagement des jardins ont découvert une plante très rare dans une tourbière locale qui fait partie de la forêt acadienne, Arthur a veillé personnellement à ce que la plante ne soit soigneusement déplacée qu'au milieu de l'hiver afin de ne pas endommager d'autres plantes dans la tourbière.

On peut difficilement imaginer le coût associé à la construction du Centre ou à l'aménagement des jardins. On ne le saura peut-être jamais. Un étudiant a demandé un jour à Arthur Irving combien ils avaient coûté en tout. Arthur a répliqué : « Est-ce que tu donnes un cadeau à ta copine à Noël? – Oui, a répondu le jeune homme. – Eh bien, a dit Arthur, est-ce qu'elle te demande combien tu l'as payé? »

J'ai demandé à Arthur pourquoi il ne voulait pas révéler le coût de construction du bâtiment et des jardins. Il a répondu que l'important, ce n'était pas le coût. L'important, c'était que l'Université Acadia disposait de deux installations de qualité qui apportaient des contributions très importantes à la recherche. Voilà ce qui importait vraiment. À ce jour, Kelvin Ogilvie ignore le montant qu'Arthur et ses deux frères, J.K. et Jack Irving, ont consacré aux deux initiatives. Arthur ne le lui a jamais dit, pas plus qu'il ne s'est plaint au sujet du coût. On lui envoyait les factures, et elles étaient payées sans discussion. « Mais c'est comme ça qu'Arthur Irving fait les choses », a expliqué Ogilvie. Il a dit se souvenir de plusieurs occasions où Arthur est venu en aide à un particulier ou à une cause sans jamais attirer l'attention sur lui ou s'en attribuer le mérite.

Il est rare, en effet, qu'un bienfaiteur ou une bienfaitrice préfère ne pas divulguer le montant de sa contribution à une collecte de fonds ou à une initiative d'envergure. Dans presque tous les cas, les donateurs demandent que leur contribution fasse l'objet d'une campagne médiatique qui met l'accent sur le montant remis et l'importance de la contribution. C'est ce que j'ai vécu chaque fois que j'ai prêté mes services à une campagne de financement.

Par ailleurs, des études portant sur la philanthropie semblent indiquer que les contributions anonymes de la part de riches donateurs sont l'exception plutôt que la règle. On pourrait affirmer, à l'encontre des dons anonymes, que les donateurs qui mettent en valeur leur contribution donnent aux autres un exemple à suivre. Toutefois, il y a aussi certains avantages pour les donateurs et les bénéficiaires à conserver l'anonymat. L'anonymat des dons permet notamment aux bénéficiaires d'avoir une plus grande latitude dans la poursuite de leurs objectifs et de se concentrer sur leurs responsabilités au lieu de se préoccuper de l'objectif présumé des donateurs[14]. En refusant de divulguer leur coût, Arthur s'est assuré que le Centre des sciences de l'environnement K.C. Irving et les Jardins botaniques Harriet Irving feraient parler d'eux plutôt pour leur présence imposante, leur beauté physique et leurs contributions à la science.

Harvey Gilmour, ancien directeur du développement à Acadia, explique que l'une de ses expériences les plus frustrantes pendant qu'il était à Acadia concerne le fait qu'il n'était pas autorisé à parler des contributions d'Arthur Irving à l'université. Il était interdit d'aborder le sujet parce qu'Arthur ne voulait pas attirer l'attention sur lui. Gilmour indique aussi qu'Arthur s'est directement engagé dans les campagnes de financement d'Acadia et a frappé à de nombreuses portes.

Arthur Irving a décidé dès le départ que le nouveau Centre des sciences de l'environnement et les jardins botaniques ne constitueraient jamais un fardeau pour l'université. Comme chacun le sait, certains donateurs font don de sommes importantes à des universités pour que des bâtiments portent leur nom, puis considèrent que leur tâche est accomplie. Il incombe ensuite à l'université d'assurer l'entretien de ces infrastructures, souvent à un coût considérable. Arthur s'est fixé l'objectif de créer une fondation pour répondre aux besoins du

Centre et des jardins à perpétuité. En fin de compte, les fonds recueillis seront suffisants pour financer l'entretien en permanence du Centre et des jardins botaniques. Je ne connais aucun autre fonds du genre, du moins rattaché à une université du Canada atlantique, qui est destiné à répondre aux besoins d'entretien de l'un de ses bâtiments.

Gilmour fait remarquer qu'Arthur possède un talent particulier pour recueillir des fonds. Arthur et lui ont rencontré le directeur général d'une des cinq grandes banques canadiennes. En route pour leur rendez-vous, Arthur a demandé combien d'argent ils devraient solliciter. Gilmour lui a répondu que la banque n'avait pas la réputation d'accorder de dons aux universités. Par conséquent, il a recommandé de demander 100 000 $. Tous deux ont plaidé pour que la banque apporte son soutien à l'Université Acadia, puis Arthur a demandé un montant d'un million de dollars. Le directeur général et Gilmour ont failli s'étouffer. Le directeur général s'est raclé la gorge, a poussé quelques soupirs, puis il a dit : « Eh bien, je crois qu'on peut y arriver. »

Gilmour estime que bien des gens comprennent mal Arthur Irving. Il a lu, comme moi, qu'Arthur était impatient et qu'il pouvait se montrer intransigeant. Gilmour affirme avec insistance que rien n'est plus faux. Il rappelle qu'Arthur n'a jamais manqué une réunion à l'époque où il était chancelier d'Acadia. Il participait pleinement aux discussions et n'a jamais perdu patience une seule fois. Or, dans un contexte universitaire, les réunions mettent parfois la patience de chacun à rude épreuve, je peux en témoigner!

Gilmour raconte un événement qui illustre les valeurs chères à Arthur Irving. Arthur a pris la décision d'inviter les ouvriers qui avaient travaillé à leur construction à effectuer une visite du Centre des sciences de l'environnement K.C. Irving et des Jardins botaniques Harriet Irving avant leur ouverture officielle et avant même que tout dignitaire n'ait pu y jeter un coup d'œil. La veille de l'ouverture officielle, Arthur Irving a donc fait une visite des lieux en compagnie des électriciens, plombiers, briqueteurs et autres travailleurs et leur famille pour qu'ils puissent admirer leur chef-d'œuvre avant tout le monde. Gilmour rapporte que ce fut une journée forte en émotions qu'il n'oubliera jamais.

Arthur Irving a été nommé chancelier de l'Université Acadia pendant qu'Ogilvie en était le recteur. Ogilvie raconte qu'Arthur savait s'y prendre pour gagner la sympathie des étudiants. Il se souvient de la première fois qu'Arthur a pris la parole lors d'une collation des grades : « Pas de discours, pas de notes, il s'est exprimé spontanément. Et son message a touché les finissants. Voilà un grand industriel qui leur parlait du fond du cœur. Les étudiants lui ont réservé une ovation. » La seule difficulté qu'Ogilvie a eue avec Arthur a été de l'amener à accepter de revêtir la robe de chancelier. La tâche ne fut pas facile. Arthur trouvait que la robe faisait beaucoup trop prétentieux et il était réticent à l'endosser. Ogilvie n'a réussi à le convaincre qu'après avoir obtenu l'aide de son épouse Sandra.

Arthur et Sandra Irving ont apporté d'autres contributions importantes à Acadia. Ils ont créé l'Arthur Irving Academy Foundation en 2014. La mission de l'académie englobe trois fonctions : l'académie attribue des bourses d'études à des étudiants du premier cycle et des cycles supérieurs qui fréquentent l'Université Acadia, elle accorde des subventions à des projets de recherche réalisés au Centre des sciences de l'environnement K.C. Irving et aux Jardins botaniques Harriet Irving et, depuis de nombreuses années, elle fournit des fonds pour financer le salaire d'un directeur ou d'une directrice de la recherche à temps plein[15].

L'académie a créé les bourses Arthur Irving, qui sont parmi les plus généreuses à Acadia. Les récipiendaires de la bourse peuvent être originaires de n'importe quelle région du pays, de West Vancouver à Terre-Neuve-et-Labrador. Les candidats doivent rédiger un essai de 500 mots qui expose leur intérêt pour les sciences de l'environnement et la valeur de la recherche scientifique et environnementale. Les candidats doivent aussi démontrer des solides antécédents de service à la collectivité et d'activités parascolaires. Les bourses visent à couvrir la totalité du coût des études de premier cycle des récipiendaires à Acadia. Des bourses sont aussi offertes aux cycles supérieurs.

L'Arthur Irving Academy a aussi attribué de généreuses subventions à des recherches portant sur des questions environnementales. Les recherches doivent être liées au travail accompli par le Centre des sciences de l'environnement K.C. Irving ou les Jardins botaniques Harriet Irving.

L'ARTHUR L. IRVING INSTITUTE FOR ENERGY AND SOCIETY

ARTHUR, SANDRA, ET SARAH DE MÊME QUE L'ARTHUR L. IRVING FAMILY Foundation et Irving Oil ont décidé en 2016 de créer un institut de recherche sur l'énergie et la société au Dartmouth College. L'institut logera dans un nouveau bâtiment stratégiquement situé entre la Tuck School of Business et la Thayer School of Engineering, sur le campus de Dartmouth[16].

L'institut de recherche s'emploie principalement à trouver des façons d'exploiter des sources d'énergie renouvelable. Il s'intéresse à toutes les disciplines et propose aux chercheurs des thèmes à explorer. Le thème en 2019, par exemple, encourageait les « réflexions critiques sur les implications sociales de nos choix individuels et collectifs en matière d'énergie ». De plus, l'institut encourage fortement les collaborations entre différentes disciplines dans le cadre de son travail et appelle à des « collaborations constructives » entre les disciplines[17].

On pourrait se demander pourquoi Arthur Irving et sa famille souhaitent qu'un institut portant le nom d'Arthur Irving appuie des travaux de recherche qui posent un regard critique sur les choix énergétiques. Arthur Irving et Irving Oil sont très conscients du débat qui entoure les combustibles fossiles et les changements climatiques. Ils ne sont pas climatosceptiques, loin de là! Ils reconnaissent que les changements climatiques constituent l'un des problèmes les plus graves pour la planète et que l'activité humaine en est la principale cause. Ils n'ont jamais mis en doute la climatologie et n'en ont pas l'intention. La décision de créer un institut sur l'énergie témoigne de leur désir de faire partie de la solution. Arthur a expliqué pourquoi il soutient l'institut : « Quand mon père a créé Irving Oil en 1924, il vendait des voitures Ford – à l'époque, elles démarraient à la manivelle. Aujourd'hui, on parle de voitures sans conducteur et d'autres avancées technologiques. Le monde est en constante évolution et il est impossible de prédire l'avenir, mais je ne vois rien qui puisse y jouer un rôle plus important que l'énergie. Les sources d'énergie nécessaires pour alimenter le monde seront différentes dans l'avenir. Nous sommes convaincus que le Dartmouth College aidera à façonner notre avenir énergétique[18]. » Nous examinerons davantage la question des changements climatiques dans le prochain chapitre et les défis qui attendent Irving Oil alors qu'elle doit faire face à la croissance des ventes de véhicules électriques et de voitures hybrides rechargeables.

Le Dartmouth College est une université de l'Ivy League qui s'est classée au 12e rang dans la liste du *U.S. News & World Report* en 2019 pour les programmes de M.B.A. à temps plein. Nous avons vu plus tôt que, la même année, le magazine *Forbes* a classé la Tuck School of Business de Dartmouth au sixième rang de son palmarès des meilleures écoles de commerce aux États-Unis[19]. En décidant d'appuyer l'Arthur L. Irving Institute for Energy and Society et d'assurer 50 % de son financement, le Dartmouth College a souligné l'apport d'Irving Oil à la protection de l'environnement. Il a aussi attiré l'attention sur les contributions d'Irving Oil à Canards Illimités et fait valoir qu'Irving Oil était l'une des premières entreprises pétrolières et gazières à investir dans les technologies de réduction des émissions de gaz afin d'améliorer son rendement environnemental, et qu'elle a été à l'avant-garde en réduisant la teneur en soufre de ses carburants utilisés pour le transport et le chauffage domestique. Pour aller droit au but, les climatosceptiques qu'on rencontre dans le secteur pétrolier et gazier n'ont pas l'habitude de lancer un institut sur l'énergie pour promouvoir la réflexion critique, ou d'être un chef de file dans le secteur en investissant dans les technologies de réduction des émissions de gaz.

Arthur et les membres de sa famille ont apporté d'autres contributions au Dartmouth College. Ils financent des bourses destinées à des étudiants canadiens et ont contribué à la création de la chaire de professeur en économie Sandra L. and Arthur L. Irving '72a P'10. En partenariat avec la Tuck School of Business, ils ont aussi aidé à financer des études de premier cycle en administration.

Charles Grant, de la Nouvelle-Écosse, a été l'un des premiers récipiendaires d'une bourse Irving à Dartmouth à l'automne 2012. Deux autres étudiants, tous deux du Canada atlantique, ont reçu la bourse la même année. Grant, qui est le gardien de but de l'équipe de Dartmouth au sein de la ligue de hockey universitaire, explique que de nombreuses bourses à Dartmouth proviennent de donateurs anonymes mais que, peu après avoir obtenu sa bourse, il a appris que celle-ci était financée par Arthur Irving et sa famille. Arthur et Sandra sont allés plus loin en décidant d'établir une relation personnelle avec les étudiants qu'ils appuient à Dartmouth. Charles Grant souligne qu'ils se sont fait un devoir de rencontrer ces étudiants à chaque semestre ou trois fois au cours de l'année universitaire. Il arrive souvent à Grant de s'arrêter en chemin entre le Dartmouth College et sa ville natale en Nouvelle-Écosse pour rendre visite à Arthur et Sandra. Je lui ai demandé de définir Arthur en quelques mots. Il a répondu qu'Arthur était généreux, terre-à-terre et très fier de venir des Maritimes.

RECHERCHE MÉDICALE

PAR AILLEURS, L'ARTHUR L. IRVING FAMILY FOUNDATION A AUSSI contribué à la recherche médicale. La chaire de professeur en médecine de la famille Hutter dans le domaine de la cardiologie a été créée au Massachusetts General Hospital and Harvard School of Medicine. En outre, Arthur et Sandra ont parrainé le programme de performance cardiaque au Mass General. Je me suis entretenu avec le Dr Adolph M. Hutter, qui m'a dit qu'Arthur et Sandra sont des donateurs idéaux : « ils sont généreux, ils savent ce qu'ils veulent, ils sont bien informés, ils savent écouter les autres, ils savent quand intervenir, ils comprennent les défis et ils savent comment nous demander des comptes ». Il signale également qu'ils ne perdent jamais intérêt dans les initiatives auxquelles ils apportent leur soutien et qu'ils posent toujours des questions très pertinentes.

Arthur, Sandra et Sarah ont appuyé deux initiatives qui ont eu lieu à ce même hôpital en 2017. Cette fois, ils ont créé la chaire de recherche sur le cancer David P. Ryan, MD et établi le fonds Arthur, Sandra et Sarah Irving en immuno-oncologie gastro-intestinale. Ces initiatives ont pour but de repousser les frontières des connaissances et de définir des options de traitement pour les patients atteints de cancers gastro-intestinaux et d'autres cancers, particulièrement en immunothérapie[20]. De plus, l'Arthur L. Irving Family Foundation a financé récemment la création d'un symposium sur l'immunologie du cancer et la tenue d'une journée de réflexion sur l'immunologie du cancer dont la première édition aura lieu en juillet 2020. Ils ont aussi financé la chaire en neurosciences H. Royden Jones, Jr., MD au Lahey Hospital and Medical Center. Jones, un neurologue de premier plan, était un ami de la famille jusqu'à son décès, survenu en 2013.

On se souviendra qu'un tremblement de terre de forte magnitude a dévasté Haïti en janvier 2010. Près d'un million et demi de personnes ont été déplacées, et le sinistre a fait environ 250 000 morts. Des édifices se sont effondrés, des routes sont devenues impraticables et près de 4 000 écoles ont été endommagées ou détruites[21]. La Croix-Rouge a lancé un appel à l'aide internationale. Discrètement, Arthur Irving a répondu à l'appel en envoyant deux avions transportant des médecins, des infirmières et des infirmiers et du matériel médical pour aider à soigner les blessés[22].

Arthur et Sandra Irving, l'Arthur L. Irving Family Foundation et Irving Oil ont aussi apporté des contributions importantes à des établissements d'enseignement et de santé. Certaines de ces contributions sont bien connues du public, beaucoup d'autres ne le sont pas.

L'UNIVERSITÉ DE TORONTO

EN 2015, L'ARTHUR L. IRVING FAMILY FOUNDATION A MIS SUR PIED LES bourses universitaires C. David Naylor à l'Université de Toronto. L'initiative vise à encourager la formation de chefs de file qui se démarquent par leur excellence universitaire et leur engagement communautaire. Pour être admissibles à la bourse, les candidats et les candidates doivent démontrer qu'ils ont obtenu des résultats supérieurs au cours de leurs études, avoir été admis en première année d'un programme de maîtrise ou de doctorat à l'Université de Toronto et être diplômés d'une université du Canada atlantique[23].

J'ai parlé à Billy Johnson, un étudiant au doctorat en littérature anglaise, qui a été l'un des premiers à recevoir la bourse David Naylor. Johnson, qui a grandi en Nouvelle-Écosse et au Nouveau-Brunswick, m'a raconté qu'il avait maintes fois entendu parler des Irving, mais qu'il n'avait jamais rencontré un membre de la famille auparavant. Lorsqu'il a rencontré Arthur Irving pour la première fois, deux aspects de sa personnalité l'ont frappé : son côté terre-à-terre et son grand dévouement envers le Canada atlantique. Il a expliqué qu'Arthur Irving voulait savoir de quel endroit au Canada atlantique il était originaire, d'où venait son père, d'où venait sa mère et où lui-même avait grandi. Il connaissait chacune des localités du Canada atlantique que Johnson a évoquées.

Vincent Auffrey, de Pré-d'en-Haut, au Nouveau-Brunswick, s'est lui aussi vu décerner une bourse David Naylor en 2018. Il fait présentement ses études de doctorat en histoire des sciences à l'Université de Toronto. Arthur Irving m'a parlé d'Auffrey et Auffrey en a fait autant à propos d'Arthur. Arthur s'est dit très impressionné par Auffrey, particulièrement par sa détermination à retourner dans les Maritimes, plus précisément dans sa localité d'origine, après ses études. Auffrey m'a dit que deux choses l'avaient impressionné chez Arthur. D'abord, son profond attachement pour les Maritimes, qu'il connaît à fond. Il a rapporté qu'Arthur a engagé une discussion détaillée au sujet de

Beaumont, un petit hameau du Nouveau-Brunswick. À une certaine époque, Beaumont pouvait se targuer de posséder certaines des meilleures carrières en Amérique du Nord. On peut trouver des pierres de ces carrières dans des édifices patrimoniaux d'Ottawa à New York. Une autre chose qui l'avait frappé, a dit Auffrey, c'est à quel point Arthur est terre-à-terre et combien il est facile de parler avec lui.

AUTRES APPUIS À LA COLLECTIVITÉ

Arthur et Sandra Irving, Irving Oil et l'Arthur L. Irving Family Foundation ont apporté leur soutien à des universités des quatre provinces de l'Atlantique. Ils ont versé une contribution financière importante pour la création d'une clinique de pratique communautaire au Collège vétérinaire de l'Atlantique à l'Île-du-Prince-Édouard. En plus de celles à l'Université Acadia, ils ont financé des bourses d'études aux universités Memorial et Dalhousie ainsi qu'à l'Université du Nouveau-Brunswick.

L'Arthur L. Irving Family Foundation a également apporté une contribution financière substantielle à l'Université du Nouveau-Brunswick, campus de Fredericton, en 2019 afin de promouvoir le centre de recherche et la Bibliothèque Harriet Irving, et elle a fait un autre don à la Roseraie Harriet Irving.

La fondation familiale a fait des dons importants à l'Université St. Francis Xavier de la Nouvelle-Écosse pour financer des bourses d'études de la famille Irving au Brian Mulroney Institute of Government, en plus d'un autre montant pour établir le fonds de dotation des prix Irving de mentorat en recherche au Frank McKenna Centre for Leadership. La société Irving Oil a accordé un don substantiel à l'Université Dalhousie, destiné à l'aménagement d'un auditorium dans son centre d'ingénierie, et un autre à son fonds de bourses. Elle a versé une contribution importante à l'Université St. Thomas pour sa bourse en athlétisme et des dons à la Rothesay Netherwood School pour financer son programme d'enseignement en plein air.

La fondation et Irving Oil ont apporté une contribution majeure à l'Université de Moncton en 2019 en appui aux activités étudiantes, y compris un fonds de bourses à l'intention des étudiants et des étudiantes des campus d'Edmundston, de Moncton et de Shippagan. Il s'agissait de la contribution la plus considérable versée à l'Université depuis sa création en 1963. Rappelons que K.C. Irving a remis un don de 500 000 $ à l'Université peu après sa fondation, le premier don majeur qu'elle a reçu.

L'Arthur L. Irving Family Foundation et Irving Oil ont accordé leur appui à diverses campagnes de financement à l'extérieur du secteur de l'éducation. La fondation a apporté son soutien à la Galerie d'art Beaverbrook pour la rénovation de la salle Harriet Irving. Elle a aussi fourni une aide appréciable à la construction d'un aréna à Richibucto, et Irving Oil a donné des terrains aux municipalités de Richibucto et de Tracadie pour l'aménagement de parcs municipaux. Récemment, la fondation a versé une contribution importante à la Fondation de l'hôpital régional de Saint John pour son programme « Force et courage », qui aide des survivants du cancer à recouvrer la santé.

La liste de contributions qui précède n'est pas exhaustive. Nous savons que la fondation a fait un don substantiel à l'Université du Nouveau-Brunswick à Saint John pour l'aménagement d'une bibliothèque doublée d'un centre social dans le pavillon Hans W. Klohn Commons. Elle a également formé des partenariats avec divers groupes culturels communautaires de Saint John pour venir en aide au Théâtre Impérial, à l'orchestre Symphony Saint John et à la Saint John Theatre Company. Au fil des années, Irving Oil a aussi appuyé le hockey mineur partout au Canada atlantique.

Irving Oil a versé deux millions de dollars à la campagne de capitalisation du complexe sportif multifonctionnel de Saint John en septembre 2019. En retour, la société a reçu le droit d'associer son nom aux installations. Les commentaires négatifs à ce sujet laissés sur la page Web de CBC ont été beaucoup plus nombreux que les commentaires positifs.

Par exemple, une personne a écrit qu'il s'agissait d'un stratagème des Irving pour réduire le montant de leurs impôts. De toute évidence, cette personne n'a jamais contribué à des activités de financement, sinon elle saurait bien qu'on économise plus d'argent en ne faisant aucun don. Autrement dit, on ne tire aucun avantage pécuniaire en faisant un don à une collecte de fonds. Je le sais d'expérience. Une autre personne, par contre, a bien résumé la situation : « Les Irving, quoi qu'ils fassent, se font toujours reprocher quelque chose. S'il y a une famille qui se retrouve dans des situations d'où elle ressort toujours perdante, c'est bien celle des Irving. Pour en avoir la preuve, voyez la plupart, sinon tous les commentaires laissés en réaction à ce reportage[24]. »

Les contributions d'Arthur Irving, de l'Arthur L. Irving Family Foundation et d'Irving Oil à la collectivité, dont beaucoup restent inconnues, sont encore plus nombreuses. Dans bien des cas, comme je l'ai mentionné, Arthur Irving préfère ne pas attirer l'attention sur lui lorsqu'il fait des dons. Et en ce qui concerne les Irving, ce n'est là qu'un aperçu des dons qu'ils ont offerts. J.K. Irving et sa famille de même que Jack Irving et sa famille ont aussi versé des contributions importantes à des activités de financement au profit d'établissements d'enseignement et de santé et d'organismes communautaires, qui pour la plupart ont été menées au Canada atlantique.

RETOUR EN ARRIÈRE

ARTHUR IRVING ET IRVING OIL mènent leurs affaires aussi discrètement que possible. C'est ainsi que fonctionnait K.C. Irving et c'est ce que préfère Arthur.

Comme je l'ai fait remarquer à plusieurs reprises, il y a des avantages à gérer une entreprise sans devoir se conformer aux exigences en matière de rapports auxquelles les sociétés cotées en bourse doivent se soumettre. Mais il y a aussi des inconvénients. La pratique de ne pas faire état de ses actions devient un *modus operandi* en toutes choses. Il en résulte que trop souvent les bonnes actions que pose l'entreprise ne reçoivent qu'une attention limitée parmi la population. Arthur Irving estime que les gens devraient considérer le Centre des sciences de l'environnement K.C. Irving et les Jardins botaniques Harriet Irving pour ce qu'ils sont, pour leur beauté physique et ce qu'ils représentent pour les étudiants et les étudiantes d'Acadia. Il croit que personne ne devrait consacrer du temps et des efforts à tenter de déterminer le montant de l'aide financière qu'il a accordée aux projets. En ce sens, il est un cas rare : pratiquement tous les donateurs que j'ai côtoyés dans des campagnes de financement insistent pour faire le contraire.

Arthur, Sandra, Sarah, l'Arthur L. Irving Family Foundation et Irving Oil ont tous fait des contributions substantielles à des établissements de soins de santé et d'enseignement. Certains de ces dons sont bien connus du public, d'autres le sont moins et d'autres encore ne le sont pas du tout. La tendance à ne pas attirer l'attention sur eux, à se faire discrets et à ne pas se vanter est inscrite dans l'ADN des Irving, à commencer par K.C. Irving.

De telles pratiques sont efficaces pour élaborer des stratégies commerciales et se donner une avance sur la concurrence. Cependant, il est ainsi plus difficile pour la population et les communautés de connaître toute l'ampleur des contributions qu'Arthur Irving et sa famille ont faites pour aider à la croissance des établissements de santé et d'enseignement et, plus largement, l'économie de la région.

Notes

1   Voir Martin Turcotte, « Le bénévolat et les dons de bienfaisance au Canada », (Ottawa : Statistique Canada, 30 janvier 2015), 16.

2   Cité dans Chelsea Murray, « The Irving Commitment », Canards Illimités Canada, *Conservator*, vol. 34, no 1 (printemps 2013), 28 (traduction libre).

3   *Ibid.* (traduction libre).

4   Canards Illimités Canada, « Ducks Unlimited Conservation Centre », New Brunswick, s.d., ducks.ca/places/new-brunswick/ducks-unlimited-conservation-centre/.

5   « North American Waterfowl Management Plan: A Strategy for Cooperation », mai 1986, United States Department of the Interior et Environnement Canada, 1986, fws.gov/migratorybirds/pdf/management/NAWMP/OriginalNAWMP.pdf (traduction libre).

6   Byron K. Williams, Mark D. Koneff et David A. Smith, « Evaluation of Waterfowl Conservation under the North American Waterfowl Management Plan », *Journal of Wildlife Management*, vol. 63, no 2 (1999), 417 (traduction libre).

7   Voir, entre autres, Naomi E.S. Griffiths, *From Migrant to Acadian: A North American Border People, 1604-1755* (Montréal : McGill-Queen's University Press, 2004).

8   Canada, « Soutien à la recherche en écologie à Beaubassin », Fonds de soutien à la recherche, s.d., rsf-fsr.gc.ca/news_room-salle_de_presse/support-soutien/beaubassin-fra.aspx.

9   Voir, par exemple, Lawrence Martin, « A family tragedy that Stephen Harper has not forgotten », *Globe and Mail*, 8 juillet 2009, A6.

10 Voir, par exemple, Régis Brun, *Fort Beauséjour – Fort Cumberland : une histoire / A History* (Memramcook : Société du Monument Lefebvre, 1991), 18-23.

11 « Harper opens Ducks Unlimited centre in Aulac », *CBC News*, 29 août 2012, cbc.ca/news/canada/new-brunswick/harper-opens-ducks-unlimited-centre-in-aulac-1.1200314.

12 Acadia University, « National accolades for K.C. Irving Environmental Science Centre », 9 octobre 2015, acadiau.ca/home/news-reader-page/national-accolades-for-kc-irving-environmental-science-centre.html.

13 Voir, entre autres, Acadia University, « Endangered plants », Harriet Irving Botanical Gardens, s.d., botanicalgardens.acadiau.ca/9293.html.

14 Pour un excellent examen de cette question, voir Paul G. Schervish, « The sound of one hand clapping: the case for and against anonymous giving », *Voluntas: International Journal of Voluntary and Nonprofit Organizations*, vol. 5, no 1 (1994), 1-26.

15 Acadia University, « The Arthur Irving Academy », K.C. Irving Environmental Science Centre, s.d., kcirvingcentre.acadiau.ca/IrvingAcademy.html.

16 Dartmouth College, « Dartmouth Announces Creation of the Arthur L. Irving Institute for Energy and Society », The Arthur L. Irving Institute for Energy and Society, s.d., irving.dartmouth.edu/news/2016/09/dartmouth-announces-creation-arthur-l-irving-institute-energy-and-society.

17 Arthur Irving, cité dans « Doing Right for Dartmouth – and the World », OCOM, automne 2016, 2 (traduction libre).

18 *Ibid.* (traduction libre)

19 Dartmouth College, « MBA Program Rankings », Tuck School of Business, s.d., tuck.dartmouth.edu/news/in-the-media/mba-program-rankings.

20 Massachusetts General Hospital, « Awards and Honors November 2017 », 10 novembre 2017, massgeneral.org/news/article/awards-and-honors-november-2017.

21 Voir, par exemple, World Vision, « 2010 Haiti earthquake: Facts, FAQs and how to help », s.d., worldvision.org/disaster-relief-news-stories/2010-haiti-earthquake-facts.

22 Huddle, « Sandra Irving Being Honoured with Canadian Red Cross Power of Humanity Award », 4 novembre 2019, huddle.today/sandra-irving-being-honoured-with-canadian-red-cross-power-of-humanity-award/.

23 University of Toronto, « C. David Naylor University Fellowships Endowed by a Gift from the Arthur L. Irving Foundation », School of Graduate Studies, s.d., sgs.utoronto.ca/awards/c-david-naylor-university-fellowships-endowed-by-a-gift-from-the-arthur-l-irving-foundation-2/.

24 « Irving Oil captures naming rights for Saint John field house », *CBC News*, 16 septembre 2019, cbc.ca/news/canada/new-brunswick/saint-john-field-house-irving-oil-1.5285570 (traduction libre).

CHAPITRE 10

DE NOUVEAUX DÉFIS

NOMBREUX SONT CEUX QUI ONT PRÉDIT LA CHUTE DES IRVING
et la disparition d'Irving Oil, et ce, dès l'époque où K.C. Irving
s'est lancé en affaires. On se rappellera que le magnat des
affaires Howard P. Robinson aurait dit qu'il allait « forcer ce jeune
Irving à s'en retourner à Bouctouche ». K.C. est pourtant resté à Saint
John et a acheté la maison de Robinson sur l'avenue Mount Pleasant.
Dans leur livre de 1973 sur les Irving, Russell Hunt et Robert Campbell
ont comparé les entreprises Irving à un dinosaure, soutenant qu'elles
étaient devenues trop grosses pour survivre aux réalités changeantes
de l'époque. Ils concluaient qu'elles étaient incapables de s'adapter
au changement[1]. C'était il y a près d'un demi-siècle, et non seulement
les diverses entreprises Irving se sont adaptées, mais elles ont même
poursuivi leur croissance.

Cependant, les défis à relever s'annoncent à première vue particulièrement exigeants. Certains observateurs rédigent déjà l'article nécrologique du secteur pétrolier et gazier. Ils soulignent que la concurrence
pour attirer les jeunes talents sera de plus en plus vive et qu'il faudra

redoubler d'efforts pour réduire les coûts et contrer l'attrait exercé par les économies où les coûts et les taux d'imposition sont faibles. De plus, comme chacun le sait, on assiste à une transition vers l'abandon des combustibles fossiles dans de nombreux pays et de nombreux secteurs. J'ai demandé à Arthur Irving si Irving Oil et lui réfléchissaient au meilleur moyen de relever les défis à venir. Sa réponse a été brève : « Tous les jours. »

Cela dit, et au risque de rappeler une évidence, j'assume l'entière responsabilité du contenu du présent livre et, en particulier, de ce chapitre et du suivant. Je n'aurais pas pu m'inspirer des ouvrages publiés au sujet des entreprises Irving parce qu'il n'abordent pas les questions soulevées dans les deux prochains chapitres. Dans la plupart des cas, celles-ci ne se posaient pas au moment de leur publication.

Les entrevues que j'ai réalisées avec des employés anciens et actuels d'Irving Oil ont porté sur le passé, sur la croissance d'Irving Oil dans un environnement très concurrentiel et sur l'école de commerce Irving. Le lecteur remarquera toutefois que je m'inspire de la documentation actuelle sur la gestion qui traite des défis auxquels le secteur pétrolier et gazier se trouve maintenant confronté. J'ai décidé d'explorer ces questions dans ces derniers chapitres en m'appuyant sur mes propres travaux et sur ma vision des années à venir pour le secteur pétrolier et gazier, pour Irving Oil et pour ma région.

LES ORIGINES DU SECTEUR

Il est généralement admis que l'industrie pétrolière et gazière est une des principales causes des changements climatiques. Ce que l'on sait moins, c'est que les Maritimes et, en particulier, un de ses habitants ont joué un rôle central dans la naissance de l'industrie. Abraham Gesner, né à Cornwallis, en Nouvelle-Écosse, inventa l'huile de kérosène et obtint le premier brevet pour la distillation de la matière bitumineuse. Après s'être établi au Nouveau-Brunswick, il découvrit ou redécouvrit « dans le comté d'Albert des veines de bitume solide qu'il utilisera pour faire des essais de distillation ». Selon *L'Encyclopédie canadienne*, Gesner fut « un des pionniers de l'industrie pétrolière moderne »[2].

Gesner déménagea à Saint John en 1838 et fut le premier géologue au service du gouvernement dans une colonie britannique. Il recueillit un grand nombre de spécimens qui contribuèrent à former la collection maintenant exposée au Musée du Nouveau-Brunswick. Il déménagea à New York pour explorer les possibilités d'exploiter « l'huile de charbon » qu'il avait inventée et qui permettait d'éclairer une pièce. Il travailla à des essais de distillation et de raffinage du bitume afin d'éliminer les impuretés qui donnaient au produit une odeur nauséabonde. Il obtint du gouvernement américain trois brevets d'invention en 1854 et démarra une entreprise pour procéder au raffinage du bitume. J.D. Rockefeller acheta l'entreprise de Gesner et finirait par prendre le contrôle de la société Imperial Oil du Canada[3].

Abraham Gesner, alors qu'il vivait à Saint John dans les années 1840, et K.C. Irving quelque 80 ans plus tard n'auraient jamais pu imaginer le rôle que l'industrie pétrolière et gazière allait jouer dans l'économie. Le secteur pétrolier et gazier représente 11 % du produit intérieur brut (PIB) du Canada et fournit directement et indirectement de l'emploi à environ 819 500 Canadien et Canadiennes[4]. Le Canada est le sixième pays producteur, le cinquième exportateur net et le huitième consommateur d'énergie[5]. Bref, le secteur pétrolier et gazier est très important pour l'économie canadienne et aussi pour celle du Nouveau-Brunswick en raison de la présence d'Irving Oil dans la province. Le secteur peut demeurer un élément clé des deux économies à condition de relever les défis qui l'attendent.

LES CHANGEMENTS CLIMATIQUES

PATRICK POUYANNÉ, PRÉSIDENT-DIRECTEUR GÉNÉRAL DE LA SOCIÉTÉ Total, le géant français de l'industrie pétrolière, a déclaré lors d'une conférence à Paris que « parfois, dans toutes ces discussions, on a l'impression que tous les combustibles fossiles sont les méchants[6] » à l'origine des changements climatiques. Cependant, la question est beaucoup plus complexe. La Commission européenne, par exemple, isole cinq grandes causes de l'augmentation des émissions de gaz : la combustion du charbon, du pétrole et du gaz, la déforestation, l'augmentation de l'élevage, les engrais contenant de l'azote et les gaz fluorés[7].

Néanmoins, aux yeux du public, l'industrie pétrolière et gazière a beaucoup de comptes à rendre en ce qui concerne les changements climatiques. En outre, il est plus facile pour les gouvernements, plus particulièrement pour les hommes et les femmes politiques, de pointer du doigt les grandes entreprises pétrolières et gazières plutôt que les consommateurs et les électeurs comme étant les coupables. Peu importe, les changements climatiques sont bien réels, et si on ne s'attaque pas au problème, ils auront des conséquences désastreuses sur tous les aspects de la société, et l'économie ne fait certainement pas exception. En un mot, il est dans notre intérêt à tous que notre planète soit plus propre. Je souligne que les Nations Unies ont déclaré : « Les changements climatiques sont la question déterminante de notre époque et nous sommes à un moment décisif. [...] Il est alarmant de constater que d'importants points d'inflexion, entraînant des changements irréversibles dans les grands écosystèmes et le système climatique planétaire, ont peut-être déjà été atteints ou franchis[8]. »

Ceux qui nient les changements climatiques perdent rapidement du terrain devant les preuves scientifiques qui s'accumulent. Si rien n'est fait pour contrer les changements climatiques, on aura autant de chances d'arrêter les changements climatiques que le roi Canut en avait en disant à la marée de ne pas monter pour ne pas mouiller ses pieds et sa robe[9].

Un peu partout dans le monde, des gouvernements, y compris les gouvernements au Canada, ont décidé de passer à l'action. Rappelons qu'en 1997 des représentants de la plupart des pays du monde se sont rendus à Kyoto pour signer un protocole visant à « stabiliser les concentrations de gaz à effet de serre dans l'atmosphère à un niveau qui empêcherait les perturbations anthropiques dangereuses du système climatique ». Le Protocole de Kyoto à la Convention-cadre des Nations Unies sur les changements climatiques est entré en vigueur en 2005[10].

Des représentants de 196 pays se sont à nouveau réunis en 2015 pour signer l'Accord de Paris en vertu de la Convention-cadre des Nations Unies sur les changements climatiques. L'Accord de Paris est entré en vigueur à la fin de 2016 et 185 pays membres en sont parties prenantes[11]. L'objectif consiste à mettre en place des mesures pour contenir l'élévation de la température moyenne de la planète en dessous de $2\,^\circ C$ ($3,6\,^\circ F$) par rapport aux niveaux préindustriels. Je souligne toutefois que le président Donald Trump a annoncé en juin 2017 que les États-Unis allaient se retirer de l'Accord de Paris. Il a ensuite entamé la procédure officielle de retrait le 4 novembre 2019[12], ce qui n'a pas empêché de nombreux autres pays de dévoiler leur plan d'action en vue d'atteindre les cibles fixées par l'Accord de Paris[13]. Certains pays, comme les Pays-Bas, sont allés plus loin et ont adopté des lois visant à dépasser ces cibles.

Le Canada a joué un rôle important dans l'élaboration et la promotion de l'Accord de Paris. On se souviendra qu'en novembre 2015 le gouvernement fédéral a promis de consacrer 2,65 milliards de dollars sur cinq ans à la lutte aux changements climatiques[14]. Le Canada a tout de même du mal à atteindre les objectifs établis par l'Accord de Paris et certains observateurs mettent en cause le secteur pétrolier et gazier[15].

J'ai questionné Arthur Irving sur ce qu'il pensait des changements climatiques. Il est allé droit au but : « Les changements climatiques sont une réalité et nous voulons faire partie de la solution. » Irving Oil peut d'ailleurs faire valoir qu'elle a surpassé la concurrence quant à l'adoption de mesures de protection de l'environnement. D'une part, la raffinerie Irving Oil a été la première au Canada à produire de l'essence à faible teneur en soufre et la première à produire de l'essence à haut indice d'octane sans l'utilisation d'additifs au plomb. D'autre part, Irving Oil a aussi été la première société pétrolière à recevoir, en 2002, le prix d'excellence pour la propreté de l'air de l'Environmental Protection Agency des États-Unis[16].

La question importante n'est pas de savoir si les changements climatiques sont en train de transformer l'écosystème planétaire. C'est un fait. Nous observons déjà un réchauffement de l'atmosphère qui provoque une transformation de nombreux habitats naturels et une élévation du niveau de la mer. La question consiste à trouver la meilleure façon de faire face aux changements climatiques. Le défi dépasse largement le secteur pétrolier et gazier. Par exemple, nous devons modifier notre utilisation des terres, cesser de brûler les forêts tropicales et transformer nos pratiques agricoles afin de réduire les émissions de méthane[17].

Pour leur part, les dirigeants d'Irving Oil peuvent affirmer qu'ils prennent les changements climatiques au sérieux et qu'ils font quelque chose à ce sujet. Ils ont déclaré à un comité de l'Assemblée législative du Nouveau-Brunswick que la compagnie a fait beaucoup pour protéger l'environnement, beaucoup plus que d'autres entreprises dans leur secteur. Ils ont expliqué : « Le défi qui se pose quand on se trouve déjà parmi les meilleurs, c'est de déterminer dans quelle mesure il est encore possible d'améliorer les choses. Voilà ce qui sera notre défi fondamental. » Ils ont ajouté que la raffinerie Irving Oil fait des efforts importants pour réduire ses émissions et qu'elle est l'une des meilleures parmi les pays de l'Organisation de coopération et de développement économiques (OCDE)[18].

Néanmoins, le défi qui attend le secteur pétrolier et gazier n'est pas sur le point de disparaître. La tendance à délaisser l'utilisation presque exclusive du pétrole et du gaz pour transporter passagers et marchandises est bien en cours et s'accélère. Les exemples suivants l'illustrent. À compter de 2025, le constructeur d'automobiles allemand BMW ne vendra plus de véhicules à essence seulement. Bientôt, tous les modèles Volvo seront munis d'une chaîne de traction hybride, rechargeable, ou simplement électrique à batteries. Volkswagen AG a annoncé qu'elle offrira au moins une option de motorisation à batteries pour tous ses modèles. GM a déclaré en 2017 qu'elle comptait abandonner complètement le moteur à combustion interne. Elle n'a toutefois pas précisé quand elle espérait atteindre cet objectif[9]. Toyota prévoit également éliminer complètement les véhicules à essence seulement d'ici 2050, voire plus tôt[20].

On considère que le constructeur d'automobiles Tesla a transformé l'industrie. Bien que Tesla éprouve présentement ses propres difficultés de production, ses technologies novatrices ont eu un effet d'entraînement en forçant les autres constructeurs à s'intéresser à la production de véhicules électriques ou hybrides. Elon Musk, le PDG de Tesla, explique pourquoi le monde se tourne maintenant vers les voitures électriques ou hybrides : « Si quelqu'un vous disait de verser les restes liquides de dinosaures dans votre véhicule et de les faire brûler pour vous déplacer d'un endroit à l'autre en émettant des gaz toxiques – en passant, vous avez intérêt à ce que votre voiture ne se soit pas dans un espace fermé, sinon vous allez mourir –, vous répondriez : "Pourquoi faire ça[21]?" »

L'idée de ne plus employer le moteur à combustion interne commence à s'enraciner. Elle s'est toutefois heurtée à des obstacles, et d'autres encore sont à venir. L'électricité n'est pas toujours une énergie propre; environ 30 % de l'électricité aux États-Unis est produite à partir du charbon et près de 9 % au Canada[22]. Quant aux véhicules électriques, ils génèrent une augmentation de la demande de lithium, de cobalt et de métaux rares, qui présentent tous des problèmes pour l'environnement[23].

Les voitures électriques n'émettent pas de gaz à effet de serre nocifs pour le climat. Mais elles ne sont pas sans problèmes pour l'environnement. La production d'une voiture électrique nécessite deux fois plus d'énergie que celle d'une voiture conventionnelle[24]. Les nouveaux moteurs à combustion interne sont beaucoup plus efficaces et moins dommageables pour l'environnement qu'ils ne l'étaient autrefois : de nos jours, les voitures n'émettent plus que 1 % de la pollution qu'elles produisaient dans les années 1960[25]. La quête de métaux rares donne lieu à une exploitation de plus en plus effrénée dans des endroits comme la Chine et la République démocratique du Congo et engendre ses propres problèmes écologiques, notamment la contamination des sols, la pollution des rivières et la déforestation[26]. Il ne faut pas en conclure qu'il faille renoncer aux véhicules électriques ou aux voitures hybrides. L'idée, c'est qu'il n'existe pas de solution facile pour combattre les changements climatiques.

La population canadienne tarde à faire la transition vers les véhicules électriques, qui ne représentent que 1 % des ventes d'automobiles. L'analyste de l'industrie automobile Dennis DesRosiers estime qu'il faudra 10 ans avant que les véhicules électriques n'occupent 10 % du marché. Il souligne que le nombre de véhicules vendus est infime, une situation qu'il attribue au manque d'acceptation de la part des consommateurs. « Les consommateurs se demandent si les changements climatiques sont vraiment un danger et pourquoi il leur reviendrait à eux de solutionner le problème[27]. »

Un autre facteur de la réticence envers les voitures électriques est qu'elles connaissent des difficultés par temps froid parce que leurs batteries au lithium-ion sont sensibles aux températures[28]. Le Canada atlantique et la Nouvelle-Angleterre connaissent de rudes conditions hivernales et couvrent un vaste territoire. C'est une chose d'adopter les véhicules alimentés par batteries seulement en Israël, par exemple, qui dénombre une population de près de neuf millions d'habitants et a une superficie de seulement 22 000 kilomètres carrés. C'en est une autre pour la Nouvelle-Écosse, par exemple, qui s'étend sur plus de 55 000 kilomètres carrés et où vivent moins d'un million de personnes. De plus, les hivers sont beaucoup plus rigoureux en Nouvelle-Écosse qu'en Israël.

La raffinerie Irving Oil fabrique un large éventail de produits finis. Elle produit, entre autres, du mazout, du carboréacteur, du combustible marin, du propane et de l'asphalte. Le marché du carboréacteur et celui de l'asphalte devraient conserver leur vigueur, du moins dans un avenir prévisible. Irving Oil détient la plus grande part du marché du carboréacteur au Canada atlantique et environ 50 % du marché de l'aéroport international Logan, à Boston. Parmi ses clients, elle compte JetBlue, American Airlines, WestJet, Air Canada, United, Southwest et Eastern[29].

De plus, Irving Oil a accru récemment sa part du marché de l'asphalte en Nouvelle-Angleterre et dans le Sud-Est des États-Unis. La société a en effet conclu une entente de 10 ans pour disposer d'un accès dédié à un terminal d'asphalte à Charleston, en Caroline su Sud. Cette entente permet à Irving Oil d'établir une équipe de vente dans la région afin d'accroître son commerce d'asphalte. Le marché de l'asphalte offre un grand potentiel de croissance et le Sud-Est des États-Unis est l'une des régions d'Amérique du Nord où le marché des produits bitumineux connaît la croissance la plus rapide[30].

Irving Oil n'est pas près d'abandonner ses points de vente au détail. La société exploite environ 1 100 stations-service dans trois pays, dont les activités vont bien au-delà de la vente d'essence. « Nous ne faisons pas que vendre de l'essence dans ces stations-service, a fait remarquer Arthur Irving. En réalité, nous sommes dans le commerce de dépannage; en plus, à nos relais Big Stop, nous offrons le service de restauration et une gamme complète de services aux chauffeurs professionnels. »

Irving Oil a également conclu une entente avec Tesla pour héberger ses stations de Superchargeurs dans le Canada atlantique. En conséquence, Irving Oil devra chercher de plus grands terrains pour y construire ses points de vente, qui devront disposer de plusieurs stations de recharge Tesla en plus des pompes à essence. La recharge d'un véhicule électrique requiert passablement de temps, contrairement au remplissage d'un réservoir à essence. Le temps pour les conducteurs de faire des achats, de dépenser de l'argent dans un dépanneur ou un restaurant. Jeff Matthews, un cadre d'Irving Oil, explique : « Nous espérons que les automobilistes soucieux de l'environnement prendront une bouchée pendant que les batteries de leur voiture feront le plein d'énergie[31]. »

Je signale qu'Irving Oil a entrepris la construction de son premier dépanneur « The Irving » à Pembroke, au Massachusetts, près de Boston. L'ouverture du magasin est prévue pour le début de 2020. Il s'agit d'un projet-pilote, mais on peut supposer que la combinaison de dépanneurs doublés de stations de recharge, de pompes à essence et de restaurants est de bon augure pour l'avenir d'Irving Oil. Sarah Irving explique que l'initiative vise à offrir bien plus qu'un dépanneur classique. La nouvelle approche cherche à amener les employés de première ligne à faire partie de l'équipe d'Irving Oil et à assurer la gestion des activités quotidiennes de l'établissement. L'objectif premier de l'approche est d'améliorer et d'accélérer la rétroaction de la clientèle[32]. On peut donc croire que l'entreprise continuera d'être à l'écoute de la clientèle pour se guider et d'évoluer avec l'époque, et que cette pratique demeurera la pierre angulaire de son mode de fonctionnement.

Telle a été l'approche adoptée par Irving Oil pour répondre aux défis par le passé. L'approche a bien fonctionné jusqu'à présent et a permis à l'entreprise d'avoir de meilleurs résultats que la concurrence sur de nombreux fronts, y compris la promotion d'un environnement plus propre. Toutefois, la tâche n'est pas finie et prendra de plus en plus d'importance dans les années à venir. Nul doute qu'il reste encore beaucoup de travail à faire.

ATTIRER LES TALENTS

LA RÉUSSITE FUTURE DES ENTREPRISES APPARTIENDRA À CELLES QUI réussiront à attirer les meilleurs talents. Le groupe de consultants McKinsey & Company, un groupe de consultants de premier plan en recrutement de cadres et en gestion, a mis en lumière les 10 défis les plus importants auxquels font face les dirigeants d'entreprise. Le défi qui figure en tête de liste est celui d'attirer et de conserver des employés de talent[33]. On sait que les employeurs en Amérique du Nord et en Europe auront besoin de 16 à 18 millions de nouveaux travailleurs possédant une formation postsecondaire au cours des prochaines années[34]. Le rapport a très bien résumé la situation : « la plus grosse contrainte dont dépend la réussite de mon organisation est sa capacité à attirer et à maintenir les travailleurs qu'il lui faut en nombre suffisant[35] ». Les neuf autres problèmes les plus importants selon McKinsey & Company découlent du premier et sont : le développement des talents dont les entreprises disposent déjà, la gestion du rendement, la formation d'équipes de direction, la prise de décisions, la réorganisation afin de dégager rapidement de la valeur, la réduction des coûts indirects à long terme, la promotion de la culture comme un avantage concurrentiel menant à des changements transformationnels et la transition vers de nouveaux rôles de direction.

Le recrutement des meilleurs talents soulève des défis particuliers pour l'industrie pétrolière, qui doit non seulement faire face à une très forte concurrence, mais aussi composer avec de nombreux facteurs extérieurs. Un observateur avisé de l'industrie pétrolière et gazière affirme que le secteur aurait peut-être besoin d'une Tesla pour attirer les candidats les plus prometteurs. Il explique : « L'industrie de l'automobile a énormément bénéficié de l'enthousiasme que la société Tesla a insufflé dans le secteur [...] [ce] qui a certainement contribué à y attirer beaucoup de gens talentueux[36]. » Diverses analyses portant sur les jeunes professionnels illustrent le défi. Une enquête récente menée auprès d'étudiants et d'étudiantes en sciences, technologies, ingénierie, et mathématiques (STIM) de la génération du millénaire et de la génération Z révèle que 77 % d'entre eux sont intéressés à faire carrière dans le secteur des technologies, 58 % dans les sciences de la vie et l'industrie pharmaceutique, et seulement 44 % dans le secteur pétrolier et gazier[37].

Une autre enquête plus approfondie incite à croire que les entreprises du secteur pétrolier et gazier affronteront une vive concurrence pour attirer de jeunes travailleurs compétents du domaine des STIM. L'enquête indique également que l'intérêt pour les emplois dans le secteur pétrolier et gazier est plus grand dans les économies émergentes. Une lueur d'espoir pour l'industrie pétrolière et gazière : plus l'industrie fait appel aux nouvelles technologies, plus la perspective de faire carrière dans le secteur se révèle attrayante pour les jeunes talents en STIM. De plus, beaucoup de gens croient encore que le secteur pétrolier et gazier est une industrie qui emploie des cols bleus, mais plus le secteur réussit à se présenter comme une industrie de cols blancs, plus l'intérêt qu'il suscite est élevé[38].

Le Conference Board du Canada fait ressortir d'autres difficultés en matière de ressources humaines pour le secteur canadien du raffinage pétrolier. Il fait remarquer que le secteur se compose largement d'hommes instruits d'un certain âge et nés au Canada et qu'il rate l'occasion d'augmenter son recrutement parmi les nouveaux arrivants et les femmes. Les femmes sont peu nombreuses dans l'industrie, au point que leur rareté est extrême même par rapport à l'ensemble de l'industrie manufacturière.

Le Conference Board du Canada souligne un autre défi lié aux ressources humaines pour le secteur. À ce sujet, il est bon de citer un long extrait de son rapport : « L'âge relativement avancé de la main-d'œuvre permet de croire qu'elle possède beaucoup d'expérience, mais il laisse également entrevoir qu'un défi démographique guette le secteur à mesure que les départs à la retraite s'y accélèrent. Bien que cette situation ne soit pas unique à l'industrie du raffinage, les pénuries de main-d'œuvre qu'elle occasionnera risquent de s'y faire sentir plus tôt. Les travailleurs de plus de 45 ans représentent 47 % de la main-d'œuvre de l'industrie, comparativement à 42 % dans toute l'industrie manufacturière. En outre, la plus grande cohorte de travailleurs de l'industrie est celle âgée de 45 à 54 ans. Des calculs fondés sur l'âge actuel du départ à la retraite indiquent que jusqu'à un quart de ces travailleurs prendront leur retraite au cours de la prochaine décennie[39]. »

Irving Oil se heurte encore à une autre difficulté dans ses efforts pour attirer les travailleurs les plus talentueux, une difficulté qui n'est pas particulière à l'entreprise. Les villes de petite taille comme Saint John doivent rivaliser avec de grands centres urbains qui sont de plus en plus en mesure d'attirer les talents. Les travailleurs sont naturellement attirés par les grandes villes telles que Toronto, Montréal, Calgary et Vancouver : les perspectives d'emploi y sont abondantes, variées et alléchantes, ces villes comptent de nombreux réseaux ethniques, elles offrent des installations recherchées, y compris des théâtres, des musées, des universités de première qualité et de bons restaurants, et les possibilités d'emploi y sont meilleures pour les familles où les deux conjoints poursuivent une carrière.

Par ailleurs, Saint John souffre d'un problème d'image de marque. Halifax est généralement considérée comme le pôle de croissance de la région et Moncton est perçue comme étant une ville entrepreneuriale, tandis que Saint John est vue comme étant une ville peu progressiste qui a connu des problèmes de relations de travail dans le passé. De plus, la municipalité est aux prises avec une situation financière particulièrement difficile dont les médias ont largement fait état. L'image de marque et les perceptions – fondées ou non – sont importantes dans les efforts visant à attirer des milléniaux ambitieux et brillants.

La loyauté envers les communautés et les régions n'est plus aussi forte qu'elle l'a déjà été. Je le constate chez les étudiants de mon université, dont beaucoup ont très hâte de déménager dans un grand centre urbain sitôt leur formation terminée. Ils se tournent vers Ottawa, Montréal, Québec et certains vers Halifax pour poursuivre leur carrière. Un petit nombre ou un nombre insuffisant d'entre eux sont prêts à retourner dans leur communauté d'origine pour faire carrière après avoir terminé leur formation universitaire.

On observe également un changement d'attitude qui favorise la primauté de l'individu sur la collectivité. Souvent, des gens m'ont demandé pourquoi j'ai passé la majeure partie de ma carrière à l'Université de Moncton qui, il faut l'admettre, ne se classe pas parmi les meilleures universités. Ils font valoir que j'aurais reçu un meilleur salaire si j'étais allé travailler dans une grande université spécialisée dans la recherche, et que j'aurais eu davantage la possibilité de collaborer avec de brillants étudiants au doctorat qui auraient pu m'assister dans mes recherches. Mes racines acadiennes sont devenues ma pierre de touche, j'ai senti mon attachement sincère aux Provinces maritimes et au Canada atlantique comme un appel à l'action et je n'ai jamais songé sérieusement à quitter mon alma mater. Mais la situation est différente aujourd'hui, et pas seulement pour les Acadiens.

K.C. Irving a déclaré à des représentants de BP qu'il voulait construire la raffinerie à Saint John parce que c'était là qu'il habitait. Arthur Irving éprouve le même attachement profond pour ses racines et sa communauté. Le PDG actuel d'Irving Oil, Ian Whitcomb, avec qui je me suis entretenu, ressent lui aussi un profond attachement pour sa région. Avant de se joindre à Irving Oil, il menait une carrière fructueuse au cours de laquelle il a occupé des postes de direction à l'extérieur de la région, notamment à Toronto, pour ensuite revenir à Saint John. Cependant, on observe un changement de mentalité chez la prochaine génération de leaders.

La jeune génération est beaucoup plus mobile que ne l'étaient K.C. ou Arthur Irving et d'autres de ma génération. Le défi pour Irving

Oil et d'autres entreprises des Maritimes est d'attirer la prochaine génération de chefs de file dans des localités qui n'offrent pas le même genre d'agréments, d'institutions et de perspectives d'emploi variées que les grands centres urbains. Ces entreprises ne peuvent plus tenir pour acquis que les diplômés universitaires brillants et ambitieux des Maritimes voudront rester dans la région.

Irving Oil offre cependant un certain nombre d'avantages susceptibles d'attirer la jeune génération. Ainsi, elle a été nommée l'un des meilleurs employeurs au Canada en 2019 pour une quatrième année[40]. Son programme Bonne énergie en action permet aux employés de prendre un jour de congé payé pour faire du bénévolat, et elle verse un montant équivalent aux dons de charité de chaque employé jusqu'à concurrence de 100 $. La société offre aussi de généreux avantages sociaux; par exemple, au Canada, elle verse à ses employés nouvellement parents un supplément à la prestation pour congé parental afin qu'ils et elles reçoivent la totalité de leur salaire pendant une période allant jusqu'à 17 semaines. En outre, Irving Oil offre des bourses d'études aux enfants d'employés qui poursuivent des études postsecondaires et de généreux programmes de soins de santé et de soins dentaires.

Irving Oil possède d'autres avantages qui pourraient aider l'entreprise à lutter contre la force de gravité ou la force d'attraction exercée par les grands centres urbains sur les travailleuses et les travailleurs les plus talentueux. Sarah Irving joue de plus en plus un rôle essentiel et très visible au sein de la société, ce qu'on constate tant à l'intérieur qu'à l'extérieur de l'entreprise. Elle rompt rapidement avec la tradition voulant que le secteur du raffinage pétrolier soit la chasse gardée d'hommes blancs d'un certain âge, ce qui lance un message important aux milléniaux, en particulier les femmes.

Le siège social d'Irving Oil dispose de commodités que peu de bureaux n'importe où ailleurs peuvent offrir. J'ai visité le nouveau siège social et ce que j'y ai vu m'a donné une forte impression. Il y avait une salle de conditionnement physique à la fine pointe de la technologie, une clinique de santé et de bien-être de première classe et de beaux bureaux ouverts situés dans l'un des immeubles à bureaux les plus axés sur les employés et les plus modernes au Canada atlantique.

Les arguments qui précèdent démontrent que la capacité d'attirer les meilleurs talents sera cruciale pour le succès futur d'Irving Oil, comme pour celui de toutes les entreprises. Le magazine *Forbes* l'a bien expliqué en écrivant : « Votre compagnie est seulement aussi extraordinaire que le sont ses employés. Rien n'est plus puissant que la passion et l'initiative des employés pour que les clients se fassent un plaisir de recommander votre marque[41]. » La documentation sur la gestion des entreprises considère que le principal défi est celui d'attirer les meilleurs talents, et emploie des expressions comme « la course aux talents », « le combat pour recruter des talents ne fera que s'intensifier » et « passer à l'offensive pour remporter la guerre de recrutement de talents »[42]. Dans leur livre *Leading Organizations*, Scott Keller et Mary Meaney insistent sur l'importance d'attirer les meilleurs cerveaux et estiment que les employés les plus performants sont 400 fois plus productifs qu'un travailleur moyen[43]. Ils affirment aussi que les travailleurs talentueux sont rares et très mobiles.

En résumé, Irving Oil se concentre beaucoup sur les personnes, notamment en accueillant le personnel de son siège social dans les installations les plus attrayantes et les plus axées sur les employés de la région, en accordant de généreux avantages aux employés et en offrant des perspectives d'emploi qui devraient lui permettre d'attirer les travailleurs les plus compétents. Elle ne sera pas toute seule, cependant, dans la course aux talents; elle fera face à une très forte concurrence, notamment de la part d'entreprises situées dans les grands centres urbains. Irving Oil, comme ses concurrents du secteur pétrolier et gazier, doit relever un défi de taille pour attirer les meilleurs talents et la prochaine génération de leaders. La pérennité de son succès en dépend.

UNE QUESTION DE COMPÉTITIVITÉ

LE CONFERENCE BOARD DU CANADA A FAIT LE POINT SUR LE SECTEUR DU raffinage pétrolier au Canada. Il a de bonnes nouvelles pour le Canada atlantique, mais de moins bonnes pour d'autres régions. Il a conclu : « L'importance que revêt l'industrie du raffinage pétrolier varie selon les régions du Canada. De plus, l'industrie a vu son importance diminuer dans toutes les régions sauf au Canada atlantique. Le phénomène a été le plus prononcé dans les provinces de l'Ouest à l'exclusion de l'Alberta. Par exemple, l'industrie du raffinage ne représente plus aujourd'hui que 0,1 % du PIB réel en Colombie-Britannique et en Saskatchewan, soit environ un tiers du niveau de 1982[44]. » Le Conference Board s'empresse d'ajouter, cependant, que le Canada atlantique est le principal exportateur d'essence et de produits connexes au pays.

Ces observations, du même coup, témoignent du succès d'Irving Oil. Et il y a plus. Le Conference Board souligne que l'industrie du raffinage se caractérise par une médiocre productivité du travail. Il cite le cas de l'industrie du raffinage ontarienne, qui présente la plus faible productivité du travail parmi toutes les régions du pays. « En termes absolus, la productivité du Canada atlantique dépasse largement la moyenne nationale. En 2009, chaque travailleur du secteur du raffinage y a produit 91 000 barils de produits raffinés, soit plus du double de la moyenne nationale, et était 120 % plus efficace qu'il ne l'était en 1991[45]. » Ces données témoignent également du succès d'Irving Oil.

La chance n'a rien à voir dans ce succès, qui est plutôt attribuable à une gestion rigoureuse et au réinvestissement des profits dans la compétitivité de l'entreprise. Irving Oil doit son succès en grande partie à la décision de K.C. et d'Arthur Irving de réinvestir les profits dans l'entreprise, de prêter une attention toute particulière à la sécurité et à la fiabilité, d'investir à l'avance dans le respect des normes environnementales et d'accroître ses activités au bon moment. D'autres entreprises du secteur du raffinage pétrolier n'ont pas toujours été aussi visionnaires et ont dû, en conséquence, fermer certaines de leurs raffineries, comme l'a fait récemment Imperial Oil dans le cas de sa raffinerie de Dartmouth.

Mais le succès d'Irving Oil et sa productivité ne dépendent pas seulement de son approche et de son travail. Comme toutes les autres entreprises, Irving Oil ne fonctionne pas en vase clos. La conjoncture économique en général, la politique monétaire, la stabilité politique au Moyen Orient, les gouvernements en place au pays et les politiques publiques nationales, y compris la nécessité d'obtenir l'acceptabilité sociale de certains projets, sont également des facteurs qui ont une incidence déterminante sur le succès de l'entreprise.

La politique monétaire et la stabilité politique des points chauds du monde échappent au contrôle des gouvernements canadiens et, certainement, à celui d'Irving Oil. Mais les politiques des pouvoirs publics nationaux ont aussi une grande importance pour Irving Oil. Ottawa aurait rendu un grand service à l'Alberta, à la Saskatchewan, au Nouveau-Brunswick et à Irving Oil s'il avait approuvé l'oléoduc Énergie Est ou, du moins, s'il n'avait pas multiplié les conditions à son approbation.

Les politiques publiques peuvent compromettre l'avenir d'Irving Oil de maintes façons. Lorsqu'elles sont adoptées sans tenir compte des contraintes commerciales, les politiques gouvernementales risquent de miner la capacité d'une entreprise de soutenir la concurrence. Le Nouveau-Brunswick est la province où Irving Oil a élu domicile, mais l'entreprise doit livrer concurrence dans tout le Canada atlantique, aux États-Unis et en Irlande. Si par exemple des gouvernements canadiens imposent à Irving Oil des conditions qui n'existent pas aux États-Unis, la capacité d'Irving Oil de rivaliser sur ce marché pourrait bien être compromise.

Comme toutes les entreprises, Irving Oil doit concurrencer ses rivales selon des règles du jeu équitables afin de prospérer. En d'autres termes, si les conditions imposées au secteur du raffinage pétrolier s'appliquent uniformément au Canada, tout porte à croire qu'elle continuera de faire mieux que la concurrence compte tenu des données sur sa productivité. La situation est différente, en revanche, si Irving Oil est soumise à une ou plusieurs politiques gouvernementales qui se traduisent par une hausse de 4 $ du coût de raffinage d'un baril de pétrole brut, tandis qu'une raffinerie au sud de la frontière ou ailleurs n'est pas tenue de répondre à la même exigence.

De plus, la politique fiscale est un facteur très important, beaucoup plus qu'on ne le croit généralement. Elle peut influencer les entreprises lorsqu'elles choisissent à quel endroit et à quel moment il convient d'établir leur siège. Les PDG, les directeurs des finances et les vice-présidents de l'exploitation savent additionner. S'il leur faut choisir entre une province où le taux d'imposition sur le revenu des particuliers est de 52 % pour la population qui gagne le plus, et une province où le taux d'imposition est de 42 %, toutes choses étant égales par ailleurs, ils choisiront évidemment celle ayant le taux d'imposition le moins élevé. Cela ne change rien à l'un des défis les plus sérieux auxquels font face les décideurs en Occident : l'inégalité croissante des revenus et le meilleur moyen de s'attaquer au problème.

LE DÉFI DU NOUVEAU-BRUNSWICK

K.C. et Arthur Irving ont tous deux conservé un solide attachement au Nouveau-Brunswick, comme les chapitres précédents l'ont souligné à maintes reprises. L'exploitation d'une entreprise multinationale dans une province moins bien nantie n'est toutefois pas sans poser des défis, et les défis sont nombreux pour le Nouveau-Brunswick.

Le Nouveau-Brunswick et les Irving sont étroitement liés. La famille Irving laisse peu de gens indifférents dans la province. Comme je l'ai mentionné dans l'introduction, je crois que Frank McKenna parlait au nom de bien des intervenants du secteur privé de la province lorsqu'il a dit que la « grande majorité des gens du Nouveau-Brunswick ont une haute estime et un profond respect pour ce que les Irving ont fait et continuent de faire ». Le Nouveau-Brunswick et la famille Irving ont tous deux connu une période de prospérité relative depuis la fin de la Seconde Guerre mondiale, tout comme une grande partie du monde occidental. Cette prospérité a été propice à une relation relativement productive entre les gouvernements et le secteur privé, et entre les gouvernements et les citoyens.

La prospérité économique de l'après-guerre a été stimulée par l'arrivée des baby-boomers à l'âge adulte, une forte demande de ressources naturelles canadiennes, la naissance d'universités dans toutes les régions du Canada, une augmentation du niveau de scolarité de la main-d'œuvre, l'accès relativement facile au capital et les coffres bien garnis du gouvernement fédéral, qui a cherché à conclure des ententes à frais partagés avec les provinces dans pratiquement tous les secteurs.

Le Nouveau-Brunswick a bénéficié des généreux programmes de dépenses fédéraux durant les sept dernières décennies. Dans les années 1970, on était rendu au point où tous les secteurs et tous les ministères au sein du gouvernement du Nouveau-Brunswick avaient leur propre entente fédérale-provinciale[46]. Il y avait des ententes fédérales-provinciales pour la construction d'autoroutes, la promotion touristique, le développement rural, l'aménagement urbain, dans les secteurs des pêches, de l'agriculture, et j'en passe. La conclusion d'une entente fédérale-provinciale était devenue, pour le Nouveau-Brunswick et d'autres gouvernements provinciaux, un moyen assuré de financer leurs activités. À un certain moment, près de la moitié des recettes versées dans les coffres du Nouveau-Brunswick provenaient d'Ottawa. De nos jours, le pourcentage a diminué à environ un tiers[47].

Mais ce n'est qu'un aspect de la situation. Le gouvernement fédéral a également mis en place des paiements de transfert aux particuliers qui ont, eux aussi, stimulé l'économie de consommation du Nouveau-Brunswick. Bryce Mackasey, à l'époque le ministre fédéral responsable du programme d'assurance-emploi, a bonifié le programme et a facilité l'accès des travailleurs aux prestations au début des années 1970[48]. Le gouvernement fédéral a cherché de temps en temps à faire des compressions dans le programme, avec plus ou moins de succès[49].

La situation s'est transformée ces dernières années et continuera vraisemblablement d'évoluer dans les années à venir. Lentement mais sûrement, le gouvernement fédéral a commencé à se désengager au niveau des politiques dans la plupart des secteurs. Il ne signe plus d'ententes avec les gouvernements provinciaux pour promouvoir le développement économique dans des secteurs tels que la foresterie et les pêches, ou pour aider au développement de régions rurales ou urbaines. En somme, le gouvernement fédéral ferme lentement le robinet des dépenses au Nouveau-Brunswick en ce qui a trait au développement économique, ce qui aura de vastes répercussions sur l'économie de la province.

Le gouvernement fédéral a également réduit ses contributions à d'autres programmes fédéraux-provinciaux importants. Je pense notamment au régime d'assurance-maladie du Canada. Lorsque le gouvernement fédéral avait d'abord voulu vendre le programme d'assurance-maladie aux provinces, il s'était engagé à en financer environ la moitié des coûts. De nos jours, Ottawa n'assume plus que 25 % des coûts environ. Il semble qu'Ottawa se tourne vers les ententes fédérales-provinciales chaque fois qu'il doit réduire son budget des dépenses, comme il l'a fait lors des exercices d'examen des programmes sous Chrétien et sous Harper[50]. Bien sûr, il est facile pour Ottawa de réduire les fonds qu'il verse en vertu de ces ententes, ce qui lui permet d'éviter de prendre les décisions difficiles en laissant cette responsabilité aux gouvernements provinciaux. Ce sont les gouvernements provinciaux, non le gouvernement fédéral, qui fournissent directement les services de soins médicaux à la population canadienne. S'il faut faire des compressions dans les soins de santé, supprimer des services médicaux ou réduire le personnel médical, il incombe aux gouvernements provinciaux d'y voir, mais c'est beaucoup moins le cas lorsqu'il s'agit d'établir de saines politiques publiques.

La réduction de la participation du gouvernement fédéral au programme d'assurance-maladie du Canada tombe à un bien mauvais moment pour le Nouveau-Brunswick. La population de la province vieillit rapidement et que le vieillissement de la population aura de vastes répercussions sur les finances publiques de la province. Considérez les données suivantes : on prévoit que les aînés représenteront 31,3 % de la population du Nouveau-Brunswick d'ici 2038, comparativement à seulement 24 % de la population canadienne[51]. Il est largement reconnu que les coûts des soins de santé aux personnes âgées sont beaucoup plus élevés.

Ce qu'il faut retenir, c'est que nous arrivons à un moment critique. Le vieillissement de la population et la réduction de la participation fédérale au programme d'assurance-maladie constituent un puissant concours de circonstances. Le fait que le Nouveau-Brunswick continue d'éprouver de sérieuses difficultés financières n'arrange guère les choses. Plusieurs observateurs, dont moi-même, sonnent l'alarme devant l'état des finances publiques provinciales depuis les 15 dernières années[52].

Une crise sérieuse se profile pour le Nouveau-Brunswick et, encore une fois, elle aura des conséquences importantes pour le secteur privé. La population du Nouveau-Brunswick s'est habituée aux soins de santé de première qualité, aux nombreux services gouvernementaux et aux institutions provinciales, locales et communautaires financées en partie par le gouvernement fédéral. Comme tous les hommes et les femmes politiques le savent, il faut du courage pour remettre en question le statu quo dans les politiques et les programmes gouvernementaux. Qu'il faille du courage ou non, le dilemme est clair : ou bien Ottawa trouve de nouvelles ressources financières pour les soins de santé au Nouveau-Brunswick en raison du vieillissement rapide de sa population, ou bien il faudra procéder à des réductions importantes des dépenses dans les installations et les programmes de soins de santé de la province.

Considérant que, ces dernières années, Ottawa a réduit ses paiements de transfert aux provinces pour les soins de santé et que le montant de ses paiements de transfert est maintenant calculé selon le nombre d'habitants, j'entretiens peu d'espoir qu'Ottawa ouvrira bientôt le robinet des dépenses dans les soins de santé en accordant un traitement de faveur aux petites provinces moins bien nanties. Il reviendra donc au gouvernement du Nouveau-Brunswick d'affronter la crise. Celui-ci est toutefois mal équipé pour le faire, en particulier sans l'aide du gouvernement fédéral.

On peut dire que le Nouveau-Brunswick est la province canadienne la plus difficile à gouverner. Au cours des dernières années, nous avons vu un troisième gouvernement de suite y subir la défaite après seulement un mandat et, pour la première fois en près d'un siècle, la population du Nouveau-Brunswick a élu un gouvernement minoritaire. Il existe un profond clivage linguistique au Nouveau-Brunswick et certains politiciens ne se gênent pas pour l'exploiter à des fins partisanes. Il existe aussi une différence marquée entre les régions rurales et urbaines du Nouveau-Brunswick. Les politiciens de la province et la bureaucratie provinciale doivent gérer 24 hôpitaux, plus de 300 écoles où le nombre d'élèves est en baisse et appuyer une structure municipale de plus de 350 villes, villages et districts de services locaux[53]. Ils doivent gérer tout cela pour une population de 773 020 habitants en disposant de ressources limitées et en supportant le poids d'une dette qui s'élève à 13,9 milliards de dollars[54]. La vérificatrice générale de la province a récemment lancé une mise en garde : « Avec les déficits consécutifs, notre dette nette augmente à un rythme qui n'est pas soutenable à long terme[55]. » La Ville de Saint John demeure également aux prises avec une situation financière très difficile.

L'incapacité de relever ce défi ne fera qu'alimenter les tensions linguistiques et ethniques et celles entre les villes et les régions rurales, la convoitise économique et l'insatisfaction envers le rôle de l'État dans la société. De plus, elle ouvre la voie à ce que les politiciens fassent avaler des solutions faciles à des problèmes politiques complexes dont ils tentent d'imputer la responsabilité à n'importe qui. La promotion de solutions faciles pourrait peut-être servir les intérêts partisans de certains, mais elle risque d'avoir des effets dévastateurs sur tout le reste, y compris la stabilité économique.

Irving Oil et les autres grandes entreprises florissantes du Nouveau-Brunswick pourraient devenir des cibles faciles. Plus exactement, il pourrait être tentant pour le gouvernement provincial, forcé de prendre des décisions difficiles, d'augmenter les impôts des grandes entreprises et des personnes fortunées, comme certains le réclament. Il reste que le Nouveau-Brunswick est déjà une province où le taux d'imposition est l'un des plus élevés au pays, voire en Amérique du Nord[56].

Il sera difficile pour Irving Oil de manœuvrer dans ces circonstances. Arthur Irving, Irving Oil et les autres entreprises Irving ont fui la publicité par le passé. Parce qu'elle est une société privée, Irving Oil a pu exercer ses activités loin du feu des projecteurs. Il y a certainement des avantages distincts pour les entreprises à former des sociétés privées, comme nous l'avons maintes fois souligné dans le présent livre. Son statut de société privée a toutefois épargné à Irving Oil de devoir prendre part à des débats sur des politiques politiques en dehors des questions liées au secteur pétrolier et gazier.

K.C., Arthur Irving et Irving Oil ont toujours évité de se vanter. Ils ont trop souvent supposé que les gens du Nouveau-Brunswick connaissaient leurs contributions à l'économie du Nouveau-Brunswick ou en avaient probablement entendu parler. Bien que ce ne soit pas dans sa philosophie, Irving Oil, de concert avec d'autres entreprises néo-brunswickoises, devra peut-être prendre part à un débat sur des politiques publiques touchant son apport à l'économie, le nombre d'emplois qu'elle a créés et maintenus et la valeur des achats qu'elle fait localement tous les jours. Elle ne devrait pas hésiter à débattre du niveau d'imposition du Nouveau-Brunswick et de l'importance qu'il soit comparable à celui qu'on trouve dans les territoires voisins. Bref, il risque d'y avoir un prix à payer pour Irving Oil si elle reste à l'écart des débats publics sur l'état de l'économie et sur le rôle positif qu'elle a joué et continue de jouer dans le contexte économique émergent.

Compte tenu de son histoire, il sera peut-être difficile pour Irving Oil de faire la transition et de s'engager aux côtés du gouvernement et de la population du Nouveau-Brunswick dans des débats sur les politiques publiques. Mais, sur ce point, l'histoire n'est peut-être pas un bon guide pour affronter ce que l'avenir nous réserve.

RETOUR EN ARRIÈRE

K.C., ARTHUR IRVING ET IRVING OIL ONT TOUJOURS RELEVÉ LES défis avec persévérance. Ils ont surmonté des défis de taille posés par la concurrence, les ralentissements économiques et l'action ou l'inaction des gouvernements. Les défis qui se dessinent à l'horizon sont le résultat de plusieurs forces combinées avec lesquelles il sera particulièrement difficile de composer.

Les changements climatiques sont certainement l'un d'entre eux. Irving Oil a été à l'avant-garde de la concurrence en modifiant ses activités de fabrication pour atténuer les effets de ses produits sur l'environnement. Mais le travail n'est pas terminé pour le secteur pétrolier et gazier et Irving Oil. Le secteur devra en faire davantage alors qu'il doit s'adapter aux voitures hybrides et alimentées par batteries. Ces avancées continueront de mettre à l'épreuve Irving Oil et d'autres entreprises du secteur.

La course aux meilleurs talents est une autre épreuve que devra surmonter Irving Oil. La société devra tenter d'attirer des travailleurs talentueux malgré l'appât des possibilités d'emploi alléchantes que réservent les grands centres urbains. Le secteur gazier et pétrolier doit également rafraîchir son image de marque afin d'être plus attrayant pour les jeunes travailleurs, les professionnels, les membres des minorités et les nouveaux Canadiens.

Le défi le plus considérable pour Irving Oil sera peut-être la nécessité de mener ses affaires dans le contexte des politiques publiques du territoire où se trouve son siège social. Le Nouveau-Brunswick fait face à des difficultés de taille sur les plans politique et économique en raison du vieillissement rapide de sa population – l'effet des avantages distincts que les baby-boomers ont procurés à l'économie néo-brunswickoise est en train de s'inverser.

Le temps sera venu pour les politiciens et d'autres de faire accepter des solutions faciles à des problèmes complexes, qui n'apportent que peu d'amélioration à long terme. Irving Oil et d'autres entreprises fructueuses du Nouveau-Brunswick devront peut-être participer plus activement aux débats sur les politiques publiques. Par le passé, K.C., Arthur Irving et Irving Oil ont été, au mieux, des participants hésitants aux débats sur des politiques publiques qui ne touchaient pas leurs secteurs. Le prix à payer si le milieu des affaires reste à l'écart de tels débats sera peut-être trop élevé dans l'avenir pour qu'il s'abstienne d'intervenir. Arthur Irving avait raison quand il disait que Canards Illimités devait brandir son drapeau, car personne d'autre n'allait le faire. La même logique s'appliquera pour Irving Oil et d'autres entreprises qui ont leur siège social au Nouveau-Brunswick, au moment où la province s'engagera dans un contexte de politiques publiques très exigeantes.

Notes

1   Russell Hunt et Robert Campbell, *K.C. Irving: The Art of the Industrialist* (Toronto : McClelland and Stewart, 1973), 122.

2   L.M. Cumming, R.F. Miller et D.N. Buhay, « Abraham Gesner », *L'Encyclopédie canadienne*, 7 février 2013, thecanadianencyclopedia.ca/fr/article/abraham-gesner.

3   Allison Mitcham, *Prophet of the Wilderness: Abraham Gesner* (Hantsport : Lancelot Press, 1995).

4   Ces données sont de 2018. Voir Canada, « Énergie et économie », Ressources naturelles Canada, s.d., rncan.gc.ca/science-data/data-analysis/energy-data-analysis/energie-economie/20073.

5   *Ibid.*

6   Ron Bousso et Bate Felix, « Oil bosses fight "bad guy" image ahead of climate talks », *Reuters*, 16 octobre 2015, reuters.com/article/oil-climatechange/oil-bosses-fight-bad-guy-image-ahead-of-climate-talks-idINKCN0S92ZV20151016 (traduction libre).

7   Commission européenne, « Les causes du changement climatique », Action pour le climat, s.d., ec.europa.eu/clima/change/causes_fr.

8   Nations Unies, « Les changements climatiques », s.d., un.org/fr/sections/issues-depth/climate-change/index.html.

9   Je reconnais qu'il existe deux versions de cette histoire. Selon une autre version, le roi Canut voulait ainsi montrer à ses partisans qu'il n'avait aucun pouvoir surnaturel.

10 Voir, entre autres, « What is the Kyoto protocol and has it made any difference? », *Guardian*, 11 mars 2011, theguardian.com/environment/2011/mar/11/kyoto-protocol (consulté le 18 août 2019).

11 « Paris Agreement », *Encyclopædia Britannica*, 28 octobre 2019, britannica.com/topic/Paris-Agreement-2015.

12 John F. Kerry et Chuck Hagel, « Trump has formally pulled the U.S. out of the Paris agreement. This is a dark time for America », *Washington Post*, 4 novembre 2019, washingtonpost.com/opinions/2019/11/04/trump-just-formally-pulled-us-out-paris-agreement-this-is-dark-day-america/.

13 Voir, parmi de nombreux autres, Vesselin Popovski (dir.), *The Implementation of the Paris Agreement on Climate Change* (Londres : Routledge, 2018).

14 Canada, « Démarche du Canada quant à la mise en œuvre de l'Accord de Paris », s.d., canada.ca/fr/environnement-changement-climatique/ services/developpement-durable/evaluation-environnementale-strategique/declarations-publiques/approche-canada-accord-paris.html.

15 Voir, par exemple, Barry Saxifrage, « Canada on pace to meet Paris climate target ... two centuries late », *Canada's National Observer*, 25 avril 2019, nationalobserver.com/2019/04/25/analysis/canada-pace-meet-paris-climate-target-two-centuries-late.

16 Voir Irving Oil, « Refining », Atlantica Centre for Energy, s.d., atlanticaenergy.org/refining (consulté le 18 août 2019), et United States Environmental Protection Agency, « Clean Air Excellence Award Recipients, Year 2002 », epa.gov/sites/production/files/2015-06/ documents/clean_air_excellence_award_recipients_year_2002.pdf.

17 Voir, par exemple, Rebecca M. Henderson *et al.*, « Climate Change in 2018: Implications for Business » (Cambridge : Harvard Business School Publishing, 30 janvier 2018).

18 Cité dans Shane Fowler, « Irving Oil claims it's on top of climate change but could do better », *CBC News*, 2 septembre 2016, cbc.ca/news/canada/ new-brunswick/irving-oil-climate-change-1.3746864.

19 Voir, par exemple, « GM is going all electric, will ditch gas- and diesel-powered cars », *NBC News*, 2 octobre 2017, nbcnews.com/business/ autos/gm-going-all-electric-will-ditch-gas-diesel-powered-cars-n806806.

20 David Kiley, « Toyota predicts end of internal combustion engine by 2050 », *Forbes*, 7 août 2018, forbes.com/sites/davidkiley5/2017/11/14/ toyota-predicts-end-of-internal-combustion-engine-by-2050/#1d55ec9b211e.

21 Cité dans Evannex, « Tesla's market entry is akin to the world shift away from gas lamp lighting », *Teslarati*, 25 février 2018, teslarati.com/ tesla-market-entry-shift-gas-lamp-electricity/ (traduction libre).

22 Canada, « Faits sur l'électricité », Ressources naturelles Canada, s.d., rncan.gc.ca/science-data/data-analysis/energy-data-analysis/faits-lelectricite/20079?_ga=2.177267168.474412017.1592416448-2071892789.1591978359, et John Muyskens, Dan Keating et Samuel Granados, « Mapping how the United States generates its electricity », *Washington Post*, 28 mars 2017, washingtonpost.com/graphics/national/ power-plants/?utm_term=.9dc9be2e2d76.

23 « Will electric vehicles really create a cleaner planet? », *Thomson Reuters*, s.d., thomsonreuters.com/en/reports/electric-vehicles.html (consulté le 18 août 2019).

24 Hilke Fischer et Dave Keating, « How eco-friendly are electric cars? », *DW*, 8 avril 2017, dw.com/en/how-eco-friendly-are-electric-cars/a-19441437.

25 Jonathan Lesser, « Are electric cars worse for the environment? », *Politico*, 15 mai 2018, politico.com/agenda/story/2018/05/15/are-electric-cars-worse-for-the-environment-000660.

26 Marine Ernoult, « Métaux rares : "Un véhicule électrique génère presque autant de carbone qu'un diesel" », *Libération*, 1er février 2018, liberation.fr/planete/2018/02/01/metaux-rares-un-vehicule-electrique-genere-presque-autant-de-carbone-qu-un-diesel_1625375.

27 Dave Waddell, « Canadians still slow to embrace electric vehicles », *Windsor Star*, 24 avril 2019, windsorstar.com/news/local-news/canadians-still-slow-to-embrace-electric-vehicles (traduction libre).

28 Jack Stewart, « Why electric cars struggle in the cold – and how to help them », *Wired*, 30 janvier 2019, wired.com/story/electric-cars-cold-weather-tips/.

29 Irving Oil, « Reaching new heights in the U.S. jet fuel market », *People Matters* (Saint John : mai 2019).

30 Irving Oil, « New South Carolina terminal deal expands opportunities for our asphalt business », *People Matters*, vol. 4, no 2 (octobre 2019), 8.

31 Consultations avec Jeff Matthews. Voir aussi Brett Bundale, « Tesla to install Atlantic Canada "supercharger" stations for its vehicles », *CBC News*, 22 janvier 2018, cbc.ca/news/canada/nova-scoria/tesla-supercharger-stations-atlantic-canada-1.4497981 (traduction libre).

32 Irving Oil, « New retail model pilot set to launch in Pembroke, MA », *People Matters*, vol. 4, no 2 (octobre 2019), 12.

33 Scott Keller et Mary Meaney, « Attracting and retaining the right talent », *McKinsey & Company*, 24 novembre 2017, mckinsey.com/business-functions/organization/our-insights/attracting-and-retaining-the-right-talent.

34 *Ibid.*

35 Cité dans *ibid.* (traduction libre).

36 John Elkann cité dans Andreas Exarheas, « Oil, gas "might need a Tesla" to attract best talent », *Rigzone*, 30 janvier 2018, rigzone.com/news/oil_gas_might_need_a_tesla_to_attract_best_talent-30-jan-2018-153321-article/ (traduction libre).

37 Martin Menachery, « Workforce of the future survey by ADNOC: Half of young STEM talent interested in oil and gas career », *Refining & Petrochemicals*, 14 mars 2019, refiningandpetrochemicalsme.com/people/25086-workforce-of-the-future-survey-by-adnoc-half-of-young-stem-talent-interested-in-oil-and-gas-career.

38 « Oil and Gas 4.0: Attracting the Workforce of the Future », Abu Dhabi National Oil Company, s.d., 1-14, google.com/url?sa=t&rct=j&q=&esrc=s&source=web&cd=3&ved=2ahUKEwit46C7pJDmAhWwuVkKHU-laB34QFjACegQIARAC&url=https%3A%2F%2Fwww.adnoc.ae%2F-%2F-media%2Fadnoc%2Ffiles%2Fpublications%2Fworkforce-of-the-future%2Foil--gas-40--workforce-of-the-future-report--march-12-2019.ashx%3Fla%3Den&usg=AOvVaw0AmNsazRSiOVVZ21zYQENe.

39 *Canada's Petroleum Refining Sector: An Important Contributor Facing Global Challenges* (Ottawa : Conference Board du Canada, 2011), 26, conferenceboard.ca/temp/201c7bae-025c-4e5b-90ae-69236ff2b936/12-051_CanadaPetroleumRefiningSector_WEB.pdf (traduction libre).

40 « Irving Oil one of Canada's Top Employers for the third straight year », *Huddle*, 8 janvier 2019, huddle.today/irving-oil-one-of-canadas-top-employers-for-third-straight-year/.

41 Ekaterina Walter, « Your company is only as extraordinary as your people », *Forbes*, 11 décembre 2013, forbes.com/sites/ekaterinawalter/2013/12/11/your-company-is-only-as-extraordinary-as-your-people/#4cfae8a455d5 (traduction libre).

42 Voir, entre autres, Elizabeth G. Chambers *et al.*, « The war for talent », *McKinsey Quarterly*, no 3 (1998). Pour des articles plus récents, voir : Jacob Morgan, « The war for talent; it's real and here's why it's happening », *Inc.*, 22 décembre 2017, inc.com/jacob-morgan/the-war-for-talent-its-real-heres-why-its-happening.html; Riia O'Donnell, « 5 talent trends to watch in 2019 », *HR Dive*, 7 janvier 2019, hrdive.com/news/5-talent-trends-to-watch-in-2019/545053/, et Ira Wolfe, « Go on the offensive to win the war for talent », TLNT, 25 janvier 2019, tlnt.com/go-on-the-offensive-to-win-the-war-for-talent/ (traduction libre).

43 Scott Keller et Mary Meaney, *Leading Organizations: Ten Timeless Truths* (New York : Bloomsbury, 2017).

44 *Canada's Petroleum Refining Sector*, 19.

45 *Ibid.*, 25-26 (traduction libre).

46 Voir, entre autres, Donald J. Savoie, *Federal-Provincial Collaboration: The Canada-New Brunswick General Development Agreement* (Montréal : McGill-Queen's University Press, 1981).

47 Nouveau-Brunswick, *Budget principal 2019-2020* (Fredericton : Gouvernement du Nouveau-Brunswick, 19 mars 2019), 171.

48 Andrew F. Johnson, « A minister as an agent of policy change: the case of unemployment insurance in the seventies », *Canadian Public Administration*, vol. 24, no 4 (décembre 1981).

49 Voir, par exemple, « Workers EI History to Affect Claim Under New Rules », *CBC News*, 24 mai 2012.

50 Voir, entre autres, Robert P. Shepherd, « Expenditure Reviews and the Federal Experience: Program Evaluation and its Contribution to Assurance Provision », *Canadian Journal of Program Evaluation*, vol. 32, no 3 (2018), 347-370.

51 Nouveau-Brunswick, *Se tenir ensemble : une stratégie sur le vieillissement pour le Nouveau-Brunswick* (Fredericton : Gouvernement du Nouveau-Brunswick, janvier 2017), 5.

52 Voir, entre autres, Richard Saillant, *Au bord du gouffre? Agir dès maintenant pour éviter la faillite du Nouveau-Brunswick* (Moncton : Institut canadien de recherche en politiques et administration publiques, 2014).

53 Donald J. Savoie, « New Brunswick is Canada's most difficult jurisdiction to govern », *Globe and Mail*, 4 novembre 2018, theglobeandmail.com/opinion/article-new-brunswick-is-canadas-most-difficult-jurisdiction-to-govern/.

54 Elizabeth Fraser, « "Living beyond our means": Auditor General troubled by debt growth », *CBC News*, 16 janvier 2019, cbc.ca/news/canada/new-brunswick/auditor-general-report-kim-macpherson-1.4980002.

55 *Ibid.* (traduction libre).

56 Voir, par exemple, Canada, « Impôt sur le revenu », s.d., canada.ca/fr/services/impots/impot-sur-le-revenu.html, et « Taux d'impôt des sociétés », s.d. canada.ca/fr/agence-revenu/services/impot/entreprises/sujets/societes/taux-impot-societes.html.

CHAPITRE 11

UNE ÉVALUATION DES CONTRIBUTIONS

A U COURS DE MA CARRIÈRE, J'AI EU L'OCCASION D'AVOIR UNE rencontre ou de partager un repas avec quelques premiers ministres du Canada, plusieurs premiers ministres provinciaux appartenant aux trois principaux partis politiques du Canada, de nombreux éminents universitaires, dont un Prix Nobel d'économie, des chefs de file du milieu des affaires et des hauts fonctionnaires. J'en ai aussi interviewé de nombreux autres. Certains sont indifférents aux critiques, beaucoup ne le sont pas.

Les hommes et les femmes d'affaires, en particulier ceux qui connaissent du succès, m'ont toujours donné l'impression d'avoir des questions plus importantes à régler que de réagir aux critiques, qu'elles soient justifiées ou non. Soit ils ont la cuirasse épaisse, soit ils sont trop occupés pour prêter attention aux critiques qu'ils suscitent. Arthur Irving appartient à ce dernier groupe. Il ne tient tout simplement pas compte des critiques dont lui ou les Irving font l'objet.

Je ne suis pas du tout certain qu'Arthur lise les ouvrages et les articles – favorables ou défavorables – au sujet des Irving. Il n'a fait allusion à aucun d'entre eux au cours de nos entretiens. J'ignore même s'il lira le présent livre! Il concentre toute son attention sur son entreprise, sur sa région, et suit de près les initiatives auxquelles il s'associe pour venir en aide à des universités, à des hôpitaux et à des groupes communautaires. Ses journées sont toujours remplies d'activités, et j'ai l'impression qu'il n'a pas le temps ou qu'il ne se permet pas de laisser les opinions négatives venir détourner son attention de ce qui lui importe vraiment. De plus, Arthur a pris à cœur le conseil que K.C. Irving avait donné à un employé qui travaillait dans sa concession Ford. Comme je l'ai raconté, l'employé de K.C. avait réagi à une annonce publicitaire d'un concessionnaire concurrent en achetant une publicité pour le concessionnaire d'Irving où l'on lisait : « Les chiens aboient, la caravane passe. » Arthur a appris à ne pas prêter attention aux chiens qui aboient et il poursuit ses activités.

Dans ce chapitre de clôture, je veux évaluer les contributions qu'Irving Oil a apportées et apporte encore à ma région, ainsi que les contributions personnelles d'Arthur à une foule d'initiatives communautaires et d'œuvres philanthropiques. Ce qu'il faut retenir surtout, ce n'est pas qu'Arthur Irving a la cuirasse très épaisse ou qu'il a appris au fil des ans à rester relativement immunisé contre les critiques. Je suis fermement d'avis que nous, les gens des Maritimes, devons célébrer la réussite, en particulier la réussite économique, saluer le travail des entrepreneurs et encourager les entrepreneurs en devenir. Il ne sert à rien pour notre région de rester les bras croisés et d'aboyer devant le succès économique pendant que la caravane passe. Plus exactement, à moins que nous ne parvenions à augmenter la taille de notre secteur privé, les perspectives d'avenir pour notre région me semblent peu prometteuses.

LA STRUCTURE ÉCONOMIQUE RÉGIONALE

ON M'A FAIT VALOIR MAINTES FOIS QUE LA PRÉSENCE DES IRVING A ÉTOUFFÉ l'esprit d'entreprise dans ma province. Je n'ai jamais pu comprendre le raisonnement qui sous-tend ce point de vue, ni eu connaissance de preuves à l'appui. C'est un peu comme si l'on affirmait que, sans le programme d'allocations familiales d'Ottawa, beaucoup d'enfants au Canada n'auraient pas vu le jour. Quelle formule mathématique permettrait d'en arriver à une telle réponse? Je prétends que la situation économique de Saint John, au Nouveau-Brunswick, et des Provinces maritimes serait bien pire si George Irving n'avait pas débarqué au Nouveau-Brunswick en 1822, et si K.C. Irving et ses trois fils étaient partis ailleurs pour y créer ou exploiter des entreprises au lieu de démarrer et de faire grandir leurs entreprises à partir du Nouveau-Brunswick.

J'ai aussi souligné à de nombreuses reprises dans ce livre et dans d'autres publications que les politiques nationales et le parti pris inhérent qui caractérise nos institutions politiques nationales ont nui au développement économique de la région des Maritimes. Les politiques nationales favorisent depuis longtemps la création de richesses dans certaines régions, notamment l'Ontario et le Québec, qui comptent beaucoup d'électeurs. Mis à part les ressources naturelles qu'il faut exploiter là où elles se trouvent, le gouvernement fédéral n'a jamais accepté d'élaborer des politiques qui reflètent la situation des régions de façon à modifier les endroits où les richesses sont créées. Par contre, il a accepté d'assurer une répartition à l'échelle nationale des retombées de la création de richesses. Il a adopté à cet effet des programmes de paiements de transfert aux régions les moins bien nanties, bien que cette solution comporte aussi ses propres difficultés qui risquent de faire obstacle au développement économique autonome.

Il est largement reconnu que le secteur privé est le moteur qui alimente la croissance économique, qu'il cerne les possibilités de développement économique et qu'il fournit ensuite les efforts pour faire de ces possibilités une source de revenus, de dividendes ou de surplus et d'emplois. Le secteur privé n'est pas homogène, toutefois. Il se compose de quelques grandes entreprises multinationales, de nombreuses entreprises nationales et de taille moyenne et d'une foule de petites et micro-entreprises. Il englobe également trois secteurs différents : le secteur primaire, qui désigne l'exploitation des matières premières; le secteur secondaire, qui regroupe les activités de fabrication des biens; et le secteur tertiaire, qui comprend les restaurants et les magasins de détail, entre autres commerces. En outre, le secteur privé joue un rôle important en produisant des biens qui profitent à tous les membres de la société, favorisant la stabilité politique, l'ordre public et la mise en place d'infrastructures nécessaires pour faciliter le développement économique.

Il existe un problème structurel dans notre province et même dans toute la région. Nous avons cessé d'être une économie de production de biens et de commerce, pour devenir une économie de consommation. Statistique Canada rapporte que, sur les 353 800 résidents du Nouveau-Brunswick qui avaient un emploi en 2018, 73 100 étaient actifs dans le secteur de la fabrication et 280 700, dans le secteur des services. En comparaison, la même année, sur les 570 000 résidents de la Saskatchewan qui avaient un emploi, 145 200 travaillaient dans le secteur de la fabrication et 424 800 dans le secteur des services[1]. L'idée, c'est que l'économie du Nouveau-Brunswick dépend trop du secteur des services et du secteur public. Je fais remarquer que certains secteurs de l'économie de services sont très valorisés, notamment les entreprises qui exportent des services dans d'autres régions ou pays. La province compte aussi sur les paiements de transfert pour alimenter une grande part de l'économie de consommation. Nous y reviendrons plus loin.

Mais ces chiffres ne disent pas tout. Le Canada atlantique dépend beaucoup du secteur public pour la création d'emplois. En Nouvelle-Écosse, 24,8 % de tous les emplois se situent dans le secteur public, tandis que cette proportion est de 25 % au Nouveau-Brunswick, de 26,1 %

à l'Île-du-Prince-Édouard et de 28,6 % à Terre-Neuve-et-Labrador. À l'échelle nationale, seulement 20,3 % de la main-d'œuvre est employée dans le secteur public[2]. Le recensement du Canada de 2016 rapporte que 29,3 % des travailleurs et des travailleuses du Nouveau-Brunswick ont un emploi dans les secteurs de l'éducation, de la santé et des services sociaux, comparativement à 25,3 % à l'échelle du pays.

Le secteur public compte sans doute un grand nombre des meilleures possibilités d'emploi auxquelles la population du Nouveau-Brunswick a accès. Ce secteur offre des salaires élevés, une grande sécurité d'emploi et des prestations de retraite comme on en rencontre peu souvent, voire jamais, dans le secteur privé, du moins au Nouveau-Brunswick.

Il importe aussi de souligner que l'économie de la région perd rapidement sa capacité de production de biens et d'échanges commerciaux. Il n'est pas exagéré d'affirmer que notre économie de consommation alimente elle-même le développement économique à l'étranger, pas celui du pays. Les biens que nous achetons chez Costco, Walmart et Starbucks sont produits ailleurs, en Chine ou aux États-Unis, mais rarement au Canada atlantique.

Herb Emery a fait ressortir l'importance du secteur de la fabrication de biens pour le Nouveau-Brunswick et a prévenu que la province tire de l'arrière sur le reste du Canada en ce qui concerne les investissements et la croissance de la productivité. Il s'est demandé ce qu'il manquait au secteur manufacturier du Nouveau-Brunswick pour qu'il réussisse à se transformer. Il a conclu : « La première chose à faire serait peut-être d'améliorer le climat des affaires pour qu'on se mette à investir dans la fabrication afin d'accroître le PIB, de créer de nouveaux emplois et d'accélérer la modernisation du secteur. Cela pourrait entraîner comme avantage indirect une augmentation de la taille et une amélioration de la rentabilité du secteur des services[3]. »

Irving Oil est engagée dans la création de richesses et le secteur de la production de biens, le genre de richesses et de production que toutes les économies souhaitent avoir. Elle importe des matières premières d'autres régions canadiennes, du Moyen Orient, des États-Unis, d'Afrique et d'autres régions du monde et les transforme en une multitude de produits finis, qui sont ensuite exportés pour la plupart sur la côte est américaine. Irving Oil mène également des activités complexes en Irlande, où elle exploite une raffinerie et des points de vente au détail. Toutes ces activités sont gérées à partir de son siège social, situé à Saint John, au Nouveau-Brunswick. Il vaut la peine de répéter qu'on peut compter sur les doigts de la main le nombre d'entreprises internationales productrices de biens qui ont établi leur siège social au Nouveau-Brunswick : JDI, Cooke Aquaculture, Imperial Manufacturing Group et McCain Foods viennent à l'esprit.

Encore une fois, je dois réitérer à quel point la présence d'un siège social est importante pour une économie régionale. En 2019, les efforts du gouvernement de Justin Trudeau pour aider SNC-Lavalin à éviter des accusations criminelles ont ébranlé la scène politique canadienne. Trudeau affirmait être intervenu pour sauver des emplois. Les emplois qu'il a voulu sauver étaient situés au siège social de Montréal[4]. Je fais remarquer qu'il s'agissait d'emplois du secteur des services, un secteur qui gagne rapidement en importance dans toutes les économies. Ce qu'il faut retenir, comme nous l'avons vu plus tôt, c'est qu'il est possible d'exporter des services d'une région à l'autre et d'un pays à l'autre.

De même, le premier ministre du Québec a dit qu'il ne s'opposerait pas à la vente d'Air Transat à Air Canada, déclarant : « c'est une bonne nouvelle que ce soit Air Canada parce qu'Air Canada a son siège social à Montréal. [...] l'important, c'est que le siège social [d'Air Transat] reste au Québec[5]. » Le premier ministre du Québec, de même que tous les premiers ministres provinciaux, reconnaissent facilement l'importance des sièges sociaux pour l'économie d'une région.

La présence d'un siège social joue un rôle vital dans une économie régionale pour des raisons que nous avons déjà exposées. Mais il y a plus. Irving Oil est une entreprise du secteur de la production de biens. S'il y a un ordre de préséance dans l'économie, le secteur de la production de biens et de la fabrication arrive au premier rang. Les décideurs politiques préfèrent ce secteur aux autres. On se souviendra que la promesse de ramener les emplois manufacturiers aux États-Unis était un thème principal de la campagne électorale de Donald Trump en 2016.

Les études sur le développement économique privilégient aussi le secteur de la production de biens. Mais on y remarque un changement de vocabulaire dernièrement : on l'appelle maintenant le secteur marchand ou le secteur des biens échangeables, ce qui témoigne du fait que des biens et services sont consommés à l'extérieur de la collectivité ou de la région où ils sont produits. Le changement reflète aussi l'importance grandissante de certaines entreprises qui réussissent à exporter des « services » à d'autres collectivités, régions ou pays. Je mentionne que certaines entreprises se situent entre le secteur des biens échangeables et le secteur des biens non échangeables.

La documentation sur le développement économique régional souligne également l'importance des entreprises locales qui ont un effet multiplicateur sur la création d'emplois. Bien entendu, les régions ne sont pas toutes identiques ou ne présentent pas toutes la même structure économique. Certaines régions sont beaucoup plus autonomes que d'autres. L'Ontario, par exemple, est la province où sont situés le secteur financier et le secteur automobile du pays, il est doté de riches terres agricoles et il compte un secteur des services dynamique. C'est là aussi que la haute fonction publique fédérale est concentrée et que la plupart des entreprises nationales ont établi leur siège social. Le Nouveau-Brunswick, pour sa part, est une petite économie ouverte dont la capacité d'autonomie est bien inférieure à celle de l'Ontario et même à celle des autres provinces canadiennes. L'important, c'est que le secteur de la production de biens ou le secteur des biens échangeables engendre des retombées plus grandes dans l'économie du Nouveau-Brunswick que dans d'autres régions étant donné sa lente croissance et sa dépendance à l'égard du secteur public[6].

Nous pourrions aller plus loin et établir la différence entre l'incidence de la main-d'œuvre hautement spécialisée et bien rémunérée par rapport à celle de la main-d'œuvre peu spécialisée et à faible revenu. Les emplois les mieux rémunérés ont un effet multiplicateur beaucoup plus grand sur une économie régionale. Irving Oil compte de nombreux emplois bien rémunérés du secteur privé.

Je reconnais que les emplois bien rémunérés chez Irving Oil posent peut-être un problème pour les petites entreprises et les aspirants entrepreneurs de Saint John. Des études parlent du « syndrome du rentier encombrant » pour décrire une situation où, souvent, un grand employeur qui est le moteur de l'économie locale mine la capacité des entreprises locales à embaucher du personnel et à prendre de l'expansion. Même si le grand employeur est conscient de ce problème, il est souvent impuissant à y changer quelque chose en raison de la nécessité d'attirer des travailleurs spécialisés, qui se caractérisent par une grande mobilité[7]. Le problème est loin de se limiter à Irving Oil. J'ai souligné plus tôt les conséquences que les emplois au sein de l'administration publique fédérale entraînent pour le secteur privé au Canada atlantique : les salaires élevés et les avantages généreux qu'offrent les emplois fédéraux accroissent la difficulté des entreprises locales à attirer les talents.

L'EFFET MULTIPLICATEUR

LES ÉTUDES SUR LE DÉVELOPPEMENT ÉCONOMIQUE RÉGIONAL explorent également la façon de calculer l'effet multiplicateur lorsque de nouveaux emplois sont créés, lorsqu'elles évaluent les retombées des emplois existants ou qu'elles examinent le rôle des sièges sociaux comparativement à celui des bureaux régionaux dans les économies locales[8]. Il existe un débat entourant la taille ou l'ampleur de l'effet multiplicateur. Je ne risque pas de me tromper en avançant qu'Irving Oil a un effet multiplicateur de 2,5. Un économiste qui a réalisé un certain nombre d'études dans ce domaine m'indique qu'en fait je sous-estime probablement son importance[9]. Irving Oil emploie direc-tement environ 3 000 travailleurs. De plus, un nombre à peu près égal de personnes viennent travailler tous les jours aux installations d'Irving Oil. Les 6 000 emplois chez Irving (qui ne comprennent pas ceux en Irlande), multipliés par 2,5, se traduisent par la présence d'environ 15 000 autres emplois, la plupart à Saint John.

Il faut mettre les choses en perspective. La région métropolitaine de recensement (RMR) de Saint John dénombrait une population d'âge actif de 105 500 personnes en 2017. La taille de sa main-d'œuvre était de 69 700 travailleurs dont 65 500 occupaient un emploi. Le taux de participation à la population active dans la RMR de Saint John était de 66,1 % cette année-là, un taux vigoureux, du moins par rapport à ce qu'on observe au Nouveau-Brunswick[10]. Il se dégage toutefois deux tendances émergentes qui devraient préoccuper toute la population du Nouveau-Brunswick.

La première tendance est l'augmentation du rapport de dépendance. Ce rapport part du principe que les enfants de moins de 15 ans sont vraisemblablement des dépendants, de même que les adultes de plus de 65 ans sont vraisemblablement à la retraite. Le gouvernement du Nouveau-Brunswick connaît bien le rapport de dépendance et son importance. Il explique : « Les enfants (par les dépenses en éducation) et les personnes âgées (par la retraite et les services de soins de santé) ont tendance à accaparer une plus grande proportion de l'argent des contribuables que le groupe d'âge des 15 à 64 ans. En 2015, plus de 50 % des dépenses gouvernementales en soins de santé dans la province ont été consacrées aux personnes âgées de 65 ans et plus, malgré le fait que ce groupe représentait seulement environ 20 % de la population[11]. »

En 1977, seulement 9 % de la population du Nouveau-Brunswick était âgée de 65 ans et plus. En 2017, ce pourcentage avait grimpé à 20 % et on prévoit qu'il augmentera à 30 % d'ici 2032. Qui plus est, le Nouveau-Brunswick compte présentement la plus grande cohorte de personnes âgées de son histoire, ce qui se traduit par une diminution rapide de la population habituellement en âge de travailler (les personnes âgées de 15 à 64 ans) et une contraction de 40 % de la population âgée de moins de 15 ans au cours des 40 dernières années[12]. Le problème ne se limite pas au Nouveau-Brunswick, mais la province est l'une de celles où le vieillissement de la population est le plus rapide[13].

Les conséquences sont bien évidentes pour tout le monde. Les institutions du Nouveau-Brunswick, en particulier les établissements de santé, feront face à une forte demande de services comme jamais auparavant. Il faudra des ressources financières pour y répondre et le Nouveau-Brunswick dispose essentiellement de trois sources de financement : sa propre assiette fiscale, les transferts du gouvernement fédéral et les emprunts. Le gouvernement fédéral a toujours veillé, cependant, à ne pas privilégier une province plutôt qu'une autre lorsqu'il s'agit des transferts en matière de santé. La capacité du Nouveau-Brunswick d'augmenter ses recettes fiscales sera de plus en plus limitée à mesure que la décroissance de la population en âge de travailler se poursuivra. La dette de la province a augmenté de façon fulgurante ces dernières années, tout comme le coût du service de la dette (675 millions de dollars en 2018).

La deuxième tendance qui suscite des inquiétudes chez les décideurs politiques du Nouveau-Brunswick concerne la structure économique de la province. Le secteur de la production et de la fabrication de biens perd du terrain au profit des autres secteurs. L'emploi dans le secteur de la production de services a augmenté de quelques points de pourcentage par rapport au nombre total d'emplois entre 2007 et 2017, tandis que l'emploi dans le secteur de la production de biens a chuté d'environ 10 % au cours de la même période. La catégorie « ventes et services » regroupait 92 000 travailleurs néo-brunswickois en 2017, soit 26,1 % du nombre total d'emplois – de loin la plus grande catégorie professionnelle –, tandis que cette catégorie ne représentait que 24,3 % de tous les emplois à l'échelle nationale. La plus forte croissance de l'emploi dans la province entre 2007 et 2017 s'est produite dans les secteurs de la santé (20,7 %) et dans la catégorie « enseignement, droit et services sociaux, communautaires et gouvernementaux (9,8 %)[14]. Ces catégories comptaient, pour leur part, 43 700 travailleurs néo-brunswickois en 2017.

Les données qui précèdent visent toutes à démontrer que les emplois chez Irving Oil sont particulièrement importants pour le Nouveau-Brunswick. Les emplois chez Irving Oil ne sont pas financés à même les fonds publics, mais génèrent plutôt des recettes qui aident à maintenir les services gouvernementaux. Ce sont des emplois autonomes du secteur privé qui ont un effet multiplicateur important en raison de leur secteur d'activité.

Irving Oil peut fournir des données impressionnantes pour démontrer son importance dans l'économie régionale et canadienne. L'entreprise exporte plus de 50 % des produits pétroliers raffinés canadiens destinés aux États-Unis, et 52 % de la valeur de tous les échanges commerciaux au Nouveau-Brunswick provient des produits raffinés. La raffinerie Irving Oil compte pour plus de 2 % du produit intérieur brut du Nouveau-Brunswick et elle fabrique environ un millier de produits à son installation de mélange et de conditionnement, dont plusieurs sont destinés au marché d'exportation[15]. En outre, la société Irving Oil représente environ 90 % du tonnage qui transite par le port de Saint John.

DES COLLECTIVITÉS ENTREPRENEURIALES

LA SOCIÉTÉ IRVING OIL ÉTOUFFE-T-ELLE L'ENTREPRENEURIAT DANS la région, comme je l'ai maintes fois entendu dire? Je n'ai vu aucune donnée empirique démontrant que c'était le cas. Sans avancer la moindre preuve à l'appui, la députée fédérale du Parti vert Jenica Atwin a déclaré, peu après voir été élue lors de l'élection générale de 2019, que le Nouveau-Brunswick devait se libérer de l'emprise des Irving « parce que les occasions d'affaires seraient ainsi beaucoup plus nombreuses pour l'entrepreneuriat ». Elle a tout simplement lancé cette affirmation à un journaliste sans expliquer comment elle en était arrivée à cette conclusion ni fournir de preuve de ce qu'elle avançait. Dans la même entrevue, elle a dit que le taux de pauvreté chez les enfants est très élevé à Saint John, « et je veux qu'ils (les Irving) se fassent les champions de cette cause »[16].

Je fais remarquer que la Fédération canadienne de l'entreprise indépendante (FCEI) fait régulièrement un portrait de la situation des villes du pays et évalue dans quelle mesure elles sont des collectivités entrepreneuriales. Elle souligne que plusieurs facteurs font qu'une collectivité démontre un plus grand esprit d'entreprise. En 2018, elle a classé les villes de Whitehorse (Yukon), Winkler (Manitoba), Victoriaville (Québec) et Rimouski (Québec) parmi les meilleures pour les perspectives entrepreneuriales, tandis que Pembroke (Ontario), Cornwall (Ontario), Courtenay (Colombie-Britannique) et Bathurst (Nouveau-Brunswick) figuraient parmi les villes dont l'indice entrepreneurial était le moins élevé.

La FCEI évalue divers facteurs, y compris les endroits où les propriétaires d'entreprise sont les plus prospères ou voient leur avenir économique de façon très optimiste. Plusieurs collectivités du Québec et de l'Ontario arrivent au sommet du classement, tout comme Moncton (Nouveau-Brunswick), qui arrive au quatrième rang parmi les grandes villes pour les perspectives entrepreneuriales.

L'organisme produit un indice entrepreneurial portant sur 125 villes, d'après 13 indicateurs de l'entrepreneuriat regroupés dans trois catégories : « la présence », « les perspectives » et « les politiques ». Plusieurs collectivités du Canada atlantique ont constamment fait partie de la liste, notamment : Grand Falls–Windsor à Terre-Neuve-et-Labrador (39), Summerside à l'Île-du-Prince-Édouard (46), Moncton au Nouveau-Brunswick (62), Charlottetown à l'Île-du-Prince-Édouard (70), Saint John au Nouveau-Brunswick (88), Truro en Nouvelle-Écosse (97), Halifax en Nouvelle-Écosse (98), le Cap-Breton en Nouvelle-Écosse (117) et Bathurst au Nouveau-Brunswick (122). Bien que Saint

John ne soit pas dans le peloton de tête, elle devance 37 autres villes canadiennes[17].

Qu'est-ce qui fait qu'une collectivité est favorable aux entreprises? Le milieu des affaires dira que la politique fiscale, la réglementation, l'accès aux travailleurs spécialisés et l'étendue des services municipaux constituent des facteurs importants. La proximité de grands centres urbains est aussi importante, de même que le faible coût d'exploitation[18]. La présence d'Irving Oil et d'autres entreprises Irving à Saint John ne nuit certainement pas à cet égard. Je soutiens plutôt que leur présence contribue de façon importante à la prospérité de Saint John.

UN ÉCOSYSTÈME ENTREPRENEURIAL

LES ÉTUDES RÉCENTES METTENT EN LUMIÈRE L'IMPORTANCE D'UN « écosystème entrepreneurial » comme moyen pour les collectivités de promouvoir le démarrage d'entreprises. Un écosystème entrepreneurial se compose d'un certain nombre d'éléments. Certains insistent sur l'importance des regroupements d'entreprises – les entreprises de haute technologie qu'on trouve le long de la Route 128 à l'extérieur de Boston en offrent un exemple –, d'autres font ressortir l'importance du recyclage d'entreprises où des entrepreneurs qui ont mis sur pied des entreprises florissantes, les ont vendues et ont réinvesti une part de leur nouvelle richesse dans d'autres entreprises de leur localité[19]. Autrement dit, ils deviennent des entrepreneurs en série qui encouragent le démarrage d'entreprises dans leur collectivité. Je pense ici à Jon Manship, un homme d'affaires de Moncton qui a vendu son entreprise Spielo Gaming International et décidé ensuite d'investir dans de nouvelles entreprises du secteur de la technologie.

La littérature sur le développement économique souligne également l'importance pour une région qu'elle puisse compter au moins une grande entreprise bien établie dont le siège social exerce d'importantes fonctions de gestion et des activités de recherche et développement.

Les études s'entendent pour dire que de telles grandes entreprises jouent un rôle de premier plan dans un écosystème entrepreneurial, ce qui revêt une importance accrue dans les régions périphériques. Daniel Isenberg écrit : « Il est tout bonnement impossible d'avoir un écosystème entrepreneurial florissant sans grandes entreprises pour le cultiver, intentionnellement ou non[20]. » Irving Oil est une grande entreprise de ce genre, ancrée à Saint John.

Les universités sont également en mesure de jouer un rôle crucial dans un écosystème entrepreneurial, comme le sont aussi les fournisseurs de services tels que les avocats, les comptables et les experts-conseils en affaires. Par ailleurs, les immigrants sont une importante source d'entrepreneurs et ils contribuent à renforcer n'importe quel écosystème entrepreneurial. Il y a d'autres facteurs en cause, notamment l'accès à des sources de financement et à des mentors ou à des entrepreneurs chevronnés qui peuvent fournir des conseils à des moments critiques aux personnes qui veulent lancer leur entreprise[21].

Les grandes entreprises exercent, intentionnellement ou non, un rôle primordial en faisant la promotion d'un écosystème entrepreneurial dans leur collectivité. On dénombre à Saint John une poignée de grandes entreprises, incluant Irving Oil. Il s'agit essentiellement de considérer ces entreprises comme une importante source de croissance économique autonome.

Les entreprises Irving ressemblent sans doute à des géants qui dominent l'économie du Nouveau-Brunswick aux yeux des petites entreprises qui ont du mal à soutenir la concurrence ou, dans bien des cas, à simplement survivre. Mais Irving Oil ne voit pas le monde des affaires de la même façon. La société estime qu'elle ne se compare pas aux géants de l'industrie tels qu'Exxon Mobil, Royal Dutch Shell ou Chevron de par sa taille, l'étendue de ses activités et ses recettes. De plus, ses dirigeants sont convaincus que la présence d'Irving Oil dans l'économie du Nouveau-Brunswick est une force positive pour le milieu des affaires local et l'ensemble de la société néo-brunswickoise. Selon eux, plusieurs raisons expliquent que l'entreprise est une force positive dans l'économie de Saint John, et rien ne permet de croire qu'elle ralentisse la croissance économique dans la collectivité. Ils ont raison.

LUTTER CONTRE LA FORCE DE GRAVITÉ

Un élément qui ressort lorsqu'on examine l'œuvre de K.C. et d'Arthur Irving et qu'on discute de leurs contributions avec leurs amis et leurs collègues de travail, c'est la portée de leur engagement profond et durable envers leur région. Comme me l'a dit un de mes collègues : « Les Irving sont aussi passionnément attachés aux Maritimes que toi. » Ils le sont, en effet. Tout a commencé par K.C. Irving, qui a personnellement constaté que les politiques du gouvernement fédéral n'établissaient jamais les mêmes règles du jeu pour la région des Maritimes que pour l'Ontario et le Québec en vue de stimuler la croissance économique. Le canal de Chignectou en est un bon exemple.

Je cite un long extrait des propos de K.C. Irving, qui illustre comment il voyait la difficulté : « Au Nouveau-Brunswick, on connaît ce sentiment de désespoir d'aussi loin qu'on se souvienne. Il est associé à notre incapacité de faire aussi bien que l'ensemble du Canada. Si nous tirons de l'arrière, ce n'est pas parce que nous aimons avoir un niveau de vie bien inférieur à celui de l'ensemble du pays. Nous n'avons pas eu le choix, la décision ne nous appartient pas. [...] Au cours des années, le gouvernement fédéral, peu importe le parti, a été à l'origine de politiques qui ont fait que le Nouveau-Brunswick est une région oubliée du Canada. Lorsqu'on modifiera ces politiques nationales – ou fédérales –, l'économie du Nouveau-Brunswick va se transformer. Mais ce ne sont pas les paroles des dirigeants syndicaux ou les paroles des gestionnaires qui changeront quelque chose à la réalité économique. Il faut plus que des mots pour créer des emplois. Il faut plus que des mots pour donner de l'expérience à des travailleurs non spécialisés et sans formation. Il faut plus que des mots pour assurer le succès d'une entreprise. Il faut plus que des mots pour pouvoir verser les salaires chaque semaine[22]. » Ceci résume bien le point de vue de K.C. et d'Arthur Irving sur la question.

Quelles conclusions peut-on en tirer en ce qui concerne les Provinces maritimes? L'attitude que reflètent les propos rapportés ci-dessus est gravée dans l'ADN d'Arthur Irving. Il suffit de regarder le siège social construit récemment pour se rendre compte de son profond attachement pour la région. Mais lorsqu'ils cherchent des débouchés pour faire grandir l'entreprise, Arthur Irving et Irving Oil semblent s'aventurer à l'extérieur du Canada. Ils se tournent de plus en plus vers la Nouvelle-Angleterre et l'Irlande pour soutenir sa croissance future plutôt que vers le Québec et l'Ontario. En somme, même s'ils comptent sur l'extérieur du Canada pour la croissance future de l'entreprise, Arthur Irving et Irving Oil demeurent fermement ancrés à Saint John, au Nouveau-Brunswick.

Les politiques du gouvernement du Canada et ses initiatives en matière de développement économique n'ont pas été favorables à Irving Oil dans l'ensemble. Le canal de Chignectou et le projet Énergie Est me viennent à l'esprit, mais ce ne sont pas les seuls exemples. Certains éléments probants semblent indiquer qu'Irving Oil en a assez de devoir lutter contre la force de gravité et qu'elle a décidé de se tourner vers d'autres pays pour alimenter sa croissance future. Les décideurs politiques du Canada et du Nouveau-Brunswick devraient en prendre bonne note.

DONNER À NOS INSTITUTIONS

ARTHUR ET SANDRA IRVING, L'ARTHUR L. IRVING FAMILY FOUNDATION ET Irving Oil ont apporté des contributions substantielles à nos établissements de santé et d'enseignement et à d'autres organismes actifs dans d'autres domaines, en privilégiant la région de l'Atlantique; rappelons-nous, par exemple, les bourses d'études universitaires C. David

Naylor. La question est : s'ils avaient été absents, qui serait intervenu pour apporter les mêmes contributions? Rien ne me permet de croire que quelqu'un d'autre l'aurait fait.

Trop souvent, Arthur et Sandra, leur fondation familiale et Irving Oil n'ont pas rendu compte publiquement de leurs contributions. Comme nous l'avons vu plus tôt, Harvey Gilmour a déploré cette situation en disant que l'une de ses expériences les plus frustrantes à titre de directeur du développement à l'Université Acadia, était de ne pas avoir l'autorisation de parler des contributions qu'Arthur Irving a faites à l'université. Arthur Irving et Irving Oil préfèrent garder pour eux certaines informations, et ce, depuis l'époque de K.C. Irving. Il s'agit d'une approche qui va au-delà de leur entreprise et de leurs intérêts commerciaux. Elle fait partie de leur ADN. L'un et l'autre jugeaient qu'ils n'avaient « pas besoin de se vanter », comme Arthur Irving me l'a déjà dit.

Mais il y a un prix à payer. Leurs contributions passent souvent inaperçues, elles demeurent inconnues et ne sont pas appréciées à leur juste valeur. Au cours de la préparation de cet ouvrage, des amis et des partenaires d'affaires d'Arthur Irving m'ont dit qu'il a fait au fil des ans de nombreux dons et contributions dont très peu de gens en dehors de son cercle immédiat sont au courant. Ces contributions, reconnues ou non, ont rendu certaines de nos institutions beaucoup plus solides.

AU SUJET DES IMPÔTS

JE NE SUIS INCONTESTABLEMENT PAS UN FISCALISTE. COMME LES autres contribuables canadiens, je paie des impôts conformément aux exigences et selon les délais prévus. Je n'ai certainement pas les connaissances nécessaires pour déterminer si Irving Oil verse en impôts les montants qu'elle doit payer. Je sais cependant que la question de savoir si les Irving paient ou non leur juste part d'impôts a été obstinément soulevée depuis les années 1960-1970. L'arrivée des médias sociaux, où les utilisateurs font des allégations non fondées sans preuve et sans égard aux faits dans une atmosphère de Far West, a donné un nouveau souffle à la question ces dernières années. Ce que je suis en mesure de faire, c'est de rendre compte des enjeux qui ont suscité un débat au Nouveau-Brunswick au sujet des Irving et de leurs impôts depuis un demi-siècle, et de tâcher de mettre les choses en perspective.

Je fais remarquer tout d'abord qu'il est impératif que les gens du Nouveau-Brunswick appliquent à Irving Oil les mêmes normes que celles qu'ils appliquent à d'autres grandes entreprises multinationales. Toutes les grandes entreprises cherchent, dans les limites fixées par par la loi, des moyens de réduire leurs impôts. Un cadre supérieur d'Irving Oil m'a dit que la philosophie de la société relativement aux impôts est de toujours se conformer à la loi dans la gestion de ses affaires et de payer les sommes requises.

Un sondage mené en 2019 auprès de plus de 2 000 membres du groupe Vérification, finances et sciences à l'Agence du revenu du Canada (ARC) est révélateur. Le sondage rapporte que neuf professionnels de la fiscalité sur 10 de l'ARC affirment qu'il est beaucoup plus facile pour les riches sociétés d'éviter de payer des impôts que pour les Canadiens ordinaires. La présidente de l'Institut professionnel de la fonction publique du Canada, qui a réalisé le sondage, a expliqué qu'il « existe plusieurs échappatoires et zones grises dans les lois en vigueur. Les sociétés et les personnes riches qui tirent avantage de ces échappatoires ne font rien d'illégal. » Un sondage auprès de la population canadienne révèle aussi qu'une forte majorité des répondants (79 %) croient que le régime fiscal profite aux riches[23]. Ils ont raison. Amazon a engrangé des profits de 11,2 milliards de dollars en 2018 mais n'a payé aucun impôt fédéral pour une deuxième année consécutive. Ce qui est plus remarquable encore, c'est que la société a reçu 129 millions de dollars en réduction d'impôts la même année[24]. Ce cas est loin d'être isolé[25].

Arthur Irving et Irving Oil ne vont pas rester les bras croisés à ne rien faire pendant que d'autres, notamment la concurrence, explorent les meilleurs arrangements leur permettant de réduire leurs coûts. Irving Oil sait très bien que l'obtention des meilleurs conseils fiscaux possibles est devenue un aspect important de la planification d'entreprise.

Nous avons vu plus tôt qu'Irving Oil a créé une filiale non canadienne (Bomag, devenue plus tard Irvcal) afin d'acheter du pétrole brut à un prix fixé dans le golfe Persique plus les frais de transport, ce qui lui a permis de livrer du pétrole brut au prix du marché à la raffinerie d'Irving Oil. L'entente à cet effet, conclue en 1971, a permis à Irving Oil d'augmenter ses profits beaucoup plus rapidement. Je mentionne qu'Irving Oil a conclu cet accord avec la Standard Oil of California (Socal) pour s'assurer de demeurer concurrentielle, un argument que les dirigeants de Standard Oil ont accepté. Je mentionne également que John DeMont a écrit que, jusqu'à la conclusion de l'entente avec Standard Oil, Irving Oil perdait de l'argent[26]. Ce n'est pas en étant incapable de soutenir la concurrence et en perdant de l'argent qu'on peut rester en affaires ou aider la région de quelque façon.

Il y avait d'autres facteurs à considérer. La conclusion d'une entente avec Bomag-Irvcal n'était pas une pratique particulière à Irving Oil. Il aurait été absurde qu'Irving Oil n'emploie pas une stratégie légale que ses concurrents avaient adoptée. Je rappelle au lecteur que la question a été portée devant les tribunaux et que les trois juges de la Cour fédérale ont donné raison à Irving Oil dans une décision unanime. Je signale qu'Irvcal et cet avantage fiscal n'existent plus.

« LE NOUVEAU-BRUNSWICK N'EST PAS UNE PROVINCE À FAIBLE COÛT DE PRODUCTION »

C'EST CE QU'A EXPLIQUÉ ANDREW CARSON, UN CADRE CHEZ IRVING Oil, lorsqu'il s'est présenté devant le Comité de modification des lois de l'Assemblée législative du Nouveau-Brunswick[27]. Il a raison, même si j'admets volontiers qu'il soit difficile pour bien des gens au

Nouveau-Brunswick de se préoccuper de savoir si Irving Oil paie trop d'impôts.

Le taux d'imposition du revenu des particuliers au Nouveau-Brunswick est l'un des plus élevés au Canada[28]. Le taux d'imposition du Nouveau-Brunswick (qui s'ajoute à l'impôt fédéral) sur un revenu imposable supérieur à 154 382 $ est élevé, à 20,3 %. Par contraste, le taux d'imposition en Ontario est de 13,16 % sur les montants de plus de 220 000 $ et, en Alberta, de 15 % sur les montants de plus de 307 547 $[29]. Tous les employés d'Irving Oil sans exception paient de l'impôt sur leur revenu. L'impôt sur le revenu des particuliers est un facteur particulièrement important lorsque Irving Oil essaie d'attirer des cadres supérieurs.

L'impôt sur le revenu des sociétés est également élevé au Nouveau-Brunswick comparativement à celui de plusieurs autres provinces canadiennes dont l'Ontario, le Manitoba et la Colombie-Britannique. L'Alberta et le Québec n'ont pas conclu d'accord avec l'Agence du revenu du Canada pour la perception de l'impôt des sociétés[30]. Je fais toutefois remarquer que le taux d'imposition des sociétés est moins élevé en Alberta qu'au Nouveau-Brunswick, une différence de deux points de pourcentage. C'est vrai aussi pour le Québec, où le taux d'imposition des sociétés est de 2,4 points de pourcentage inférieur à celui du Nouveau-Brunswick[31].

Andrew Carson a expliqué : « Notre impôt sur le revenu des sociétés est relativement élevé, notre impôt sur le revenu des particuliers est élevé, les taux de cotisation à Travail sécuritaire Nouveau-Brunswick sont relativement élevés et nous avons maintenant une taxe de carbone relativement élevée. » Il a ajouté qu'Irving Oil a la facture d'impôt la plus élevée de toutes les raffineries à l'extérieur de l'Alberta[32]. Il aurait pu ajouter que la taxe à la consommation au Nouveau-Brunswick, de 15 %, est aussi plus élevée qu'en Ontario à 13 %, en Alberta à 5 % et en Colombie-Britannique, au Manitoba et en Saskatchewan, à 12 %.

Lors de sa présentation devant l'Assemblée législative du

Nouveau-Brunswick, Carson a fait valoir que la raffinerie Irving Oil de Saint John paie davantage d'impôt foncier que les trois raffineries Shell, Suncor et Imperial à Sarnia. En outre, Saint John est la seule ville canadienne qui compte à la fois une raffinerie et le siège social de l'entreprise[33].

L'Organisation de coopération et de développement économiques (OCDE) a examiné divers facteurs qui influent sur la capacité d'une région ou d'un pays à soutenir la concurrence. Naturellement, il n'y a pas un facteur qui exerce une influence prépondérante. Ces facteurs comprennent la taille du marché, l'innovation technologique, l'éducation supérieure et la formation, l'efficacité du marché du travail et ainsi de suite. Mais les taux d'imposition constituent un autre facteur important. L'OCDE explique que les entreprises et investisseurs transfrontaliers cherchent de plus en plus à maximiser leur revenu de placements après impôt, non leur revenu de placements avant impôt. Elle ajoute que, dans un monde où les capitaux sont très mobiles, les pays (et on peut ajouter ici les régions) ne peuvent pas faire fi des effets que leur taux d'imposition, comparativement à celui d'autres pays, risque d'avoir sur les investissements[34].

RÉTABLIR LES FAITS

IL EST DIFFICILE POUR ARTHUR IRVING ET IRVING OIL DE RÉTABLIR les faits sur la question fiscale, tâche rendue encore plus difficile par l'avènement des médias sociaux et des « faits alternatifs ». N'importe qui peut aller sur Facebook faire des allégations même dénuées de tout fondement et expliquer, en guise de source, qu'il a « entendu cela quelque part ». Souvent, les allégations, vraies ou fausses, seront largement retransmises.

Les médias traditionnels, qui exercent un contrôle éditorial et s'assurent de vérifier les faits, perdent rapidement du terrain aux mains des médias sociaux. Les médias traditionnels constituent un autre problème pour Irving Oil. Tous les quotidiens de langue anglaise de la province appartiennent à une entreprise Irving, ce qui crée l'impression que tout ce qu'ils publient au sujet des Irving, ce qui inclut Irving Oil, est suspect. Pourtant, ni Arthur Irving ni Irving Oil ne détiennent d'actions dans les quotidiens de langue anglaise du Nouveau-Brunswick, pas plus qu'ils n'ont quelque chose à voir dans la façon dont ils sont dirigés. Comme je l'ai noté plus tôt au sujet des impôts payés par les Irving, l'impression se transforme en réalité dans l'esprit de nombreux citoyens du Nouveau-Brunswick.

Quelqu'un peut prétendre sur les médias sociaux qu'Irving Oil ne paie pas d'impôt foncier sur ses réservoirs de stockage. En fait, l'exemption d'impôt ne s'applique qu'à 10 % des réservoirs et découle d'une exemption qui a été accordée il y a 40 ans. Irving Oil paie en outre un montant considérable en impôt foncier non seulement sur sa raffinerie, mais aussi sur tous ses bâtiments, y compris son nouveau siège social.

Je note cependant qu'Irving Oil a pu obtenir un allégement fiscal de la Ville de Saint John en 2005, lorsqu'elle a annoncé un projet de construction d'un terminal de gaz naturel liquéfié (GNL) à Canaport. Selon une estimation, l'allégement fiscal entraînait une perte de 75 millions de dollars en impôt foncier sur une période de 10 ans pour la Ville, et d'autres avançaient un chiffre plus élevé[35]. Toutefois, cet allégement a été éliminé en 2016 et Irving Oil paie maintenant la totalité de l'impôt foncier sur le terminal de GNL.

Les avantages de tels allégements fiscaux sont matière à un débat de politique publique tout à fait légitime. J'ai déjà traité de la question dans mes publications et dans les médias, et mon point de vue est simple : il me semblerait tout à fait acceptable que nos collectivités, notre gouvernement provincial et le Canada atlantique éliminent de tels allégements fiscaux si les autres villes et provinces en faisaient autant. Si nous les éliminons sans qu'elles le fassent, nous risquons de perdre des débouchés économiques importants.

Les entreprises privées, et Irving Oil ne fait certainement pas exception, feront des pieds et des mains pour obtenir des subventions en espèces et des allégements fiscaux avant de s'engager à investir des sommes importantes pour établir une usine. C'est grâce à des allégements fiscaux que l'Alabama, par exemple, est devenu un centre de l'industrie automobile[36]. Les gouvernements du Canada et de l'Ontario se sont empressés de débloquer des sommes énormes immédiatement après le grave ralentissement économique de 2008 pour sauver l'industrie automobile en adoptant un programme d'aide de 9,1 milliards de dollars et, ce faisant, ont fini par perdre 3,5 milliards de dollars de l'argent des contribuables[37]. Par ailleurs, Foxconn a réussi à négocier un ensemble de mesures d'aide financière d'une valeur de 4,5 milliards de dollars, y compris des allégements fiscaux extrêmement généreux, pour installer une usine au Wisconsin. Il est maintenant bien peu probable que le nombre d'emplois créés par Foxconn atteindra les 13 000 qu'elle avait promis, loin de là[38].

Là où je veux en venir, c'est que le débat sur les avantages des incitatifs fiscaux ou des subventions en espèces en tant qu'outils de développement économique est non seulement légitime, mais attendu depuis longtemps. Cependant, en amorçant le débat, les citoyens du Nouveau-Brunswick doivent tenir compte de ce qui se fait ailleurs. De plus, on ne doit pas obliger Irving Oil à se soumettre à des normes qu'on n'applique pas aux autres grandes entreprises.

POURQUOI J'AI ÉCRIT CE LIVRE

J'AI ÉCRIT CE LIVRE POUR DEUX RAISONS. D'ABORD, ÉTANT NÉ À Bouctouche, j'ai toujours été fasciné par ce que K.C. Irving a accompli. Mon père et mon frère, tous deux entrepreneurs prospères, appréciaient comme moi la ténacité entrepreneuriale de K.C. Irving et sa réussite à faire grandir une multitude d'entreprises florissantes à partir d'une modeste station-service située dans une petite localité isolée.

Ensuite, je veux qu'un plus grand nombre de citoyens des Maritimes se réjouissent du succès des entreprises de chez nous. J'ai trop souvent vu des entreprises de l'extérieur venir dans notre région convaincre nos gouvernements de leur accorder des concessions fiscales et des subventions en espèces et exploiter nos ressources, pour ensuite plier bagage dès qu'elles voient qu'il ne reste plus grand-chose à en tirer et quitter les lieux aussi rapidement qu'elles sont venues. Nos entrepreneurs locaux ne plient pas bagage; ils restent ici, créent des emplois, apportent une contribution à leur collectivité et aux institutions locales et ils paient des impôts. Ensemble, les sociétés Irving Oil et JDI ont généré quelque 20 000 emplois du secteur privé, dont la plupart se situent dans le secteur de la production de biens. Toutes deux ont leur siège social au Nouveau-Brunswick et elles y ont généré des occasions d'affaires pour les autres entrepreneurs et les aspirants entrepreneurs.

Certains lecteurs croyaient peut-être trouver dans ce livre des renseignements sur des tensions au sein de la famille Irving ou la valeur des impôts que paient les Irving. J'ai déjà indiqué que je n'étais pas intéressé à rendre compte de relations familiales. Je n'en ai pas rendu compte dans mon livre sur Harrison McCain et McCain Foods, et je ne le fais pas davantage en ce qui concerne les Irving dans le présent ouvrage. Au sujet des impôts, comme je viens de l'expliquer, la ligne de conduite d'Irving Oil est de respecter les lois en reconnaissant qu'il s'agit d'un coût qu'il faut gérer, comme les autres coûts. C'est ce que font toutes les grandes entreprises – il n'y a là rien de nouveau.

On a beaucoup parlé du déménagement de K.C. Irving aux Bermudes, qui visait à éviter de payer des droits de succession. Je prie le lecteur de se replacer dans le contexte du début des années 1970, lorsque les gouvernements d'Ottawa et du Nouveau-Brunswick songeaient à créer de nouveaux impôts qui auraient obligé les fils de K.C. à vendre près de la moitié de leurs entreprises pour payer ces impôts.

Supposons qu'ils auraient vendu Irving Oil pour garder intacte l'entreprise forestière ne serait-ce que parce que la foresterie était la passion de K.C. Irving. La raffinerie Irving serait peut-être encore située à Saint John, mais c'est loin d'être certain étant donné qu'Imperial Oil a fermé sa raffinerie d'Halifax il y a quelques années. Il est très peu probable, toutefois, que l'entreprise aurait atteint la taille qu'elle a maintenant et qu'elle aurait réalisé des initiatives coûteuses en matière d'environnement et de réglementation. Il n'y aurait pas de siège social d'Irving Oil à Saint John. Ce qui resterait du siège social se trouverait sans doute au Texas ou en Californie. Ottawa aurait rapidement dépensé les recettes fiscales générées; une part d'entre elles serait revenue dans les Maritimes sous forme de paiements de transfert et une autre part aurait servi à financer de nouvelles dépenses dans le cadre de la politique économique nationale et, si l'on se fie à l'histoire, la plupart des retombées auraient profité à l'Ontario et au Québec. K.C. Irving le savait d'expérience.

Une question demeure pourtant : à quel point l'œuvre de K.C. Irving et d'Arthur Irving a-t-elle été importante dans le développement économique du Nouveau-Brunswick? J'ai posé la question à Jim Casey, un ancien fonctionnaire dans le domaine du développement économique au Nouveau-Brunswick et, par la suite, propriétaire d'une entreprise familiale florissante, Paderno, le fabricant bien connu de batteries de cuisine et d'ustensiles de cuisson de l'Île-du-Prince-Édouard. Il a répondu sans hésitation : « Les Irving sont ce qui est arrivé de mieux au Nouveau-Brunswick. » Il a expliqué : « Les Irving savent comment gérer une entreprise, ils savent quand le moment est venu de prendre de l'expansion, quand il est temps de se retirer d'un domaine d'activité et comment adapter les nouvelles technologies pour gérer plus efficacement leurs entreprises. Et ils savent comment rivaliser avec la concurrence. »

J'ai eu de nombreuses discussions avec des gens du Nouveau-Brunswick au cours des dernières années, particulièrement depuis que je travaille à la rédaction de ce livre. Quand on me demandait ce sur quoi je travaillais et que je répondais que je rédigeais un livre sur

K.C., Arthur Irving et Irving Oil, ma réponse suscitait toujours une réaction. Cela ne constitue certainement pas une enquête scientifique, mais j'ai l'impression que beaucoup de gens qui ont travaillé ou qui travaillent dans le secteur privé saluent le travail des Irving et leur sens des affaires, tandis que de nombreuses personnes qui ont travaillé ou qui travaillent pour le gouvernement ou dans le secteur public au sens large ont davantage tendance à se montrer critiques envers les Irving. Or, comme nous l'avons vu plus tôt, les employés du secteur public sont, toutes proportions gardées, plus nombreux au Nouveau-Brunswick que dans les autres provinces et territoires canadiens.

Le syndrome d'exposition élevée n'est certainement pas moins visible dans notre coin de pays que dans d'autres régions du Canada, et peut-être même l'est-il davantage en raison de notre situation défavorisée. Le fait que K.C. et Arthur Irving ont préféré cacher leur lumière sous le boisseau, même dans le cas de leurs dons substantiels à d'innombrables initiatives, n'a rien fait pour arranger les choses.

À l'automne 2019, j'ai demandé à Narrative Research d'évaluer la perception des Néo-Brunswickois et des Néo-Brunswickoises à l'égard des entreprises Irving et de leurs retombées dans l'économie de la province[39]. La maison de sondages a demandé à 400 citoyens et citoyennes du Nouveau-Brunswick âgés de 18 ans ou plus comment ils percevaient les retombées des entreprises Irving dans l'économie provinciale. Le sondage a été réalisé auprès d'un échantillon représentatif de Néo-Brunswickois de toutes les régions, de toutes les tranches de revenu et de tous les niveaux de scolarité.

Il faut d'abord noter que seule une infime partie de la population provinciale (seulement 3 %) ne connaît pas les entreprises Irving. L'important, c'est que 97 % des citoyens du Nouveau-Brunswick connaissent bien les entreprises Irving et ont une opinion sur leurs retombées dans l'économie du Nouveau-Brunswick.

Le sondage révèle qu'un Néo-Brunswickois sur trois croit que les entreprises de la famille Irving ont des retombées très positives dans la province. Le sondage rapporte cependant que 15 % de la population néo-brunswickoise a une opinion très négative des retombées des entreprises dans la province. Environ 48 % des répondants ont une opinion plutôt neutre à ce sujet. Dans l'ensemble, la population néo-brunswickoise a une opinion positive de l'apport des entreprises Irving à l'économie de la province. L'opinion des répondants a été évaluée sur une échelle de 1 à 10, où les notes de 1 à 3 signifiaient une opinion très négative et les notes de 8 à 10 signifiaient une opinion très positive. La note globale obtenue selon le sondage était de 6,1, soit 1,1 point au-dessus de la valeur médiane.

Le sondage a révélé que l'opinion des répondants variait peu selon le sexe ou le niveau de scolarité. La population a une image légèrement plus favorable des entreprises Irving dans le Sud du Nouveau-Brunswick que dans le Nord. Rappelons que tous les sièges sociaux des entreprises Irving se trouvent dans le Sud du Nouveau-Brunswick. Le sondage a également mis en lumière une légère différence en fonction du niveau de revenu, les répondants à revenu moyen ou élevé étant davantage susceptibles d'avoir un opinion modérément favorable au sujet des entreprises Irving tandis que les répondants à faible revenu étaient plus susceptibles d'avoir une opinion favorable.

Le sondage aide à mettre les choses en perspective. Il démontre que les Néo-Brunswickois et les Néo-Brunswickoises ne sont pas indifférents aux entreprises Irving, car seulement 3 % ne les connaissent pas. Il fait voir aussi qu'ils ont, en général, une opinion positive au sujet des entreprises Irving et de leurs retombées dans la province, auxquelles ils donnent une note de 6,1 sur 10.

Leur opinion est positive même si toutes les entreprises Irving, à commencer par Irving Oil, ne voient pas l'intérêt d'étaler leurs cartes avant de les avoir jouées ni même après, ce qui vaut aussi pour leurs contributions à des projets communautaires et les efforts qu'elles déploient pour venir en aide à des établissements d'enseignement et de soins de santé. Nous avons vu qu'Arthur Irving et sa fondation familiale

12

préfèrent que le montant de leurs contributions demeure inconnu du public et que, dans certains cas, ils ont même choisi de faire des dons anonymes. Nous avons vu aussi qu'Arthur Irving, à l'instar de son père, ne ressent pas le besoin de se vanter.

J'ai le sentiment que de nombreux citoyens du Nouveau-Brunswick savent de mieux en mieux reconnaître la différence entre les entreprises bien de chez nous, qui ont leur siège social dans la province, et les entreprises de l'extérieur qui n'ont que des intérêts économiques passagers dans la province. Les gens du Nouveau-Brunswick savent que l'achat de NB Tel par Bell Canada a laissé un grand vide dans l'infrastructure provinciale de développement économique.

Je laisse le mot de la fin à Arthur Irving : « Mon père me disait toujours : "N'oublie pas, Arthur, de dire à nos clients et à nos employés que nous ne pourrions pas nous passer d'eux, et remercie-les toujours de nous avoir choisis." »

Notes

1 Canada, Caractéristiques de la population active selon l'industrie, données annuelles (x 1 000), tableau 10-14-0023-01 (anciennement CANSIM), doi.org/10.25318/1410002301-fra.

2 Canada, Statistique Canada, CANSIM 282-0089, 2018.

3 Herb Emery, « What's Unique About N.B. Manufacturing? », *Telegraph Journal*, 11 septembre 2019, A11 (traduction libre).

4 Bruce Campion-Smith *et al.*, « Justin Trudeau takes "full responsibility" after ethics commissioner says he broke rules on SNC-Lavalin », *The Star*, 14 août 2019, thestar.com/politics/federal/2019/08/14/prime-minister-justin-trudeau-broke-ethics-rules-in-snc-lavalin-controversy-ethics-commissioner-rules.html.

5 Tommy Chouinard, « Achat d'Air Transat : "Bonne nouvelle que ce soit Air Canada", dit Legault », *La Presse*, 16 mai 2019, lapresse.ca/actualites/politique/201905/16/01-5226348-achat-dair-transat-bonne-nouvelle-que-ce-soit-air-canada-dit-legault.php.

6 Voir, entre autres, Jasper Jacob van Dijk, « Local employment multipliers in U.S. cities," *Journal of Economic Geography*, vol. 17, no 2 (2017), 466-467.

7 Mario Polèse *et al.*, *La périphérie face à l'économie du savoir : la dynamique spatiale de l'économie canadienne et l'avenir des régions non métropolitaines du Québec et des provinces de l'Atlantique* (Montréal : INRS-Urbanisation, 2002).

8 Walter Isard *et al.*, *Methods of Regional Analysis: An Introduction to Regional Science* (Cambridge : M.I.T. Press, 1960).

9 Consultations avec Pierre-Marcel Desjardins, le 6 septembre 2019.

10 *Profil de la population active du Nouveau-Brunswick* (Fredericton : Gouvernement du Nouveau-Brunswick, Éducation postsecondaire, Formation et Travail, mai 2018), 8.

11 *Ibid.*, 3.

12 *Ibid.*, 2.

13 En 2017, l'âge médian au Nouveau-Brunswick était de 45,3 ans, bien au-dessus de l'âge médian au Canada, qui était de 40,6 ans.

14 *Profil de la population active du Nouveau-Brunswick*, 10-12.

15 « Creating Value at Home », Saint John, Irving Oil, s. d.

16 Jenica Atwin, citée dans Carl Meyer, « Green Party's Jenica Atwin wants to liberate New Brunswick from the Irvings »,*Canada's National Observer*, 2 novembre 2019, nationalobserver.com/2019/11/02/news/green-partys-jenica-atwin-wants-liberate-new-brunswick-irvings (traduction libre).

17 Ted Mallett et Andreea Bourgeois, « Les collectivités entrepreneuriales : les meilleurs endroits au Canada pour démarrer et faire croître une entreprise en 2018 », Fédération canadienne de l'entreprise indépendante, avril 2019, cfib-fcei.ca/sites/default/files/2019-04/collectivites-entrepreneuriales-2018.pdf.

18 Edward Glaeser, *Triumph of the City: How Our Greatest Invention Makes Us Richer, Smarter, Greener, Healthier, and Happier* (New York : Penguin, 2011).

19 Voir, par exemple, Colin M. Mason et Richard T. Harrison, « After the exit: Acquisitions, entrepreneurial recycling and regional economic development », *Regional Studies*, vol. 40, no 1 (2006), 55-73.

20 Daniel Isenberg, *Worthless, Impossible and Stupid: How Contrarian Entrepreneurs Create and Capture Extraordinary Value* (Cambridge : Harvard Business Review Press, 2013) (traduction libre).

21 Per Davidsson, « Culture, Structure and Regional Levels of Entrepreneurship », *Entrepreneurship and Regional Development*, vol. 7, no 1 (1995), p. 41-62.

22 Ralph Allen, « The unknown giant K.C. Irving », *Maclean's*, 18 avril 1964, archive.macleans.ca/article/1964/4/18/the-unknown-giant-k-c-irving (traduction libre).

23 Jessica Vomiero, « CRA insiders say Canada's tax system helps rich avoid paying taxes: study », *Global News*, 17 août 2018, globalnews.ca/news/4394612/cra-insiders-canada-tax-system-rich-avoid-paying/ (traduction libre).

24 Joel Shannon, « Amazon pays no federal income tax for 2018, despite soaring profits, report says », *USA Today*, 16 février 2019, usatoday.com/story/money/2019/02/15/amazon-pays-no-2018-federal-income-tax-report-says/2886639002/.

25 Voir, par exemple, Jim Tankersley, Peter Eavis et Ben Casselman, « How FedEx cut its tax bill to $0 », *New York Times*, 17 novembre 2019, nytimes.com/2019/11/17/business/how-fedex-cut-its-tax-bill-to-0.html.

26 John DeMont, *Citizens Irving: K.C. Irving and His Legacy* (Toronto : McClelland and Stewart, 1992), 123-124.

27 Jacques Poitras, « Irving Oil claims it's a myth company gets off easy paying taxes », *CBC News*, 5 septembre 2019, cbc.ca/news/canada/new-brunswick/nb-property-tax-proposal-hearing-1.5271916.

28 Canada, « Impôt et crédits provinciaux et territoriaux pour les particuliers », taux pour 2018, s.d., canada.ca/fr/agence-revenu/services/impot/particuliers/sujets/tout-votre-declaration-revenus/declaration-revenus/remplir-declaration-revenus/impot-credits-provinciaux-territoriaux-particuliers.html.

29 *Ibid.*

30 Canada, « Taux d'impôt des sociétés », s.d., canada.ca/fr/agence-revenu/services/impot/entreprises/sujets/societes/taux-impot-societes.html.

31 *Fiscalité au Québec : des mesures favorables à l'investissement* (Montréal : Raymond Chabot Grant Thornton, 2019), 9.

32 « Irving Oil claims it's a myth company gets off easy paying taxes » (traduction libre).

33 « Irving Oil and Property Taxes », mémoire présenté au Comité de modification des lois (Saint John : Irving Oil, 5 septembre 2019).

34 *What Is A "Competitive" Tax System* (Paris : OCDE, 30 juin 2011), 7.

35 Robert Jones, « Irving made millions off deal to slash taxes on LNG property », *CBC News*, 12 juin 2015, cbc.ca/news/canada/new-brunswick/irving-made-millions-off-deal-to-slash-taxes-on-lng-property-1.3111816.

36 Voir, par exemple, John Irwin, « How Canada could compete for new auto investment », *Automotive News Canada*, 25 juin 2018, canada.autonews.com/article/20180625/CANADA/180629875/how-canada-could-compete-for-new-auto-investment.

37 Voir, entre autres, Greg Keenan, « Canadian taxpayers lose $3.5 billion on 2009 bailout of auto firms », *Globe and Mail*, 7 avril 2015, theglobeandmail.com/report-on-business/canadian-taxpayers-lose-35-billion-on-2009-bailout-of-auto-firms/article23828543/.

38 Austin Carr, « Inside Wisconsin's disastrous $4.5 billion deal with Foxconn », *Bloomberg Businessweek*, 5 février 2019, bloomberg.com/news/features/2019-02-06/inside-wisconsin-s-disastrous-4-5-billion-deal-with-foxconn.

39 *The Atlantic Quarterly: Autumn 2019 – Commissioned Question* (Halifax : Narrative Research, novembre 2019). Le sondage a été effectué par téléphone entre le 31 octobre et le 19 novembre 2019. Dans l'ensemble, la marge d'erreur des résultats du sondage est de plus ou moins 4,9 points de pourcentage, 19 fois sur 20.

ANNEXE
ENTREVUES

Albert, Élide, Architecte, 30 juin 2019
Auffrey, Vincent, Boursier C. David Naylor, Université de Toronto, 5
    septembre 2019,
Bates, Pat, Ancien cadre supérieur d'Irving Oil, 16 août 2019
Bragg, John, Homme d'affaires, 26 août 2019
Buggie, Glen, Employé d'Irving Oil, Dates variées
Cail, Leslie, Ami d'Arthur Irving, 25 juillet 2019
Cail, Linda, Amie d'Arthur Irving, 25 juillet 2019
Cantwell, Michael, Employé d'Irving Oil, Dates variées
Casey, Jim, Ancien fonctionnaire et propriétaire d'entreprise, 4 novembre
    2019
Chevarie, Claude, Employé d'Irving Oil, Dates variées
Cormier, Pierre, Président, Musée de Kent, Dates variées
Cunningham, Norbert, Journaliste, 5 septembre 2019
Desjardins, Pierre-Marcel, Économiste, 26 août 2019
Doyle, Art, Ancien directeur, *Telegraph Journal*, 3 septembre 2019
Fournier, Roger, Homme d'affaires de Moncton, 17 août 2019
Gallant, Frank, Détaillant Irving Oil de Moncton, 30 juillet 2019
Gaudreault, Ross, Ancien cadre supérieur d'Irving Oil, 24 septembre 2019
Gillis, Darren, Cadre supérieur d'Irving Oil, 15 août 2019
Gilmour, Harvey, Ancien directeur du développement, Université Acadia, 3
    septembre 2019

Grant, Barry, Pilote, Dates variées
Grant, Charles, Ancien étudiant, Dartmouth College, 7 septembre 2019
Harding, Geoffrey, Canards Illimités, 1er août 2019
Harvey, Robin, Dirigeant d'Irving Oil, 10 septembre 2019
Hutter, Dr Adolph M., Cardiologue, 5 septembre 2019
Irving, Arthur, Dates variées
Irving, Sandra, Dates variées
Irving, Sarah, Dates variées
Irving Campbell, Isabel, 23 juillet 2019
Ivany, Ray, Ancien recteur d'Acadia, 1er août 2019
Johnson, Billy, Boursier C. David Naylor Fellow, Université de Toronto, 3 septembre 2019
Lasher, Bob, Premier vice-président, Dartmouth College, 8 octobre 2019
Maillet, Gérard, Ancien employé de Kent Homes, Dates variées
Matthews, Jeff, Dirigeant d'Irving Oil, 10 septembre 2019
McGuire, Francis, Haut fonctionnaire et ancien cadre du secteur privé, 5 novembre 2019
McKenna, Frank, Ancien premier ministre du Nouveau-Brunswick, 15 août 2019
McLaughlin, Steve, Dirigeant d'Irving Oil, 10 septembre 2019
Mockler, Percy, Sénateur, 19 septembre 2019
Novell, Alex, Architecte, 8 octobre 2019
Ogilvie, Kelvin, Ancien recteur d'Acadia, 27 août 2019
Pinet, Jacques, Homme d'affaires et ancien haut fonctionnaire, 29 août 2019
Richard, Guy, Juge à la retraite, 8 décembre 2019
Smith, David, Juge à la retraite, 11 août 2019
Sweetapple, Talbot, Architecte, 11 août 2019
Whitcomb, Ian, Dirigeant d'Irving Oil, 10 septembre 2019

Sept fonctionnaires présentement en poste qui ont souhaité conserver l'anonymat, Dates variées